INDIVIDUAL
散　户
INVESTORS'
不　散

从理论到实战的
全方位散户进阶指南

九方金融研究所

著

EVOLUTION

中国友谊出版公司

编委会成员
（按姓氏排列）

才 子　程 伟

洪书敏　侯文涛　胡祥辉　黄 伟　任平安

王德慧　王 健　吴清淳　谢庆军　张志丹

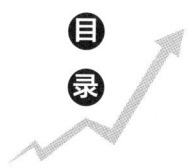

序　进击的A股，进化的散户

前　言

01　认清自我：散户进化论

炒股赚钱的本质　　/003

时代弄潮儿：从他们身上探寻散户的成功之路　　/012

投资中最大的敌人　　/028

散户炒股的10条"军规"　　/049

02　激荡30年：A股进化论

激荡30年：A股牛熊记　　/087

三十而立：A股牛熊规律显现　　/104

风云200年：美股启示录　　/106

他山之石：中美股市对比　/110

未来可期：A股的成长与变革　/113

全景图：A股的市场结构　/118

知彼：细数A股的"头号玩家"　/126

03 基本面：行业与公司

如何看行业？　/141

如何看公司？　/203

04 实战篇：百炼成钢

如何赚趋势的钱？　/261

读懂市场最淳朴的语言：量价分析　/274

超越散户（一）：构建合理的投资组合　/290

超越散户（二）：指数化投资　/295

后记：未来投资的三个建议　/309

序

进击的 A 股，进化的散户

30年，对于人类历史而言只是转瞬即逝的刹那。但是对于中国股市和中国股民而言，却足以发生翻天覆地的巨变。

首先是规模扩张。30年，A股从8家上市公司扩张为拥有近4000家公司、28个一级行业、67个主题行业和上百个概念板块（万得分类）、总市值近70万亿人民币的全球前三大资本市场。

全球主要股市总市值（单位：万亿美元，截至 2020-6-30）

国家/地区	总市值
美国	44.6
英国	31.7
中国	9.8
中国香港	9.4
日本	5.7
德国	4.7
法国	3.7
加拿大	2.0
韩国	1.4
中国台湾	1.4

九方金融研究所 制图

与规模扩张相匹配的，是A股惊人的进化速度。30年以来，中国股市从简单的沪深两市进化成拥有沪深主板、中小板、创业板、科创板以及新三板的多层次资本市场。股票市场也从初期的双轨制市场通过2005年股权分置改革转变为全流通市场。

与此同时，机构投资者在快速成长。1998年第一支公募基金诞生，到今天已经有超过130家公募基金公司，管理总规模超过15万亿人民币，其中管理A股市值规模超过2.5万亿。如果算上其他各类机构，整个A股的机构持股大概超过27万亿人民币。近几年来，A股的国际化进程更是突飞猛进。随着MSCI、FTSE、RUSSELL等重要国际指数先后纳入A股，外资正在成为A股重要的边际定价者之一。

站在A股的而立之年，我认为未来有四个趋势是可以明确的。

首先，A股市场已经转向价值投资主导的市场风格。只有落实到上市公司的业绩增长上，股价上涨才具有持续性。这是经过多年来在各种炒作中，散户和机构交了无数的学费之后，市场进化的必然结果。

其次，机构的话语权会进一步提升，长期投资的比重会越来越高。随着加入MSCI指数、外资显著流入后，我国长期投资资金会越来越多；并且鼓励养老金入市、发展资产管理行业，也会促使股市长期资本占比的上升。

再次，A股的长期换手率、波动性将会进一步降低。现阶段我们A股每月的换手率维持在10%左右，相比于美国换手率要高出1倍。主要原因是我国大部分投资者是散户且A股市场中的短线资金较多。随着机构话语权的提高，长期换手率、波动性将呈现出向美股靠近的趋势。在A股市场之外，日本、中国的香港及台湾地区等股市在国际化的经验中都表现出类似的趋势。

第四，A股市场与国际市场联动性加强。不论是从韩国与中国台湾地区的股市国际化经验来看,还是从中国大陆股市具体情况来看,随着加入MSCI指数,A股与美股的联动性加强。两者之间的相关性从2018年3月的0.095%一路上升到2020年5月的33%,联动性加强速度比较快。

身处如此的巨变之中,散户该如何应对?我这里有几个建议。

首先,一定要做长期投资,而且要选择好的公司投资才能真正获得收益。大家不必过度解读每一天市场的表现,应把涨跌视为正常的市场现象。这就是我们说的"市场先生"——"市场先生"的脾气喜怒无常,不开心了就跌。巴菲特把市场当作一个疯子。如果我们只盯着市场每天的波动,就好比在盯着一个疯子的行为,有什么意义呢?

其次,选择好的赛道和行业,这样才能把握时代的脉搏,享受时代红利。在未来,A股中最有投资价值的是消费和科技两大方面的股票。消费股是传统行业中的优势行业,具备长期的投资价值,特别是品牌消费品的股票,通过长期持有可以获得股权的升值,享受估值溢价。科技股则是受益于经济转型的大环境,5G、新能源汽车、消费电子、人工智能、工业互联网等科技细分行业是未来经济转型的重要方向,而它们的细分龙头也是外资及内资机构重点配置的方向。

面对快速变化的股市,投资者一定要学会自我进化。很多过去流行的方法,现在已经逐渐失效,投资者要更新自己的投资系统。一方面,我们要在观念上要树立长期和价值投资的理念,同时要调整好预期,步步为营。另一方面,我们也要完善知识框架,构建自己的"能力圈"(对选定企业进行评估的能力),比如要学着读财报,分析重点行业的基本面。这是一个漫长且复杂的过程,但没有这个过程,就很难在投资中获得好的回报。

《散户不散》这本书恰好就很符合我给大家的建议。与其他教炒股的书籍不同的是,这本书并没有一上来就告诉你怎么选股、怎么抄底逃顶,而是告诉你散户为什么容易亏钱以及散户进化的方向。也就是说，这本书先帮助读者建立了一套基于价值和长期投资的"投资观"。我认为这是非常重要的。

随后，这本书才开始介绍投资的具体方法。它重点介绍了价值投资中至关重要的财报解读，也介绍了针对消费行业和几个典型的成长性行业的研究方法——这与我给大家的建议刚好吻合，可谓"英雄所见略同"。

如果你希望对股市进行系统性学习并建立自己的投资框架的话，《散户不散》这本书对你或许会有所启发。

前海开源基金首席经济学家

杨德龙 博士

2020 年 6 月

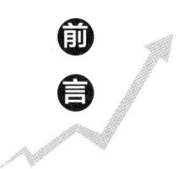

前言

中国正处在百年来未有之大变革的时代——新一轮工业革命正处于爆发前夜，我们与世界先进科技水平之间已缩小至蒸汽革命以来的最小差距。而在5G通讯、人工智能、量子通信等部分前沿领域，已达到世界领先水平。未来十年，必将是我国实现弯道超车、站上世界国力巅峰的关键时期。

伟大的时代呼唤伟大的企业，伟大的企业催生繁荣的金融市场。我们认为，伴随着经济转型和产业结构升级，伴随着科技实力与综合国力的进一步提升，伴随着金融市场基础制度的进一步完善，一定会催生一批优秀的企业和孕育一轮壮阔的市场变革。

但是，我们的个人投资者准备好迎接变化了吗？

过去几年，尤其是在2017年"白马牛市"之后，价值投资的观念较以往更加深入人心。但是，在与股民打交道的过程中，我们发现，A股已经"三十而立"，但大部分的散户对投资的理解却依然如"稚童"。

时至今日，大多数散户的认知依旧主要停留在较粗浅的层面。广大散户朋友对股市的偏好，过度集中在热点题材，技术战法风格偏激进、能"赚快钱"的领域。而对于宏观周期、行业趋势、公司财务等更贴近本质的基本面内容，不甚关心，又或者是苦恼于基本面的知识庞杂且门槛较高，不知从何下手。

因此，我们决定编写一套丛书，帮助散户查漏补缺，建立更加完善的投资框架，向成熟投资人的进化，最终实现"散户不散"的目标。

散户：身份？状态？阶段？

我们回到问题的本源——究竟何为散户？

钱少，亏钱，不专业，我们在提起散户时，首先想到的往往是这些标签化的描述。在 A 股市场的语境中，散户是与机构对立的。但仔细琢磨后我们会发现这种对立其实非常偏颇。散户，与其说是种身份，倒不如说是一种状态；从动态的眼光看，散户也是一个阶段。

我们说一个投资者是个散户，其实是指他处于这样一种状态：知识框架的不完整，缺乏专业的知识，例如宏观经济和行业格局的基本概念、分析公司财务的技能、金融市场的运行逻辑等等；欠缺必要的交易技能，比如技术分析、仓位控制、风险管理等等；以及投资理念认识不清，投资心态不健康——这些都是投资心智不健全的表现。

说重一点就是"三观不正"，知识不足，技艺不精。这些缺陷导致散户屡屡沦为"被割的韭菜"。

但是，谁一开始炒股的时候不是这样呢？

即便是科班出身的专业人士，优势只是在于理论知识更丰富一些。但投资并不是光靠读书就能成功的，更不是一个智商140 的人就能战胜智商120 的人的游戏。成功的投资者都需历经千锤百炼，方能"宝剑锋自磨砺出"。

不论是国外的大作手利弗莫尔、股神巴菲特、对冲之王达里奥，还是国内的杨怀定、冯柳。大家都是从当散户亏钱开始的。因此，从动态的角度看，散户只是投资生涯的必经阶段。

那么，新的问题来了——如何在散户阶段存活下去并进化为成熟的投资人？这就是我们尝试通过这本书与你分享的。

散户的进化：认识自己、认识市场、知行合一

虽然道阻且长，但我们坚信散户是可以进化的。

与知识和技能相比，我们认为对自身和投资的正确认知是做好投资最关键的第一步。

人在投资中难免会犯很多错误，这些错误，有些是因为知识或技能的缺乏，有些则是陷入了一些心理陷阱。因此，我们散户应该先对自身有一个清醒的认知，知道我们为什么会犯错。然后树立一套正确的、符合市场规律的投资理念。例如：以长期投资为出发点、做好预期管理、循序渐进建立自己的能力圈、守住风控的底线等等。

认清自己的第一步迈出之后，就要开始建立对市场的认知框架。

作为A股投资人，必须要对这个市场的历史脉络有一定了解。知道A股是怎样一步步走到今天的，这也有助于我们理解A股未来的发展趋势。告别了年少轻狂的A股，如今已步入而立之年。市场的制度化建设逐步完善，牛熊轮动的规律也基本有迹可循。

接下来，我们要逐步建立从宏观经济周期到具体行业逻辑的一套知识框架。在这个过程中，我们不求让散户读者成为金融分析师，更多是告诉读者定性的结论和一些判别的方法。尤其在宏观层面，我们不会要求读者学会预测经济的走向

（毕竟专业人士也屡屡犯错），但至少要能看懂当下的经济状况和发展路径。

至于在行业部分，我们为大家准备了消费、金融、医疗和半导体以及包括一些周期性行业在内的几大行业的初步分析框架。这里需要特别强调的是，我们呼吁散户先从熟悉的行业开始，逐步建立自己的"能力圈"，不要一味地追求对行业的覆盖。其中，大消费板块是比较容易入手的，也是A股长期以来表现最出彩的板块之一。因此，如果没有特别的行业背景，我们建议读者可以从消费板块入手，建立自己的第一个能力圈。

最后一章的内容偏重实战，旨在帮助读者在具备基本的知识框架之后，能够有的放矢，将自己的所学所悟落地到策略层面。

与大多数实战类的书籍不同，本书并没有过多给出技术分析的方法。一方面是因为技术分析本身就是非常庞大的体系，本书无法在简述基本面的同时将技术分析也纳入囊中。另一方面，我们认为本书作为我们系列丛书的第一本，先把基本面的地基打好，未来有机会再向大家系统地介绍K线实战技巧。因此，第四章节的实战策略，更多的是传递了构建股票组合的意义和框架。

最后，本书作为我们的第一次尝试，一定会有太多的遗漏与缺陷，还请各位读者在阅读时多多海涵。同时，如果大家读后有什么意见和建议，非常欢迎能够告诉我们，让我们在未来的研究中更进一步。

九方智投金融研究所

《散户不散》编委会

01 认清自我：散户进化论

炒股赚钱的本质

大家进入股市都是为了赚钱,没有人是为了亏钱而来投资市场的。因此,我们首先要明白股票到底是什么,它有什么特点。

股票的本质

股票是股份有限公司在筹集资本时向出资人发行的股份凭证。股票代表股东(股东就是股票持有人,我们股民持有哪家公司的股票就是哪家的股东)对公司的所有权。股东与公司之间的关系不是债权债务关系,而是所有权关系,这种所有权是一种综合权利,如参加股东大会、投票表决、参与公司的重大决策、收取股息和分享红利等。股东以其出资额为限对公司负有有限责任,承担风险,分享收益。

从股票的定义中我们能看到股票的特点。通过归纳股票的特点,我们能够对股票有一个更加全面的了解。股票具有以下5个基本特点:

第一,股东有参与公司治理的权利。我们购买了公司的股票就是公司的股东。股东有权出席股东大会,选举公司董事会,参与公司重大决策。股票持有者的投资意志和享有的经济利益,通常是通过行使股东参与权来实现的,这就是股票的参与权。我们行使参与权可以要求到上市公司实地调研,了解公司的未来的可以公开的经营计划,了解公司最新股东名册等。这些都是我们参与上市公司治理的合法股东权利。

第二,我们作为股东理应享有股票的收益权利。股东凭其持有的股票,可以获得收益。股票的收益来源于两个方面：一是公司发放的股息和红利，股息或红利的多少主要取决于公司的盈利水平和公司的盈利分配政策；二是股票投资的资本收益，也就是股票买卖的差价。

第三，我们持有的上市公司股票享有一定的市场流通性，在我们需要现金时可以在市场上卖出变现。这里的股票流通性是指股票在不同投资者之间的可交易性，即进行股票买卖。流通性通常以可流通的股票数量、股票成交量以及股价对交易量的敏感程度来衡量。可流通股票越多，成交量越大，价格对成交量越不敏感，股票的流通性就越好；反之就越差。

第四，股票在市场上的价格具有较大的波动性和因此就有了相应的风险性。股票作为在二级市场上的交易对象，同商品一样有自己的市场行情和市场价格。由于股票价格要受到诸如宏观经济、公司经营状况、供求关系、大众心理等多种因素的影响，其价格波动有很大的不确定性。正是这种不确定性，有可能使股票投资者遭受损失。价格波动的不确定性越大，投资风险也就越大。

最后一点最重要，股票是不可偿的。股票本质上是一个由全体股东共同投票决定是否分红派息与派息多少的永续债。即，股票是一个不定息的永续债。股票是一种无偿还期的有价证券，投资者认购了股票后，就不能要求公司退股，只能在交易市场上卖给第三方。股票的转让只意味着公司股东的改变，并不减少公司资本。从期限上看，只要公司存在，它所发行的股票就存在，股票的期限等于公司存续的期限。这一属性非常重要，它决定了我们在需要变现应急时只能将股票以随行就市的价格转售给市场上愿意接手的第三方。

炒股赚什么钱？

因为股票是一个不定息的永续债，股票的定价也就有了可计算的公式。

我们看到股票定价模型是**股息贴现模型（dividend discount model）**。这一模型被股票市场绝大多数核心参与者广泛使用与普遍接受。

我们来看一下股票定价模型的公式为：

$$P_0 = \frac{D_1}{1+R} + \frac{D_2}{(1+R)^2} + \ldots$$

P_0 代表某一企业股权的现值（当前股票价格）。

D_n 代表当前预测的未来第n期发放的股息。

R代表股息的贴现率，即权益成本，也是投资者的期望回报率。

从股利贴现模型出发，我们看到影响股价变化的主要有三个因素：

其中与分母端的贴现率R相关的有两个因素：

一个是无风险利率。它与央行利率决策有关。比如我们看到央行如果降息，股价就会上涨，我们称之为**央行发的钱**。

还有一个是风险偏好。它代表投资者愿意为买股票多付的成本。这是由市场预期与市场情绪决定的，一般我们可以用市盈率来衡量。比如，我们看到市场风险偏好上升也会带来股价上涨，我们称之为**后来者的钱**。

其中与分子端的股利D_n相关的有一个因素：

企业盈利能力。比如，我们看到公司经营成长壮大，营收、利润与股息都会上涨，股价也会上涨，我们称之为**公司成长的钱**。

由此我们可以发现，从股市上赚的钱主要由三个来源：央行执行货币宽松政策时，赚"央行发的钱"；因市场风险偏好与情绪的变化而导致后来者进入市场时，赚"后来者的钱"；因企业盈利成长获得分红时，赚"公司成长的钱"。

1. 央行发的钱

经济下行时，央行会下调利率，你持有的股票自然就会上涨，这样赚到的钱就是货币政策带来的。

比如，美国金融危机之后，美联储宣布降息并通过QE（量化宽松政策）向市场继续注入流动性，进一步压低市场实际利率，造就了美国股市10年以上的长牛。2020年，因为疫情和油价暴跌，美股从3300多点暴跌到2000多点，美联储再次使出两次紧急降息与无限量宽松的货币政策，之后美国股市恐慌情绪才得以平复，市场又恢复上涨。又比如，中国股市从2014年7月开始上涨，2014年11月22日，随着央行降息开始，券商股纷纷发力，上证指数从2400多点一直狂飙到了2015年6月12日的5178点。这其中主要的原因之一是央行持续降息的结果。其中的道理很简单，比如央行将一年期存款利率从5%降到了3%，其实就意味着钱放到银行的储蓄收益将会贬值，相对而言，股票分红率要比储蓄收益高得多，那么资金就会涌入资本市场，股票资产就相对更加值钱了。

2. 后来者的钱

后来者在风险偏好抬升的影响下，愿意以更高的价格买走你的股票，其中的差价收益就是你赚的钱。

假如你买入一个股票市盈率只有10倍，每股卖20元，买入后出现利好行业的消息引发市场关注大幅提升。公司的基本面短期之内没有任何变化，市场关注度提高后，市场对该股票的需求同步增加了，他们愿意花2倍甚至更高的价格买走你持有的股票。这样你就可以把持有的股票以40元卖给他们获利了结。到利好行业消息趋冷后，市场对该股票关注度回归常态，市场对该股票的需求也会随之降低。该公司股票往往会快速下跌,甚至会出现低于20元钱的情况,后来买入者就会面临亏损的不利局面。

2018年年底的时候,仅仅是因为某上市公司名字叫东方通信,契合了当时国内的5G热潮,市场资金的爆炒使得公司股价在短短的6个月内暴涨了10倍以上,如果投资者在爆炒之前买入,在爆炒之后卖出,就可以赚到后来者疯狂买入带来的股价涨幅相当的利润。那些在高点买入的投资者就只能忍受股价的不断下跌,为自己的一时冲动买单。

3. 公司成长的钱

上市公司管理层通过合理经营,使得公司不断发展壮大。公司盈利改善后,不仅股东持有的公司市值会上涨,而且股东分红回报也会增加。股东赚到的这部分钱是公司成长壮大带来的。

比如,中国股市中的万科等公司,上市以后股价涨了几十倍甚至上百倍,主要的原因是公司的盈利能力在不停增长。

1991年年初,万科公司确定了集信息、交易、融资、制造于一体的"综合商社"发展模式,通过配售和定向发行新股2862万股,集资1.27亿元,公司总股本增加至7796万股,所募集资金主要投向房地产开发、工业生产、进出口贸易及连锁商贸、影视文化等领域。

1991年万科IPO市值仅仅为3.46亿,上市首日市值11.3亿,营收仅4.2亿,净利润2319万;2019年年末万科市值3636亿,二级市场市值上涨321倍,营收3678亿,增长了875倍,净利润388亿,增长了1673倍。(图1-1、1-2)

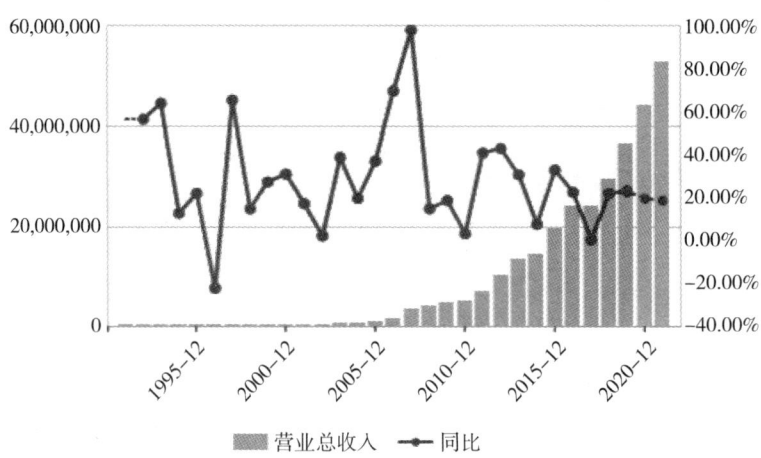

图1-1 万科上市以来营收增长(2020年以后为预测值)

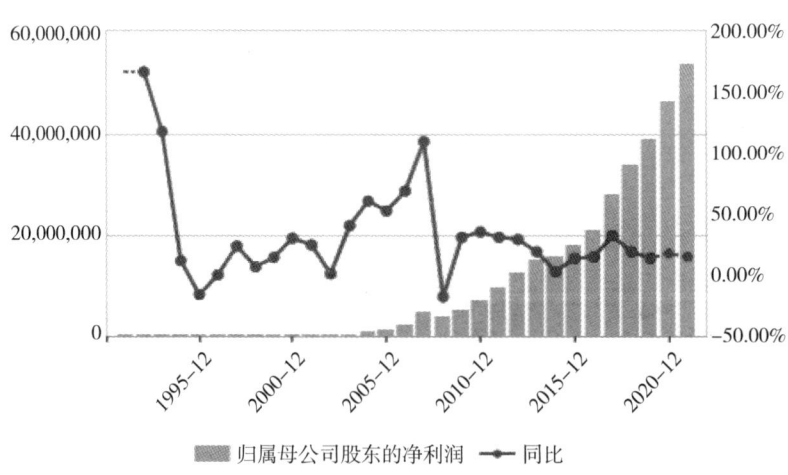

图1-2 万科上市以来归母净利润增长(2020年以后为预测值)

我们简短地总结一下。从股市上赚的钱，主要有三个来源：央行发的钱，后来者的钱，公司成长的钱。

第一种靠央行执行宽松的货币政策而赚的钱。虽然貌似大家都赚了钱，本质其实是市场上流通的货币多了，货币贬值了，这种情况叫"货币幻觉"。货币政策宽松导致货币相对多了，资产就会变得相对稀缺。这种资产增值是普惠性的，是由政策与事件驱动的，这就要求我们平时多学习宏观经济知识和多关注相关的新闻。这种赚钱的方法适用周期比较长，往往是几年等一回。

第二种是纯博弈的打法，靠深入技术层面的研究与对市场情绪的把握，从后来者的贪婪或恐惧中赚钱。股市长期而言是有效的，但短期内存在大量的噪声和情绪波动。那些能赚到后来者的钱投资往往借助消息或者题材刺激的市场情绪，在早期的时候大胆介入并推波助澜，当市场情绪达到高点时果断离场，将筹码卖给后来者，将金钱收入囊中——这种人往往自称"作手"。而很多亏钱的投资者，往往是跟风炒题材，最终就会发现自己的钱慢慢被垃圾股吸干了。所以，我们要赚到后来者的钱必须深入技术层面，同时加强对市场情绪（也就是人心）的理解和把握，并配合极强的交易纪律。

第三种靠的是行业与公司的成长赚的钱。它需要投资者不断地深入研究，在分析行业趋势的同时，还要跟踪消费的趋势，然后找出能够带领上市公司不断成长的优秀上市公司团队。这样的公司才能帮助投资者不断地赚钱。这是最省力的投资方法。

了解了股市赚钱的三种方法，我们再去了解一下市场中的玩法与如何应用这三种方法赚钱，以及我们需要有什么样的技能。

炒股赚钱需要哪些技能？

我们要赚到这三种钱就需要掌握相应的技能。

第一，赚央行宽松货币政策的钱，要了解与预判央行的政策动向，这需要我们研究宏观经济，深入了解和预判经济周期。

要赚宽松货币政策的钱，本质上就是赚通货膨胀的钱。这个收益是由于央行宽松政策导致的纸币的相对实物资产贬值带来的。央行的货币政策的目标是依据实体经济的繁荣与萧条做出改变的。所以我们要赚到央行的钱就必须跟踪宏观经济动态，分析宏观经济走势，了解经济周期，预判政策未来可能的方向。

第二，赚后来者的钱，要了解市场风险偏好与市场情绪的方向，这需要我们深入研究技术面和市场情绪，跟踪行业景气度与市场预期的差距。

这个收益模式其实就是博弈，也就是我们通常意义上的"炒股"。市场上绝大部分投资者，不论是散户还是机构，不论是声称自己是价值投资者还是短线投机客，在很大程度上都会不自觉地朝这个方向靠拢。

我们要赚后来者的钱就必须明白，后来者愿意买入这个公司的股票，必然是因为舆论或行业利好驱动投资者相信未来股价还有新高。这里我们对技术面和题材不详细展开，主要关注基于基本面的研究驱动的趋势交易。首先我们要知道，股票产生趋势上涨的前提是股票所代表的商品具有可持续的稀缺性。股票所代表的商品稀缺可持续性越强，该股票上涨趋势越确定。股票所代表的商品的稀缺性需要我们深入股票对应的商品的长期供需格局。

第三，赚公司成长的钱，要靠企业的成长。这个需要我们不断深化行业与公司的研究。

我们要赚公司的钱，就必须深入了解与研究公司的基本面。首先要了解这个公司的CEO与企业管理团队是否秉承职业道德。守护股东的利益，他们是不是细分行业最优秀的团队——他们必须要分工协作重视每一个管理环节，尤其是研发与销售部分在细分行业的竞争力。

如果他们的研发与销售行业属于前沿，那公司是否设计了合理的内外部激励与约束机制，来帮助公司实现既定的企业目标？这些都需要我们深入跟踪公司管理理念与经营现状，对公司的产品进行调研，通过上下游供应商甚至是行业竞争对手来了解公司的真实情况。

对于个人投资者而言，上述有些消息很难直接获得，但如果**能理解公司的财报、通过券商的行业和公司研究报告加深对行业和商业格局的理解、解读公司关键人物的公开发言**等信息，并将这些公开信息进行交叉分析，也足以把握重要的关键信息。

关于如何看公司和行业，我们将在后续的章节中详细探讨。

表1-1 炒股获利的来源及所需技能

赚什么钱	收益来源	核心变量	核心技能
宽松货币政策的钱	纸币超发	动态宏观经济与政策	宏观经济分析
后来者的钱	大众情绪	行业景气度分析与市场预期差；市场与成本博弈	动态跟踪行业景气度；技术分析
企业成长的钱	企业经营	企业的商业模式、经营战略与状况、成长性与价值性	行业趋势分析；产业政策解读；财报分析

时代弄潮儿：从他们身上探寻散户的成功之路

本节要讲述的都是一些曾经或当下正在股市中挥斥方遒的风云人物，有人因为欲望从顶峰步入深渊，也有人因坚守从籍籍无名的小散户升级为百亿规模的明星基金经理。

这里不得不提到中国资本市场中一个不可或缺的分支——基金，正是基金业的迅速崛起让市场上的分散资金有了合适的去处，让懂得投资的人能够更好地实现规模效益。基金是指为了实现某一用途而筹集一笔资金，基金的形式多样，包括公积金、慈善基金、社保基金、私募基金和公募基金，我们这里重点要说的是证券投资基金。

我国的基金业发展可分为三个阶段：

第一阶段是从1992年—1997年的早期探索阶段。1992年11月，我国第一家比较规范的投资基金——淄博基金成立。这是一只封闭式基金，募资规模1亿元。淄博基金的设立揭开了投资基金业发展的序幕，并在1993年上半年引发了短暂的中国投资基金发展的热潮。但基金发展过程中的不规范性和积累的其他问题逐步暴露出来，多数基金的资产状况趋于恶化。从1993年下半年起，中国基金业的发展因此陷于停滞状态。

第二阶段是我国基金业逐步法制化的阶段。1997年11月14日，国务院证券管理委员会颁布了《证券投资基金管理暂行办法》，为我国基金业的规范发展奠定了法律基础。1998年3月27日，两只封闭式基金——"基金开元"和"基金金泰"发行，由此拉开了中国证券投资基金试点的序幕。截至2001年9月开放式基金推出之前,我国共有47只封闭式基金,规模达689亿份。

第三阶段是从2001年9月以来的开放式基金发展阶段。2001年9月,我国发行了第一只开放式基金——华安创新,由此我国基金揭开了从封闭到开放的序幕。2004年,中国正式颁布了《证券投资基金法》,中国公募基金终于有法可依。从1998—2007年,基金总规模破3万亿。2008—2017年,基金规模破11万亿。截至2020年3月,我国的开放式公募基金规模已达25万亿元。

作为基金业的一个重要分支——私募基金的发展经历,从0到10万亿,只用了13年。2004年,私募投资人赵丹阳与深国投信托合作,成立"深国投·赤子之心(中国)集合资金信托计划",视为国内首只阳光私募产品。2009年,市场上掀起一股公募转私募的浪潮,众多公募基金经理转入私募基金领域,私募基金的队伍开始不断壮大,并且因为融入了众多正规的投资理念,草根生长的私募基金不断规范化和有序化。截至2019年底,在我国证券投资基金业协会登记的私募基金管理人有24471家,私募基金81739只,管理规模达13.74万亿元。

近年来,私募行业高速发展,百亿级私募不断增加,明星基金经理也逐渐为人所知,行业的竞争越来越激烈,也加速了洗牌、分化和法制化的进程。这个行业里充满了"剩者为王"的故事:不是看谁走得快,而是看谁走得远。

杨百万:中国第一代散户精英

杨百万原名杨怀定,"百万"是股民给他起的绰号,恰如其分地反映出他作为"中国第一股民"的地位。传奇人物的故事常常是从小人物开始的,杨百万也不例外。1988年以前,初中毕业的杨百万还只是上海铁合金厂的一个普通工人,但是并不甘于平庸的杨百万开始干起了"第二职业",他和妻子承包了浙江上虞一家乡镇企业的销售业务,这让他渐渐攒起了2.9万存款,逐渐出手阔绰的他,在一次仓库被盗案中，被公司误认为是监守自盗者，这让他对公司彻底死心，心一横，便辞了职。

1. 书中自有黄金屋，从细微处嗅商机

中国有几句老话：不破不立、置之死地而后生，这些都在杨百万身上应验了。从人人羡慕的国营大工厂辞职以后，杨百万就开始研究致富的门路，他没有选择传统的经商之路，而是每天钻在上海图书馆里挖掘商机。他相信：书中自有黄金屋。而这点又在勤奋且运气好的老杨身上成了现实。杨百万在一天看报时读到"国家开放公民自由买卖国库券"的消息，这消息普通人可能看一眼就过去了，可对当时"前无方向，后无退路"的杨百万而言，就像在茫茫大海上看到了一座灯塔。他迅速查到不同城市的国库券价格不同这一信息，在上海100元面值的国库券卖102—103元，而在合肥同种国库券只卖100元。这下可把老杨乐坏了，他拿出了自己的全部2万元存款，又向亲友借了9万，拿着这11万身家连夜赶往合肥买国库券，次日又赶回上海卖掉，仅仅一天一夜的异地交易居然就净赚1060元。从此，老杨日复一日地进行着异地交易，没过多久就攒了六七位数的存款。起初，老杨也心里犯嘀咕，这算不算是非法交易？律师却告知这是完全合法的买卖，并且有利于全国债券市场的流通，甚至可以说杨百万还成了促进异地证券交易的先驱。

2. 精准的市场判断，激流勇退，潮退勇进

1988年，中国市场出现了流动性问题，市场上的东西卖不出去，这就导致了需求下降-工厂减产-工人待业的恶性循环。为了改善市场的流动性，鼓励大家把钱拿出来用，国家就开始下调存贷款利率。此时，聪明的杨百万心里又有了新的

想法,他想:如果人们的钱都不存银行了,那市场就活了,不仅东西能多卖,工厂也会扩大生产,证券市场肯定也会吸引大家来投资。作为一个行动和思想一样敏捷的人,杨百万迅速赶往上海静安证券门市部,直接把当时营业部里的"真空电子"股票2000股(面值100元)全部买走,没过半年,股市就开始突飞猛涨,当时100元的真空电子股票立刻涨到2200元,50元的"飞乐音响"直蹿600元。1992年,沪指迅速从300点飙涨至1400点,杨百万似乎闻到了一股见顶的气息,于是他不再恋战,悄然离场。随后,股市在半年内从1400点跌回400点,市场的恐慌情绪也达到了高点,不少人带着75%的亏损,壮士断腕悲壮收场。而当时的政府已经开始出手,国家鼓励上市公司能够回购股票托市,同时要求股份制公司提高效益,增加回报。这一切杨百万都看在眼里,他知道市场的机会又要来了。

1992年11月,股市终于见底,杨百万当即买下1万股"轻工机械"(当时股价4.5元),在此后的3个月里,沪指迅速从400点涨到1558点,他买的轻工机械在买入后7天就翻倍了。股市的一路上冲让整个市场都失去了理智,甚至连股评家也都在说股市要到1800点,可杨百万却在1500点的时候冷静抛售了股票,随后的一年里,A股步入了漫漫熊途,又被一棍子打回了300多点。

3. 从投机到投资:股市需要成熟的投资者

如果说最初的国库券买卖还有点投机倒把的味道,那么后期的股票投资杨百万可是下足了真功夫,包括他对股市顶点和谷底的判断,如果没有足够深入的研究和学习,风云变幻的股市是不可能靠投机取胜的。

大家看到的、听到的都是杨百万风生水起的故事,但背后的每一步他都是踏踏实实的。首先,在当时那个许多人还在为生活奔波、存款几乎都在银行的年代,杨百万已经有了分散投资的理念,他将资产分为三份:一份买房、一份买国债、一份投资股市。投资股市的那部分资金，也被他一分为三：一份选择长线投资的绩优股；一份选择中短线的黑马股；剩下的资金则机动处理。这里我们可以学到杨百万的两个投资学问：一是投资的钱不要和生活的钱混为一谈，这样在生活有急用的时候也不需要动用投资的钱，从而打乱投资节奏；二是分散投资可以很好地规避风险，空出仓位让自己永远有调仓机会。

从80年代开始炒股，至今还活跃在股市中的投资者并不多，有的在牛市中捞了一桶金就离场了，也有的因为投机不成倾家荡产，不得不退出股市。而杨百万在几轮牛熊后大浪淘沙，成为市场中为数不多的幸存者。他总结了一句话：不要贪心，要学会审时度势，从一个投机者转变为理性的投资人。这点让他在牛市的顶点没有多加留恋，也没有在熊市的拐点犹豫不决。

他始终强调，自己是市场的受益者，也是改革开放的受益者。

在这个市场上我们不仅赚了钱，而且找到了发挥才能、实现价值的用武之地。所以我们最知道应该如何爱护这个市场。我们是最坚定支持改革开放的人，也是最希望市场健康发展的人。

徐翔：当你望向深渊，深渊也在望向你

时间回溯到2015年11月1日，一张身穿白大褂的男士被铐上手铐的照片火了。原来是私募一哥徐翔因涉嫌操纵证券市场、内幕交易被逮捕。大多数人知道他恐怕还是从这张照片上，当时大家纷纷调侃这件价值26999元的阿玛尼白大褂的内涵：白手起家，大赚，挂了！

徐翔，人称"宁波涨停板敢死队总舵主"，私募一哥，上海泽熙投资管理有限公司总经理。若不是被逮捕，这位身家显赫却低调异常的私募大佬，恐怕还在东亚银行金融大厦的901办公室里闷声玩转着资本市场。这位早已实现财富自由

的私募大佬，缘何没能在欲望面前控制住自己，一步一步走向深渊呢？

1. 15岁入市，初出茅庐亏完本金

徐翔的炒股之路并非一步登天。

1978年，徐翔出生在宁波的一个不算普通的家庭。他的父亲徐柏良被称为"最牛散户"，保持快进快出的风格，这点对徐翔日后的操作影响颇深。1993年，15岁的徐翔拿着家人给的3万元本金进入股市，结果亏得血本无归——可见谁都避免不了给股市交学费。

1996年，徐翔放弃高考，成为职业股民。这一点普通家庭怕是做不到，大多数家长会认为炒股是不务正业。他的表哥马信琪借他10万本金让他重新入市，表哥的这个行为不仅改变了徐翔的一生，也给几年后的中国股市送了一颗威力十足的"炸弹"。当时的10万可能抵得上现在的100万了。1996年底，中国股市也迎来了一项划时代的改革——设置涨跌停板制度。在没有涨跌停板的日子里，可以说市场基本都掌握在庄家手里，庄股一天的涨跌幅可以达到100%。涨跌停板制度的设立大大打击了庄股的嚣张气焰，中国的股市在法制化进程中迈出了重要的一步。

2. 短线博弈：1年从10万变300万，5年从300万变成1亿

在涨跌停板制度推出后，不满20岁的徐翔迅速研究出"跟庄涨停板八步操盘法"。1997正值亚洲金融危机，徐翔却在危机中完成了个人资本的原始积累，不到1年，徐翔的资产从10万增至300万。

1999年5月19日，中国股市走出了山呼海啸的"519"行情，中国互联网科技股迎来了第一波高潮，沪指从1100点直飙到1725点。1997—2002年，徐翔的战法

换成了"打涨停三原则",快速拉升涨停,然后一字跌停出货,民间戏称"一字断魂刀"。徐翔"快、准、狠"的交易手法比他老爸有过之而无不及。

3. 涨停板敢死队横扫股市割韭菜,年化收益率惊人

2002年—2005年,A股步入漫漫熊途,而徐翔似乎不受大势影响,依然坚持着追封涨停板的风格,并且几乎每次都能在高位全身而退。"宁波涨停敢死队"的名声在2005年盛极一时,至今仍是短线游资的代表。当年不足25岁的徐翔被媒体戏称为"涨停板敢死队总舵主"。然而,徐翔却因此而苦恼,因为经常有人把他作为风向标跟风持股,这也是徐翔无论后来资产扩张到多大规模都始终保持低调的原因。2005年6月,沪指跌至998的冰点,徐翔的资产却从1亿上升至6亿。2005年底—2007年10月,中国历史上的最大牛市行情开启,徐翔的资产也迅速飙升至70亿,资产年化增长率高达242%,想想大洋彼岸的股神巴菲特,45年(1965年—2009年)资产的年均增长率也就20.5%。涨停板敢死队"割韭菜"的行为确实在一定程度上影响了一些股民的心态和对股市的认知,以至于有些人认为短线、投机才是王道,可事实证明这样长久不了。

4. 泽熙投资横空出世,"鬼斧"操盘避开股灾

2008年,全球金融危机爆发,中国也难逃一劫。一年之内,沪指从6124的历史高点跌至1664点,跌幅高达73%,大多股民在此期间资产缩水超50%以上,前两年牛市的盈利几乎又全部亏回去了。这一年,徐翔也经历了1997年以来的首次亏损,但他的亏损仅11%,差不多相当于经历了一个跌停板而已。

2009年12月,徐翔在上海成立了"泽熙投资管理有限公司",泽熙二字取自徐翔最崇拜的两位人物——开创新中国的毛泽东和统领康乾盛世的康熙大帝,徐

翔的勃勃野心显而易见。此时，徐翔的个人资产已超100亿。泽熙投资以收益率高、对市场把握精准、投资手法快狠准闻名私募界，管理资产的规模最高时有70亿，仅次于当时排名第一的上海重阳投资。当时泽熙投资旗下的几只产品收益率居然高达138%—298%，在此期间，沪深300指数下跌34%。

2014年7月—2015年6月，A股进入疯狂的"杠杆牛"，一年不到，沪指迅速从2070点飙升至5178点。彼时大多数人都拿上了全部身家赌进股市，股市被烘托出一派空前繁荣的盛况。然而此时，敏感的徐翔似乎嗅到了危险的信号，2015年2月以后，尽管股市一路狂飙，泽熙却基本空仓，徐翔只持轻仓进行短线操作。徐翔面对狂热市场的冷静令人有些错愕。

2015年6月开始，股市以迅雷不及掩耳之势崩盘，千股跌停，几乎所有热血冲锋的股民都被深埋。徐翔此时已在场外摩拳擦掌，精准狙击沪指3000点以下的入场时机。

5. 偏离正道只会和成功渐行渐远，私募一哥终被逐出市场

徐翔一路顺风顺水，几乎没有经历过大的挫折，但他最后还是没能战胜欲望，走错了一步，而且是几近自我毁灭的一步。在泽熙投资的名声逐渐传开后，找徐翔做投资的资金越来越多，随着资产管理的规模越来越大，加上中国股市的法制化越来越健全，纯靠分析和战法似乎已经很难满足徐翔对高收益率的要求了。于是，徐翔铤而走险，利用上市公司市值管理的空子，通过与大股东合作，大股东出利好，徐翔拉升股价，然后与大股东约定大宗交易减持，涉及的股票包括文峰股份、乐通股份、中弘股份、金科股份等。2017年1月，徐翔因涉嫌操纵证券市场罪被判处有期徒刑五年零六个月，同时没收违法所得70亿，并处罚金110亿，并且以后不得从事证券交易。"私募一哥"最终退出A股的历史舞台。

徐翔的前期资产积累靠的是跟涨停板，后期因利益驱使与股东合谋自己拉涨停板，在证券后台交易数据监控逐步透明、立法逐步完善的今天，这种操纵市场的行为已经越来越难。

徐翔最终的下场令人嘘唏！徐翔原本是个异常勤奋的人，在早期做的都是价值投资，对一家上市公司的熟悉程度堪比那家公司的董事长。据有认识徐翔的人说，徐翔每天花在交易和研究上的时间不少于10小时，每天上午开盘前开晨会，听分析师对各家公司的最新调研发现，在交易时间一直盯盘，收盘后也不会歇着，而是马不停蹄地参加卖方分析师路演、听取公司研究员汇报、自己复盘分析、学习和总结经验等。坐拥千万豪宅、家庭温馨，徐翔什么都不缺，但可惜没能控制住欲望，对收益率近乎变态的苛求促使他迈进了黑暗的深渊，不然以他敏锐的市场嗅觉、精准的研究能力和勤奋，完全可以继续在资本市场驰骋。希望大家以徐翔为戒，不要把股市当成赌场或是肆意妄为的名利场，这里是一个讲求公序良俗和公平竞争的有效市场。

股市可以没有徐翔，但不可以缺失公平、公正和公开的市场秩序。

冯柳："弱者"逆袭

2015年是贵州茅台锋芒初露的一年，也是价值投资迅速崛起的一年，更是许多投资大佬的转折年，涨停板敢死队"总舵主"徐翔在2015年退出了，这时价值投资派散户牛人冯柳开始登上A股的历史舞台。2012年—2015年，"公募奔私募"达到高潮，其中，南方基金投资总监邱国鹭辞职创立私募公司，并于2015年11月，邀请冯柳执掌高毅邻山1号远望基金，冯柳正式从"大牛散"的身份过渡为百亿私募基金经理。

自2015年11月17日成立以来至2020年2月28日，高毅邻山1号远望基金的累计收益率是287.24%，年化收益率高达37%。

1. 从茅台到山西汾酒和二锅头，高中低端市场皆有黄金

冯柳从2003年初入市就坚持公司基本面为价值投资原则，而当时大多数人还沉迷于追涨杀跌的短线交易中。冯柳的第一笔成功投资就是茅台，保守估计其2003年—2006年在茅台上获得的投资收益大约翻了3倍。冯柳在股票论坛的ID"茅台03"的含义就是指他2003年进入股市投资茅台。要知道，2003年的茅台股价仅3元左右，如果从2003年持有到2020年，17年间资产将翻300倍。

2006年8月6日，冯柳从茅台中撤出，转而以5.5元左右的成本价大举买入山西汾酒，当时，他的投资逻辑是：

1. 从经营层面看，山西汾酒当时正在行业和企业双重复兴的道路上，是白酒板块中性价比最高的公司；从利润率和相关盈利指标看，山西汾酒在2003—2005年间的净利润增速远远高于两大龙头。

2. 从估值水平来看，当时山西汾酒的市销率为2.5倍，而同行业两大龙头茅台和五粮液的市销率分别为12倍和5倍，有确定的上升空间。

到2007年1月22日，山西汾酒的股价已经达到20元，7个月的时间，冯柳的投资回报高达264%，远高于同期茅台的涨幅。

冯柳的价值投资不完全等同于看好一家公司后完全无脑持有，他也会根据公司的基本面变化而选择暂时离场。山西汾酒2007年1季度的盈利增速较前一季度大幅放缓，冯柳就果断选择获利离场，完美回避了此后因业绩下滑而导致的股价大跌。至2008年10月下旬，山西汾酒的股价跌至历史低点3.55元，加上2008年三季报的净利润增速由负转正，公司出现明显的业绩拐点，冯柳认为此时不仅股价很安全，而且未来业绩有保障。此后山西汾酒的股价一路上扬，直至2011年8月涨至40元，冯柳以大约10倍的投资收益淡定离场。

山西汾酒之后，2018年，冯柳又盯上了全国市占率最高的低端白酒龙头——牛栏山二锅头。这款酒出自上市公司顺鑫农业。此时高端和中端白酒的炒作已经如日中天，而越是热闹的地方越不可能有便宜捡。此时，冯柳依然坚持投资股票要有足够的安全边际，也就是说买入价格要低，此时低端白酒仍处于市场边缘。冯柳认为中国白酒的未来在白酒消费偏好最强、但品牌最分散的北方地区。2018年1季度，顺鑫农业的股价正在历史低位徘徊，高毅资产首次出现在公司前十大流通股东的名单上，当时的成本不到20元，并在2季度大举加仓850万股，2018年上半年，顺鑫农业的涨幅高达146%，而此期间沪指却大跌20%。

无论是高端、中端还是低端品牌，每一个品牌都有它对应的市场和价值，利润率的高低不是最重要的，重要的是他未来的市场空间有多大。

2. 转战医药股：抄最低的底，买最牛的股票

在白酒股上的不菲收益以及白酒股越来越高的关注度并未让冯柳盲目痴迷，相反，他认为当时的股价已经与公司的业绩相匹配了，公司短期内的内生成长性下降，股价继续上涨的弹性和空间有限。而彼时的生物医药指数却在2010年的11月至2011年1月间几乎腰斩，最大跌幅达47%，在市场都陷入恐慌、争先恐后离场时，冯柳看到的却是满地被人当垃圾丢弃的黄金。

当然，我们也不要把所有成功的投资人士过于神化，无论是巴菲特还是冯柳，也不可能每次都买在最低点、卖在最高点，更不可能每次买了股票就立刻能涨，他们也必然会有踏空经历。冯柳从山西汾酒撤出转战医药股之初，白酒股继续上涨了30%，而医药股却下跌了20%，且被套了足足半年之久。可以想象一下，如果是你，是否早就懊悔不已，一气之下从医药股又转回白酒股呢？

那些短期被套牢的投资者，第一时间常常想的是如何赶紧解套，而不是坚定

持有，这主要取决于你对买入的公司是否足够了解，是否对他的经营和未来成长足够有信心。为什么冯柳在亏损20%的票上依然坚信自己的选择？因为他心里非常清楚一家公司怎样的价格是合理的，如果低于这个价格，说明市场还未发现公司的价值，所以即便短期不盈利，他也始终信心满满，认为只要给市场足够的时间，股价一定能回归到它值得的位置。所以，我们在投资股票时，不要只是把自己当成普通股民，而是要把自己当成真正的股东，找一家值得托付的公司。

2012年1月，冯柳首次选中的医药股标的是丽珠集团，直至今日，在2019年的中报和三季报上，我们依然能看到高毅资产是丽珠集团的第二大流通股股东，并且连续两个季度加仓，可见他8年前看好的公司如今依然看好。在当时100多只医药股中，丽珠集团在1年时间中涨幅位列第2。

但冯柳最成功的医药投资并非丽珠集团，而是华润三九。2012年11月，当冯柳在丽珠集团上达到获利50%的目标时，就毅然减掉半成仓位转战华润三九。选择华润三九的理由非常明确：首先，公司有一条宽广的护城河——品牌，想必大家都听过他们家的三九感冒灵、三九胃泰和三九皮炎平。

其次，华润三九的战略别出心裁。传统药品公司通常是重研发、以药效征服市场，这种战略不仅前期成本投入高，而且最终研发成果的不确定性也高；而华润三九却另辟蹊径——用营销征服市场，它每年在研发上的投入费用仅占营收的不到10%，而销售费用的投入却已经高达营收的48%[①]，且自2013年以来营销投入的占比不断提升。营销投入往往见效快，且一旦成功，后期的品牌效应会越来越强，华润三九将药品这种低频消费产品成功打造成了"家中常备"的高频消费品，这为公司业务提供了可持续增长的保障。

---

① 数据取自华润三九2018年年报。

第三，公司的外延并购紧扣公司的主营业务，能够带来"1+1>2"的效果。华润三九在2012年并购的顺峰药业，是皮肤药中的老字号，刚好与华润三九原有产品三九皮炎平形成良性互补。收购当年公司归母净利润增速由负转正，业绩出现明显拐点。

可见冯柳在选择投资一家公司的时候，不仅仅只是盯着几个财务数据，更多的是站在公司管理层的角度，以一种战略眼光去看待公司的前途命运。

3. 9年370倍投资收益背后：认清自我的"弱者体系"

在短视的人眼里，一颗小石子荡起的涟漪都是惊涛骇浪；而在有远见的人眼里，再大的风浪也不过是漫漫投资路上的小打小闹。

市场很复杂，可是我们看到冯柳每次操作的思路都十分简单且清晰，他过滤掉了市场上许多复杂但并不起决定性作用的因素，反而让自己的选择变得更加坚定。用冯柳自己的话来说，他的投资交易体系是"弱者体系"。"弱者体系"的第一个要点就是不要高估自己的认知和能力，而要承认自己无法改变市场、只能顺应市场的现实，坦然接受自己因市场的系统性风险导致的短期浮亏，但又不至于错过长期的回报。而这点恰恰是徐翔没有想通的，徐翔在选股和择时两点上都以近乎圣人的标准苛求自己，一旦买入的股票在短期内跌幅超过10%，他就会果断斩仓，这种因市场导致的风险就否认掉自己研究成果的行为有点矫枉过正了。

弱者体系的第二个要点是选股大于择时，冯柳的大部分收益都是在熊市中实现的，因为熊市中被错杀的股票很多，这恰好给了他一个低价买入好公司的机会。所以熊市中只需要潜心选股，规避了择时的麻烦。

说到选股，冯柳和巴菲特的逻辑几乎是一脉相承，他认为选股就是选一个好的生意模式，核心要满足3个要素：可预期、可展望、可想象。可预期就是指1年内的业绩发展是可以预见的；可展望是指3年内的发展有一张较为清晰的蓝图；可想象是指10年后这门生意还是有空间和价值。[1]

关于卖出时机的选择，冯柳的原话是：一种是梦想落空时的出逃；一种是达到预设后的收手[2]。前者是说，当你投资的公司前景不可期时，可以选择尽早退出避免损失，比如市场需求减少了、行业中出现更强的竞争对手了等；后者是说，当前股价已经达到合理估值甚至溢价了，就可以选择止盈。

总结：探究散户的进阶之路

散户投资失败的主要原因有四点：

第一，缺乏正确的投资观。比如预期不合理，知行不合一，过于短视等。

第二，缺乏必要的知识。不理解基本的经济金融原理，不懂分析行业和公司。

第三，缺乏投资技巧。不会基本的技术分析，不会把握趋势和拐点，进退无章法。

第四，缺乏严明的投资纪律。事前无计划，事后无风控。

---

[1] 邱国鹭，邓晓峰，冯柳等，《投资中不简单的事》，四川人民出版社2018年版。
[2] 出自冯柳于2010年发表在淘股吧论坛的文章"关于卖出条件的讨论"。

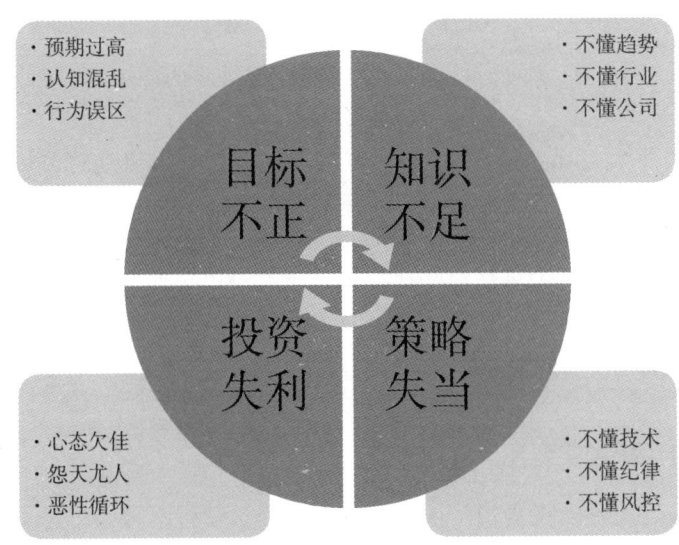

图1-3 散户失败的原因
图片来源：九方金融研究所

因此，散户要成长，要从韭菜进化为成熟投资者，就需要构建比较完整的投资框架——包括正确的投资理念、必要的知识储备、娴熟的交易技能，并且在投资实践中做到知行合一，严格遵守交易原则和纪律。能做到这些，你就是一名相对成熟的专业投资者，基本具备了在股市长期生存的能力。

在这个过程中，你的投资框架作用于市场，市场运行反作用于你的框架——这就是索罗斯的"反身性原理"。若要百尺竿头更进一步，就需要对原有的投资框架进行持续的反思、批判和修正。如此反复，百炼成钢，最后成就一位大师。

图1-4 投资者的进阶之路
图片来源：九方金融研究所

当然，投资大师不是读书读出来的，是真刀真枪搏杀出来的。因此，本书无意于助你成为投资大师。我们只是想在散户的进化之路上，助读者一臂之力。

投资中最大的敌人

散户在市场搏杀，要面对形形色色的"对手"。

从参与者的身份来看，有产业资本、公募、私募、险资、券商自营盘、游资、外资以及和自己一样的散户。

从市场风险的角度来看，有系统性风险、非系统性风险以及各种黑天鹅事件风险。比如：宏观经济和行业周期的调整，政策的突变，国际环境的变幻，甚至是自然灾害的突袭；微观层面上则有交易通道是否畅通、网络是否良好、道听途说的消息是否真实等。

总之，套用一句名言：成功的投资者大多相似，失败的投资者则各有各的亏法。但是，上面提到的各种坑都不过是影响投资的外因，而散户亏钱最大的原因是什么呢？是自己。

抛开所有知识上的不足，有些要素注定了人在投资时非常容易犯错误——也就是说，专业知识并不单独构成投资成功的充要条件。

投资与智商

金融行业虽然云集大量高学历、高智商的人，但现实表明，投资并不是一个仅靠智商就能取胜的事情。就连巴菲特也说过：投资不是一个智商140就能打败智商120的游戏。

市场上一个常见的现象就是：大量的专业人士，不论是博士还是CFA，不论是分析师还是基金经理，仍然被市场无情地打击。反倒是一些知识背景没有那么强悍的投资人能收获佳绩,比如我们前文中提到的几位草根股神。

因此,对于大部分投资人而言,智商足够胜任投资。当然,智商越高,学习能力越强,有助于你更快、更深地理解市场。但智商绝非投资的决定性因素。

导致投资失败的因素有很多,但其中最关键的,其实并非专业知识(不是说专业不重要),而是心理陷阱和由此导致的行为偏差。

心理陷阱的根源:杏仁体、前额叶皮层、多巴胺

根据心理学和脑科学的研究,人的大脑在对外界做出反应时,主要受到3个部分的控制,分别是大脑的杏仁体、前额叶皮层和两个系统。这两个系统一个是"快思维"系统,一个是"慢思维"系统。

1. 杏仁体与"快思维"

顾名思义,"快思维"反应非常灵敏,我们通常叫作"本能反应"或者"下意识反应"。它是由人的大脑杏仁体控制的。杏仁体主要控制人的情感。比如说,如果有一张照片,在你面前只出现0.1秒、0.5秒。这个时候你自己可能都没有意识到这张照片的内容,但是你的杏仁体已经有反应了,尤其是能引起愤怒情绪的照片。

可见,由杏仁体控制的"快思维"反应非常灵敏,而且它有个特点,耗费的能量少——这是帮我们在思维上做出判断问题时的关键。

2. 前额叶皮层与"慢思维"

"慢思维"是由大脑的前额叶皮层控制。相对于杏仁体,前额叶皮层是相对较晚进化出来的东西。这个地方是负责我们的理性逻辑思维的,它的反应要比杏

仁体慢，用通俗的话说就是做事情的时候要"过脑"。但用这个地方思考就比较费劲，比较消耗能量。

实验发现，越是群居的动物，前额叶皮层越大。如果这个地方要是受到损伤，人就很难做长远的计划，容易失去动力。

3. 思维的错配

投资之所以容易失误，很重要的原因就是思考维度上出现了问题——就是大脑杏仁体和前额叶皮层反应速度不一样。

杏仁体反应快，做出的判断不太准，而且有时候会犯错，但是不费能量；前额叶皮层的反应比较慢，但是非常费能量。在物质文明高度丰富的今天，大家可能无法想象"这点能量"的意义。但是对于远古的人类祖先而言，这一点点生理机能上的差异，可能就会决定生死。

在种植农业和动物驯养实现之前，原始人类的生存主要依靠狩猎和采集。这导致食物来源存在巨大的不确定性。原始人类一直处于"吃了上顿没下顿"的状态。在这种环境下，生物本能就是尽量地节约能量。因此，杏仁体的进化和发育优先于前额叶皮层，优先使用"快思维"是最符合生存的"自然选择"。更重要的是，远古时期社会环境比较简单，很多时候用杏仁体反应，它不会导致你犯太多的错误，就算犯错误，引起的成本也不高。

因此，在经过几百万年的进化之后，现在的人类在思考上也是优先使用杏仁体控制的"快思维"。错误，也因此诞生了。随着人类社会的高度发展，需要处理的事务越来越复杂，"快思维"与"慢思维"的错配问题也就越发凸显。

投资就是一个高度复杂的事务，投资人在这个过程中过度依赖"快思维"会走进行为误区，从而导致投资失败，散户群体尤甚。

我们这里举个例子。

你身体不舒服，去医院看病。化验结果告诉你，你患某种罕见绝症的概率高达80%！这个时候你是不是直觉自己肯定得病了？但是，冷静下来想想一个关键要素——概率！

如果"罕见绝症"在整体人群中的比例是百万分之一，那你真正患病的概率只有百万分之一的八成，也就是一千万分之八，这时候你又是什么感觉？

这就是典型的关于"快思维"和"慢思维"的区别。"快思维"讲直觉，"慢思维"讲逻辑。

4. "奖赏中心"与投资冲动

除了控制"快思维"的杏仁体和控制"慢思维"的前额叶皮层，我们的大脑中还有一个"奖赏中心"对投资起到非常大的作用。

"奖赏中心"会分泌一种物质，叫多巴胺。大家可能都听说过，多巴胺是人的"快乐之源"。但其实多巴胺不会直接导致快乐，而是让你对奖赏产生一种预期。这种预期在人类进化过程中起了极其重要的作用——它是我们努力工作的动力源泉。

不知道你有没有这种体会，比如你要计划去马尔代夫旅游，你在计划这个旅游的时候，会做各种攻略，比如在网上看各种照片，找酒店、订机票——这个过程中你会很开心、很快乐，虽然你还并没有实际到达旅游目的地。一个重要的原因就是你在计划的时候对旅游有了预期，这个时候你的大脑已经分泌多巴胺，给你带来一些快乐的感觉。

这个体验在股市中也非常明显。比如，当你发现一个你认为会大涨的股票，或者你从别人那里打听到一只据说会大涨的票，这个时候你就会很兴奋，甚至在买入之前就开始幻想如何大赚一把。这同样也是多巴胺给你的一个奖励的预期。

多巴胺分泌越多,我们就越开心,我们对将来奖赏的预期就越高。如果一个投资机会让我们分泌的多巴胺越多,我们就会越喜欢它,也就越容易去投资它。如果多巴胺和杏仁体一起发生作用,会怎么样呢?首先,我们得到了一个"即将发财"的预期,便会非常兴奋,然后杏仁体控制的"快思维"让我们迅速采取行动去"捕获"这个猎物,以防止错失机会。于是,我们毫不犹豫地按下买入键,甚至全仓买入——这就是投资冲动的源头。

总结下来,我们的大脑结构千万年以来形成了"行动优先"的快思维模式。在多巴胺的刺激下,人的投资冲动会被激发,从而容易贸然行事。在知道了我们大脑容易出现"思维错配"之后,接下来,我们来了解一下自己容易陷入哪些行为陷阱。

有限注意力偏差

有限注意力是指我们不可能一直关注一件事情,因为我们的注意力是非常消耗能量、非常稀缺的资源。所以,我们会选择在某些情况下,节省能量,不那么集中注意力。尤其是在我们觉得比较安全的情况下,注意力会没那么集中,在其他比较危险的情况下,我们的注意力才会稍微集中一点。

有限注意力会怎么影响投资呢?

首先,新近发生的事情可能会影响我们的判断。因为新近发生的事情容易被我们想起,在我们做决定的时候权重就比较大,它可能会对决定有过多的影响。比如,上市公司一旦有新闻或者公告出来,客户就跑来问,这个是不是利好呀?是不是可以买了呀?

一个消息出来,投资者就开始考虑多空的判断,甚至将其作为买入的理由。

这个时候，我们对这家公司的了解，仅仅停留在新近的消息上，而忽略了这家公司长期以来的业绩、是否有黑历史等。

第二，媒体的报道会对我们有影响。因为媒体一般都喜欢报道一些突发事件、有意思的事件、吸引眼球的事件，这些报道都会影响我们的判断。媒体的报道总是在我们脑子里面出现，它比较容易被想起，于是，我们容易高估这个事件发生的概率。

比如，媒体经常报道所谓的"财富神话"。比如某某草根期货高手，从几万做到几个亿，比如股市中的杨百万、赵老哥、冯柳，比如各种抓涨停板的高手、战法之类的。我们受到的耳濡目染多了，就会在潜意识中觉得股市是个容易赚钱的地方。"这些高手也不见得比我聪明多少，我就算没他们那么厉害，应该还是可以发财的吧！"抱着这种想法，于是我们就入市了。

可是，我们忽略了一个最基础的事实：全国上亿股民中，成为财富神话的才几个？其中概率是多少？

有些上市公司，也会利用散户的这种有限注意力来牟取利益。比如，A股有家上市公司，名字里带着"科"和"网"字，一看名字我们就会以为是个互联网概念股。而且它是2014年下半年改的名，那时更是踩上了那一轮互联网+的牛市风口。但实际情况呢？

实际上，这家公司本来是一家高端餐饮企业。因为中央"八项规定"的出台，公款吃喝的歪风邪气被刹住了。这也导致当时一批高端消费受到波及，贵州茅台的股价就在那一波里大幅回调，这家公司也是。然而，公司的管理层眼珠子一转，脑袋一拍，改名傍上了互联网+的概念。改名之后，股价迅速翻倍，但之后便一落千丈，把无数散户套在了山顶。

现在，这家公司已经变成"ST"了。

有限注意力偏差主要有以下几个方面的成因：

第一，在信息收集阶段，由于我们的注意力有限，我们会选择容易处理的信息，或者就近发生的信息。

第二，在信息处理阶段，我们经常会用直觉去处理信息，因为这样可以节省能量。

因此，有限注意力偏差导致我们要么是信息搜集不够全面，要么就是在处理过程中思考不够理性，最终导致决策错误。

有限注意力把投资引入误区，还需要有一个前提，就是认知放松，指你在一个安全的环境下"放下戒心"。

那什么时候我们会觉得安全呢？有下面三种情况：

第一种，重复地经历。如果一个事情被反复地经历，我们就会认为那是个安全的信号。比如媒体反复跟我们灌输的各种财富神话，而压根不提背后的风险，让我们以为投资很安全。

第二种，清楚地展现。如果某些信息能被一眼就能看到特别远、特别清晰，我们也会认为它是个安全的。比如，消费股容易受到追捧，是因为它的生意模式比较简单，大部分人都能理解。

第三种，好的心情。好心情时，我们会觉得安全，如果是不安全的状态我们不会觉得心情好。

代表性偏差

投资者容易犯的另一种错误就是代表性偏差。投资者将事物划分为有代表性特征的几类，然后根据已有的模式制定决策思维过程。在对事物进行评价时，会过分强调这几类的重要性，而忽略其他事物，并习惯用大样本中的小样本去判断整个大样本。

人容易被新信息带偏，忽略了更广阔的信息，也就是常说的以偏概全，挂一漏万。这个和有限注意力有点相似，但其实不太一样。

在统计学上，有一个"贝叶斯法则"。它是指当分析样本大到接近总体数时，样本中事件发生的概率将接近于总体中事件发生的概率。但行为经济学家发现，人们在决策过程中往往并不遵循贝叶斯法则，而是在决策和做出判断时，给予新近发生的事件和最新的经验以更多的权重。面对复杂而笼统的问题，人们往往走捷径，依据可能性而非概率来决策。由于代表性偏差的影响，投资者往往会将投资决策过于感性化、简单化。其中，有两种错误非常典型，那就是"赌徒谬误"和"热手现象"。

1. 赌徒谬误与抄底逃顶

比如，你在赌场玩赌大小的游戏，当庄家连续开了9把大之后，你认为下一把他继续开大的概率会有多少？一般人都会觉得，连开了那么多把大，再继续开大的概率已经是微乎其微了，所以这种时候赌徒一般都会压小。如果第10把又开了大，那么第11把赌徒大概率还是会压小。这就是典型的赌徒谬误。在统计学上，每一把都是独立事件，前面不论结果如何都不会对下一把产生影响，所以，即便连续开出大，下一把开出大小的概率依旧是各50%。

在投资中，赌徒谬误的典型表现就是抄底和逃顶。

当股票连续下跌一段时间之后，投资者往往会进场抄底，因为觉得"跌了这么久，总该反弹了吧"。这个时候，大部分投资者都忽略了股票下跌的真正原因，或者，即便知道是基本面恶化导致的，也会出于"跌得差不多了，总要反弹一下"的想法，贸然入场。这种情况下，抄底被套的概率往往很大。

同样，在股价连续上涨后，投资者往往选择卖出股票甚至反手做空。这时候如果遇到股票的逼空行情，就会非常惨。

因此，不论是抄底还是逃顶，如果仅仅是因为"跌多了"或者"涨多了"这个原因就入场，那就是陷入了行为误区。我们一定要仔细分辨涨跌背后的真实逻辑，全面地去评估下一步行情的概率。

2. 热手现象与追涨杀跌

篮球中的热手现象是，一个投手在球场上连续进球，观众觉得接下来他还会继续进球。打麻将的时候，当我们连续和牌的时候，会觉得手风很顺，会有加大赌注的冲动，因为我们觉得自己还能赢。

又比如，炒股遇到牛市时，你发现自己怎么买都是涨，这种大杀四方的痛快会让你觉得自己是股神。这时，你同样会有加大投入的冲动。

不论是打篮球还是打麻将，亦或是炒股，连续获胜的原因是什么呢？是因为能力超强，还是因为运气呢？

前文的赌徒谬误，是因为前序发生的事情导致你低估了接下来发生同样事情的概率。而热手现象则刚好相反，由于前序事件导致你高估了接下来发生同样事情的概率。这两种现象，被统称为"代表性偏差"。

当代表性偏差从个体蔓延到整体之后会发生什么呢？

当股市持续上涨一段时间之后，大多数散户都认为将来也会继续上涨，这一点在中国和美国市场都得到过验证。2015年A股牛市开启一段时间之后，开户人数显著增加。与此类似，2018年1月份美股强势上涨，当时美国媒体就有报道，散户投资的占比大幅上升。除了散户有这样的特征，大公司的CFO也有类似的预测结果。当过去一年整个股市表现好，他们也认为将来一年会表现好，虽然没有散户那么强烈的反应,但也会对股市抱持非常正向的态度。

但现实中是什么样的呢?

2015年下半年的A股和2018年1月之后的美股已经表现得非常清晰了,当股市的群体性热潮产生后,往往意味着阶段性的见顶——历史上历次著名的金融泡沫无不如此。至于CFO们的预测就更加有意思,他们认为将来表现好的时候,将来的表现反而要差一点点,但是差得也不会太多。这说明即便是专业人士,在做预测时也往往以线性逻辑来做推断,而不是采用周期性的思维。

因此,这是可以用来做市场择时的一个信号——这就是大众情绪对股市的反向指引作用。在一些大型投资基金中,他们会将大众情绪作为策略因子,当大众情绪过热的时候,策略会发出看空的信号。反之,大众极度悲观时,策略会发出买进的信号。

所以,巴菲特的那句名言"在别人恐惧时乐观,在别人乐观时恐惧"是蕴含了深厚的行为学原理的。

锚定效应

通常来讲,人们在做决策时,思维往往会被得到的第一信息所左右,就像沉入海底的锚一样,把你的思维固定在某处。用一个限定性的词语或规定作行为导向,达成行为效果的心理效应,被称为"锚定效应",也就是通常说的"先入为主"。

举个例子,妻子跟丈夫说要买包,需要3万元。丈夫一听,心里一紧,顿感肉痛。这时候妻子又说,那要不就不买包了,买条项链吧,6000元。这时,丈夫听了心头一松,真便宜,赶紧买,不然又要变卦了!这就是对锚定效应的有效运用,3万元的包就是锚,勾住了丈夫的心智,让他乐于接受6000元的项链。

再比如说，如果让我们去估计一下沪深300一年之后会是多少点，我们会从哪儿开始下手？绝大多数人都会先看一下，今天沪深300是多少点。这个数字就是我们的初始点，也就是锚定点。在此基础上我们会判断一年之后市场形势怎样调整，国际贸易环境怎样变化，中国的经济形势怎样发展。如果我们比较乐观的话，就会将判断往锚定点上调一点；如果我们比较悲观的话，就会往锚定点下调一点。但是无论如何，锚定点都是我们做出判断的基础依据，非常重要。

在具体的投资中，有两种情况可以对照锚定效应的影响。在图1-5和图1-6，如果你是投资者，你对哪只股票的走势更有把握？

图1-5 A股票走势图

图1-6　B 股票走势图

相信大部分人都会选A股票,因为有一个"前高点"在"锚定"我们的思维。我们会认为其股价上涨到前期的高水平这个概率是存在的,毕竟过去的价格给出了可能性。而B股票,我们大概会觉得没什么把握,因为目前股价在新高点,没有任何参考,我们会觉得心里没底。

这也是为什么股价创新高之后,投资者不愿去追的原因,就是因为没有了锚点。说到这里,千万不要误会本书是让读者去追高,本书要说明的是心中是否有"锚点",对你的投资行为有很大的影响。

对于投资者而言,初入市的那段经历的"锚定效应"会长期影响人的投资决策和世界观。比如,2015年上半年入市的投资者,在经历了下半年的股灾后,对这段经历的认识,会长期影响投资人的投资观。如果我们将这段痛苦归咎于市场、监管或者其他因素，今后的投资道路大概率不会顺利。因为我们缺乏对自身的反省，缺乏对这段经历的深度复盘。

而全世界最大对冲基金——桥水基金的掌门人雷·达利欧（Ray Dalio），在职业生涯之初也遭遇了滑铁卢，这反而激发了他对金融市场的重新理解，最终成就一代大佬。

过度自信

估计大多数人都犯过这种错误，就是我们会高估自己的能力，也就是过度自信。

比如，大家自问一下：

自己的智商、容貌、能力是不是应该在人群中处于中等偏上的水平？

会开车的朋友，自己的驾驶技术是不是属于比较好的？

你觉得你的孩子是不是比别人家的孩子更好看、更聪明？

如果上面的问题你的答案是肯定的。那么，你大概率有一些过度自信。

这里需要澄清一下，过度自信并不是坏事。或者更严谨一些，过度自信不全是坏事。在很多时候，过度自信反而能帮助我们个体生存和族群的延续。

1. 自我归因

过度自信首先来自一个认知上的偏差，叫作"自我归因"。比如说你炒股挣钱了，你就觉得自己是股神，但是一旦亏钱了，你就觉得运气不好。

心理学上的"杜根定律"解释了自信决定成功的问题。简言之，你越自信，成功的概率就越大。所以，从进化论的角度看，充满自信的一方，基因更容易延续。所以我们很多人都会有自我归因偏差，自我归因偏差也是导致过度自信的原因之一。

2. 证实偏差

过度自信的第二个原因是证实偏差。证实偏差与前文讲的锚定效应类似。比如，你有了一个观点后，可能会主动去寻找或者只记得那些跟你观点一致的证据。这样一来，你对你的观点会更加深信不疑，久而久之，这会导致所谓的"信息茧房"——如果你接触的信息都是同质的，就会导致你的思想越来越封闭，像蚕茧一样把自己包裹起来，与外界隔绝。这会使你的思维方式自我强化，导致过度自信。

3. 控制幻觉

过度自信的第三个原因，叫作"控制幻觉"，它是指有些东西你根本不能控制，但是你觉得你能控制的现象。在牛市出现的时候，控制幻觉就特别强烈。你以为你能把握股市的涨跌，但其实，市场运行跟你没什么关系。

4. 因果推断

过度自信的第四个原因，是人本性就特别喜欢做因果关系的推断。比如，你看到一个统计规律，就觉得这是一个因果关系。因为只有前后有因果关系，你才觉得这条规律有道理，自然会更相信这条规律。

这个幻觉在股市里也是特别明显。大家总喜欢去解释股市的涨跌，但很多时候，涨跌并不一定是由特定原因引起的。实证的结果显示，股市大部分时候是"随机漫步"的。但由于投资者特别喜欢找各种理由去解释短期波动，所以，这些投资者就会有一种"我能看懂市场"的过度自信。

而过度自信在股市中一般都会带来灾难。具体表现在两个方面。

一是过度自信容易导致频繁交易，进而降低收益。

2017年(振荡市期间)	换手率级别	交易客户人数占比	当年累计盈亏率
	低换手率	26.40%	16.83%
	中换手率	46.70%	-0.50%
	高换手率	26.90%	-3.77%
2018年（熊市期间）	换手率级别	交易客户人数占比	当年累计盈亏率
	低换手率	33.40%	14.28%
	中换手率	41.20%	-21.20%
	高换手率	25.40%	-13.07%
2019年（牛市期间）	换手率级别	交易客户人数占比	当年累计盈亏率
	低换手率	26.60%	55.33%
	中换手率	42.50%	14.83%
	高换手率	31.00%	2.64%

图1-7　个人投资者的换手率和净年收益率的关系

数据来源：国海证券

人在做决策的时候，不确定性越大，决策就越慎重，因为人总是怕出错的。反之，如果成功的把握越大，人的决策就越果断。在炒股上，越是自信的人交易越频繁，也就是换手率会提高。

但是，多年来的各种实证已经表明，换手率越高的那些人，基本上他们的收益率越低——过度自信可能导致过度交易，进而导致收益率降低，两者之间是有连锁反应的。

二是因过度自信而忽视市场的客观规律。

笔者在服务投资者的过程中接触过火箭科学家、计算机专家、高级工程师、企业家、销售明星，他们在各自的领域都做得非常出色，但是一到股市就吃亏，而且是大亏。

因为他们成功的职业经历让他们非常自信，以至于产生了"控制幻觉"——觉得自己能够像掌控自己的专业领域一样掌控股市。前文讲过，有些事情是通过主观努力可以控制的，比如经营企业、科研。但股市是无数人合力的结果，个体基本无法影响市场。

所以越是成功的职业人士，越容易在股市栽跟头。因为他们过于自信，甚至有些自傲。即便是牛顿这样的"大神"，也逃不了被股市"教育"的命运最终发出了"我可以计算天体运行的轨道，却无法计算人性的疯狂"的感慨。历次的股市泡沫，不论其一开始有多少真实的基础，最后都无一例外变成虚假的盛宴。在这个过程中，大家越来越坚信自我构筑的幻觉，最终大厦崩塌。

最后，我们小结一下关于过度自信的内容。

第一，很多人都是过度自信的，而且大多数人没有意识到自己是过度自信的。

第二，我们讲了过度自信的四个表面原因，自我归因偏差、证实偏差、控制幻觉和喜欢作因果关系推断。

第三，那我们怎么判断过度自信是好的还是坏的？有一个最重要的标准就是，**我们的过度自信是否能够影响我们的行为对象**。当你不能影响对象的时候，比如说炒股，那过度自信可能就是不好的。但是在其他时候，尤其是与人打交道的时候，过度自信可能能带来好的影响。

第四，在交易中我们特别容易过度自信。因此，一定要敬畏市场，保持空杯心态。

损失厌恶

人对损失是非常敏感的。这源于我们的动物本能，任何有可能影响生存的因素，都是我们恐惧和极力要避免的，损失当然是其中之一。在心理层面，同一水平的损失给人带来的痛苦比收益带来的快乐要大得多。对大多数人来讲，100元钱的损失所带来不快的程度远远要高于100元钱的盈利带来的快乐程度。这就是损失厌恶，它是不对称的。

由于损失厌恶，这保证了人类族群的延续，在漫长的生物进化史上对人类是非常有益的。但就像前文说的，很多过去帮助我们生存繁衍的"本能"，在现代社会反而会成为错误行为的诱因。这就是古老原始的动物本能与现代性的冲突。

损失厌恶导致大家会不想造成损失。尤其在你已经处于损失状态的时候，你可能会去冒你平时不愿意去冒的险以求回本。这就形成了一个悖论——你厌恶损失而不愿意冒险，但当损失产生后，你又会因为挽回损失的冲动而采取更加冒险的举动，从而有可能带来进一步的损失——在股市中，这种典型的表现就是被套后的报复性加仓。

损失厌恶之下，我们要理解两种效应。

1. 框架效应

框架效应是指同一个东西在某种框架下，可以显示出它是处于盈利的状态，但是在另外一个框架下，显示出它处于损失的状态。

举个例子：几年前你用500元买了一瓶茅台，现在涨到1500元。有一天你家小孩不小心把酒打翻了，酒瓶碎了酒全洒了。这时候，你觉得自己损失了多少钱？

又比如一只股票，你在股价50元时买入，涨到80元后卖出，但这只股票之后又涨到200元，你怎么看待这笔交易？你是认为自己赚了30元，还是觉得自己亏了120元？

以上问题其实是没有标准答案的。

以茅台问题为例，如果你把茅台当作固定资产，按历史成本法计算，你的损失就是500元；但是，如果你把它当作金融资产，那就要用公允价格去计算，那你的损失就是1500元。

在股票问题上，你如果算机会成本，就是少赚了120元钱，但实际那笔交易你是赚了30元钱。

所以说，框架效应其实就是我们的"心理账户"，不同的钱放在不同的账户，起到的效果是不一样的。

在炒股中，如果你用"机会成本"的框架去看待，认为那些你没有买却大涨的票都是你"本来应该买的"。时间一长，你的投资行为就会变得急功近利，你的决策就会容易进退失据。这就是风险厌恶导致的一个行为偏差：把机会成本当作了现实损失。

2. 处置效应

再来看这样一个例子：你买了两只股票，股票A是100元钱买的，现在涨到150元；股票B是100元钱买的，现在跌到80元，你会卖哪个股票？大多数人都会卖第一只股票，也就是涨了的那只股票。

又比如，当你买的股票下跌之后，重新回到了保本的位置，这时候你很容易就卖出，以求保本。（图1-8）

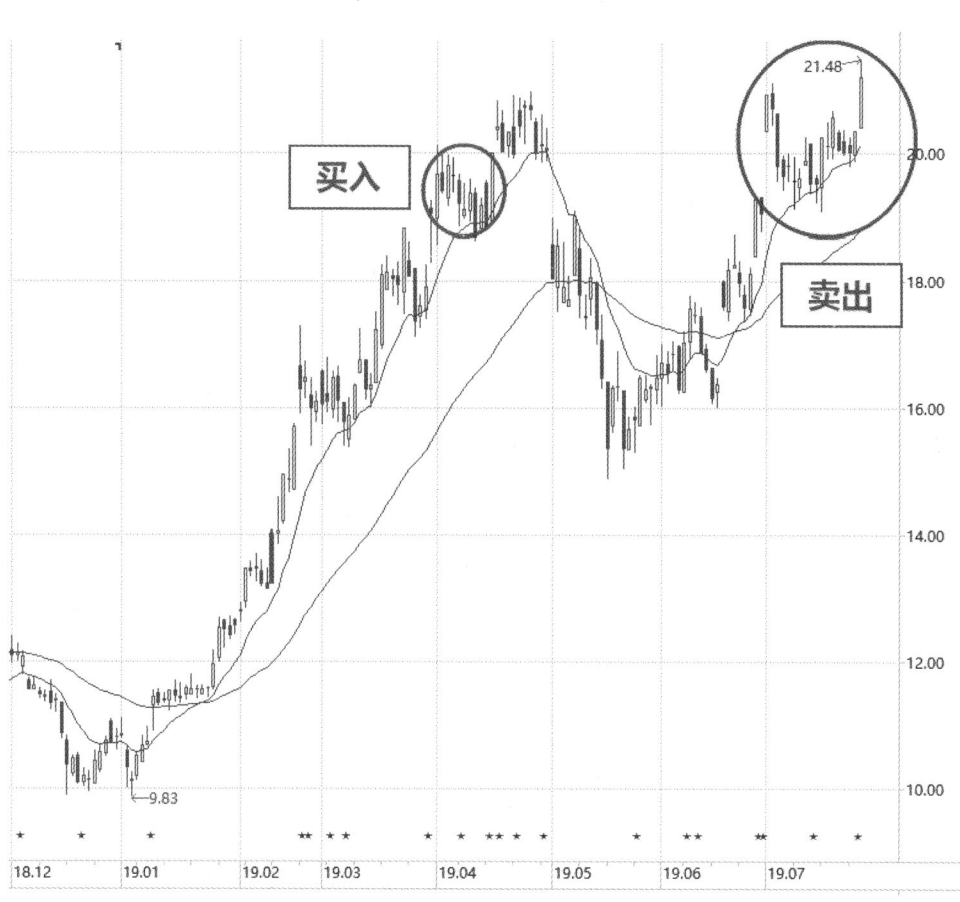

图1-8 股票下跌后重回保本位置

但实际上,这种卖出是否真的是合乎逻辑,还是仅仅是由于损失厌恶的心理呢?图1-9是卖出之后的情况。

图1-9 卖出后的股市股票走势

为什么会这样呢？原因就是处置效应。

当大家处于账面盈利的状态，就想锁定自己的盈利，这是人的本性。就是当前的权益，效用最大——这也是符合经济学原理的。当然，如果我们可以预知未来的股价还会继续上涨时，我们就会忍受不在今天变现——但在股市，我们对未来是无法确定的，所以就容易产生"落袋为安"的想法。所以，在股票盈利后卖出是一个正常行为。

然而，当账面亏损的时候，反而会刺激人产生为了挽回损失而采取更加冒险的行动倾向。这时候一旦割肉，就是坐实了损失，所以人不愿意止损，反而会想加仓回本。因此，人会卖掉赢钱的股票，而继续持有亏钱的股票，这种倾向叫作处置效应。

处置效应是由于大家的参考点依赖和损失厌恶引起的一种交易行为。

本节主要介绍了投资中容易犯错的心理原因。大家可能会觉得提及生物和进化相关的内容有些牵强，但事实上，我们所有的行为都与进化论息息相关。

无论哪国的股市，无论市场发展到什么阶段，我们都会发现大量共通的投资者行为——这就是人类行为的共性。这也是金融学研究的新领域，学者们已经从过去假定"人是理性的"，开始转向研究人的非理性。正是基于行为学的研究，向我们揭示了驱动人类错误决策的本源。

总的来说，我们经过百万年漫长进化后的一些动物本能与投资这种高度理性复杂的活动之间存在天然的冲突。这些冲突，就形成了各种各样的投资行为陷阱。如果投资人不加以后天的严格训练，就无法克服这些陷阱并最终导致投资失败。

这也是为什么我们总说，投资是一项"反人性"的活动。实际上，所有的现代化复杂活动，都是反人性的。同时，由于要克服这些与生俱来的冲动，所以投资也是一项长期的"修炼"。

散户炒股的10条"军规"

立足长期投资，与时间做朋友

你是打算在股市长期深耕，还是想着来赚快钱？

这个问题基本决定了你的整个投资前途。

虽然市场上流传着各种短线致富的传说，但是你大概率赚不到快钱。一旦决定要赚快钱，那么你将违反几乎所有投资中应该做的正确的事情。这个市场上越是成功的人士，越是相信长期的力量。

巴菲特之所以能成为全球最顶尖的投资大师，是因为其使用了"复利+时间"的力量。复利其实并不神秘，通俗上讲就是"利滚利"，而"利滚利"必然需要匹配"时间"才能发挥力量。

如果你用50万元的本金入市，并且通过努力可以达到年化15%的收益率，那么5年后，你能获得超100万元。"仅仅"是初始本金的2倍，这似乎并不吸引人——虽然这个成绩已经可以超越市场上的大部分人。但是如果时间延长到20年，那么你将得到818万，是初始本金的近16.4倍。而如果时间延长到30年，最后你能得到3310万——66.2倍的收益就是复利的强大力量。而想要得到这样的收益，长达数十年如一日的坚守各项投资原则是成功者共有的特点。因此，借用一位笔者很欣赏的基金经理的话：没有长期，就没有胜利！

然而，长期投资，可不是一只票抱十年那么简单。

1. 散户进化需要时间

一个医生，需要本硕博苦读10年，然后积累多年的临床经验，才能成为杏林圣手。

一个律师，需要皓首穷经研读卷宗，然后积累多年的办案经验，才能成为一方大状。

一个战士，需要把自己打造成"兵王"，然后刻苦研读从战术到战略、从单兵到体系化的全套知识体系，再经历生死血火的考验，最终活下来的才能成为将军。

一个散户，需要经历多少磨炼才能成长为成熟的投资人？回忆一下前文中提到的散户的进化阶梯。从混沌到有框架，再到"批判–重构"之间的循环，这都是需要时间的。

一个投资者，至少需要具备以下知识和经验才能勉强算是初步合格：

1. 具备基本的经济学常识，能够理解当前的国家宏观状况。
2. 具备必要的股票知识，知道影响股价的因素有哪些。
3. 了解企业财务报表中的重要项目，能通过财务指标对企业有基本的判断。
4. 了解1—2个行业的行业逻辑，知道该行业的格局和优秀的公司。
5. 掌握基本的技术分析方法，知道怎么通过K线图判断趋势和拐点，理解超买和超卖。
6. 知道仓位管理和风险控制。
7. 至少经历过一轮完整的牛熊交替，并且能对其进行复盘。

以上知识类的储备，对于非科班出身的散户来说，可能需要2—3年时间，而股票市场上一轮完整的"牛熊转换",也需要大概3—4年的时间。因此,一个散户要成为比较合格的投资人,前前后后至少需要3—4年,相当于读了一个大学。

那是不是"大学毕业"就意味着出师赚钱了呢?当然不是。

所谓合格的投资人,意味着你至少要知道自己赚钱和亏欠的原因,盈亏都是明明白白的。这样,你就基本具备了在股市长期生存的技能——入市3年之后,你才知道怎么"活着"。

在往后的时间里,一方面需要不断完善和深化自己的投资框架,一方面需要不断磨炼自己的投资"心性"。前文提到的行为陷阱,几乎会伴随我们一生。我们的整个投资生涯,都是在和自己的本能做斗争。

2. 企业成长需要时间

经过一系列研究之后,我们从基本面挖掘了一家很有潜力的公司。然后,我们又通过技术分析确定了一个好的买点。之后是不是意味着只要买进去就大功告成了?当然不是,这只是走完了万里长征的第一步。

耕耘和收获之间,还差一个"等待"。种庄稼如此,投资亦是如此。

买公司,买的是公司的未来成长。一家企业的成长过程,其实和养育孩子差不了多少,不可能一帆风顺,也会存在让家长头痛的"叛逆期"。以美股为例,现在风光无限的几大龙头,都有自己不堪回首的过去。

亚马逊现在市值破万亿,但在1999年后一度下跌超过90%。

苹果是移动时代的王者,但是曾经在20世纪80年代和90年代长期彷徨,一度被逼到"乔帮主"离队。

微软"年少得志",一出世便几乎统治了全球的桌面终端。但2000年后陷入长期瓶颈，用了14年才找到王者归路。

放眼A股，虽然自诞生以来大盘牛短熊长，但依然诞生了无数财富神话。万科A、格力电器、贵州茅台、立讯精密、海康威视、片仔癀、美的集团、晨光文具、华测检测、爱尔眼科、大族激光等，无不是长期投资的典范。

就像巴菲特一再强调的那样，买企业就像买农场，收获的是土地的产出。在这个过程中，除了播种、施肥、浇水，最重要的就是等待。

3. 耐心是美德，等待是常态

A股特别容易制造热点，以2019年上半年为例，工业大麻、5G及衍生题材（例如网络切片、泛在电力物联网、超高清视频、数字孪生、边缘计算）、猪周期、电子烟等，热点之多，让普通股民眼花缭乱。那如何应对这种局面呢？

1. 先评估这些热点背后的风险，如果能承受就去做，如果不能承受就放弃。

2. 先评估当前处于什么股市周期，如果是进攻阶段就做，如果是防御阶段就放弃。

3. 热点往往代表非理性，人多的地方容易发生"踩踏"，放弃。

4. 题材股如果没有赶上起步阶段，后面股价涨起来往往就很贵了，放弃。

以上这些感悟，归结到一点，其实就是要有耐心，忍得住诱惑。在题材股满地的A股，耐心的价值尤为凸显。风险过高的时候、周期不对的时候、羊群效应显著的时候、股价太贵的时候，都不适合入场——这样一来，其实市场上大部分时间并不值得出手。这其实也符合股市的"二八法则"，即20%的时间创造80%的机会。

那其他时间做什么呢？研究和等待。正如国内一位顶尖的基金经理总结的那样：**更多的研究，是为了更少的决策。**

通过研究，定位好的企业；通过等待，定位好的价格；即便是在果断出手之后，也要等待市场规律带来回报。不少研究功底不错的投资者，在选对公司之后却因为耐不住等待而过早卖出。

多一点耐心，让时间成为你的朋友！

不要把炒股当作主业

笔者将闲钱炒股原则放在十大铁律的第二条，希望以此来得到在读这本书的你的重视，在选择投资作为第二职业之前，希望投资者可以明白两点。

第一是闲暇炒股，即切勿将炒股当作主业。

对于绝大部分个人投资者来说，炒股可以作为副业，但绝对不能当作谋生的手段。

为什么呢？

从回报的确定性来看，认真工作、努力钻研业务技能，从而获得职业生涯回报的概率要大大高于炒股。根据"一万小时法则"，在行业内一万小时的工作经验可以让你成为行业专家，而如果你用在炒股上，则未必能成功。

从能力圈的拓展来看，深耕某一行业的经验和认知，可以反哺你炒股的眼界和判断力。随着工作阅历的积累，你对行业的认知会从岗位本职工作上升至公司层面的运作和管理，再上升到行业格局和商业模式的层面。这些都有助于加深你对行业和上市公司的判断。

从社会贡献来看，兢兢业业工作所创造的劳动价值和社会价值，远远高于战战兢兢炒股。社会进步靠的是全民的劳动，而不是炒股。这一点不用再做解释了。

第二是闲钱炒股，别把全部身家都投入股市。

这里的闲钱是指扣除生活的钱、正常消费的钱以及理财保本的钱以外的资金，是即便亏光也不会对生活产生影响的钱。因为只有这一部分钱，你才能以平常心待之，才能使你真正的遵守炒股的10条准则。投资是使财富保值增值的工具，而不是一夜暴富的赌桌。

从长期来看，股市大致上是符合二八定律的，也就是绝大部分人都是亏钱的。因此，初入股市一定要做好交学费的心理准备，通过长期的学习和实践，将自己脱离二八定律的"八"，向"二"靠拢。

事实上，我们今天讨论闲钱炒股，是从两个方面来考虑的，一是心态，二是利弊。

从利弊上来说，笔者更推荐读者进行长期投资，正如巴菲特所说的那样，如果你不想持有一只股票10年，那就不要持有它10分钟。因此只有闲钱炒股才能让你达到长期持股的目的。从心态上来讲，股票投资本身就是风险投资，面对股票市场的不确定性，如果将生活的钱投入股票市场，在面对短期的波动引发的亏损时，一方面会使生活变得拮据和出现流动性风险。另一方面也不利于投资，因为这会严重影响你的投资心态，进而影响你在股市上的投资行为。比如，本来要用来结婚买房子的钱，我们因为听到某个小道消息而投入到股市中博一把，一旦出现账面上的亏损，我们心态将直接崩溃。

因此，闲钱炒股可以使得投资者保持愉快的心情，不急不躁，并能够使投资者严守投资框架和交易纪律，耐心等待投资机会。

懂取舍，构建自己的能力圈

从"坚持长期投资"到"闲暇/闲钱炒股规则"，我们希望通过从思维—实操的步骤逐步传递投资的理念以及规划投资行为，而"从不打破能力圈范围做事"正是投资中最重要的思维模式。从老子的"自知者明"到苏格拉底的"认识你自己"，从萧伯纳的"自我控制是最强者的本能"到爱因斯坦说的"用一个大圆圈代表我学到的知识，但是圆圈之外是那么多的空白，对我来说就意味着无知"，古今中外不同领域的智者都对自身的知识水平、能力范围有着明确的认知。投资大师巴菲特针对这一自我认知能力提出了"能力圈"的看法：

"对你的能力圈来说，最重要的不是能力圈的范围大小，而是你如何能够确定能力圈的边界所在。如果你知道了能力圈的边界所在，你将比那些能力圈虽然比你大5倍却不知道边界所在的人要富有得多。"

"对于大多数投资者而言，重要的不是他到底知道什么，而是他们是否真正明白自己到底不知道什么。"

作家格拉德威尔在《异类》一书中指出："人们眼中的天才之所以卓越非凡，并非天资超人一等，而是付出了持续不断的努力。1万小时的锤炼是任何人从平凡变成世界级大师的必要条件。"——这就是著名的1万小时定律。人的精力和时间是有限的，因此投资不可能面面俱到，把握住所有行业的投资机会。能够搞懂一两个行业，并且具有独到的见解，最后在能力圈里筛选，等待，投资，如此往复，已经可以称得上是非常优秀的投资者。

相较于专业的投资者（指以投资作为第一职业的人），大部分散户都是将投资作为第二职业。因此，在选择投资之初，首先要做的是能力圈的建立。而在建立能力圈之初，投资者往往有这样的疑惑：能力圈的建立是否非常困难？看到那些陌生的投资知识、财务知识就看不下去，该怎么办？非科班出身是不可逾越的鸿沟吗？

能力圈是要结合自身的具体性格、能力、成长经历、工作环境等有技巧地建立的。因此，能力圈分为四个方面：舒适区、能力圈与拓展能力边界；认知偏好能力圈；基础技能能力圈；投资技能能力圈。相互的联系如图所示：

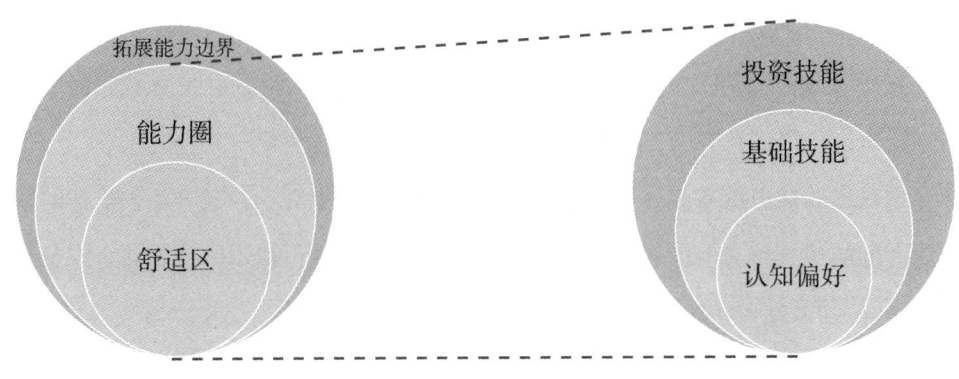

图1-10　投资的能力圈

1. 舒适区与能力圈

简单来说，舒适区就是我们已经掌握的技能，不论是生活技能或是工作技能，操作起来游刃有余；而能力圈，是建立在舒适区之上，可以通过学习不断向外延伸，并逐渐到达"边界"的部分，而边界是可以在能力圈的基础上逐渐拓展的。

巴菲特认为："投资人真正需要具备的是对所选择的企业进行正确评估的能力，请特别注意'所选择'这个词，你并不需要成为一个通晓每一家或者许多家公司的专家。"

一个成熟的房地产销售，可以对当地的不同区域的房价了如指掌，对相应销售的技巧运用自如，如何快速高效地销售房子就是他已经建立的舒适区。而借助所在房地产公司的优势资源，他可以通过不断学习，掌握更多的房地产行业知识——房地产行业的运作模式，盈利特点，并且对行业内的各家房企有一定的了解，可以分辨出哪一个房企更具优势。随着不断地学习，逐渐成为房地产行业的专家，这就是能力圈的建立。成为房地产行业的专家以后，他意识到房地产的发展带动了建材、建筑、家电、家居等行业的发展，因此可以通过房地产上下游的学习，逐渐了解整个产业链的情况，这就是对能力边界的推展延伸。但是如果领导突然让他去对高科技行业做战略规划，他自然两眼一抹黑，需要从头学起，这就是能力边界之外的部分。

最后，希望投资者可以走出舒适区，并在了解自身性格、能力以及所掌握知识技能基础上建立起自己的能力圈，在充分了解自身能力边界的基础上做出投资决策。

2. 认知偏好能力圈

投资者在做投资之初，首先应该问问自己"我喜欢什么，我擅长什么"。从熟悉的事物入手，并向相关行业延伸，往往使得能力圈的建立事半功倍。假如你是一名医生，从医药行业入手会让你的能力圈建立更为容易；假如你喜好白酒，那么从白酒行业入手进而了解整个饮料行业，会有一个愉快的学习过程。笔者非常喜欢旅游，于是笔者就从旅游行业入手研究，在逐步了解自然景点、人工景点的基础上，横向拓展，逐步了解了线上旅游市场（携程、去哪儿）的情况。最后，笔者从旅游行业出发，对出境游、免税店、酒店、餐饮等整个休闲服务行业建立起足够的了解。如果投资者的过往经历或工作经历的行业属性较低，想要投资又不知从何处建立自己的能力圈，那么建议投资者从消费行业开始，这主要有以下几点原因：

首先，消费行业在历史上往往是大牛股频出的行业，股神巴菲特正是通过投资消费股获得成功的代表人物。在消费的海洋里畅游，永远不会枯燥。

其次，消费行业的公司往往主营业务较为单一，例如，白酒公司基本90%以上的收入都来自销售白酒，卖酱油的、卖食醋的或者卖纸巾的公司也是一样。单一的业务使得企业更加专注，且使得投资者在研究起来更为容易，适合入门。

最后，消费品都是身边的事物，本身就有亲切感。同时消费行业又不像高科技、生物医药这些行业，它的学习门槛较低。

总而言之，投资是个专业的事，想要获得好的投资能力需要辅助大量的时间精力学习，而从喜欢或者擅长的事物入手会让你的投资起点变得轻松愉快，使学习过程变得不那么枯燥乏味。

3. 基础技能能力圈

好的投资是多种知识的合力形成的，尽管具备行业工作经历可以在形成相应能力圈时事半功倍，但是"磨刀不误砍柴工"，投资之初，首先需要掌握的是投资的基础技能，例如：

行业与公司分析——我们要掌握行业与公司的分析要点，对公司的发展、竞争优势，对行业所处的生命周期能够有一个基本的判断。

财务知识——我们要能读懂企业的三大报表，并且通过三大报表看到企业的经营情况、管理能力以及盈利能力等。

估值方法——投资核心逻辑在于"用便宜的价格购买优质的资产，并长期持有"。这里的"便宜"如何理解？需要我们掌握企业的估值方法。

因此，尽管一个优秀的地产销售对地产行业知识的理解和感悟必然大于行业外的人，但是，想要做好投资他仍然需要学习专业的投资知识。

4. 投资技能能力圈

当对行业足够了解，并具备了相应的投资技能以后，投资者的能力圈已经初步建立。但是，建立能力圈并不等于可以做出很好的投资。例如，一个上市公司的财务经理，财务知识显然已经非常扎实，一个白酒企业的金牌渠道销售，对白酒行业的了解也一定超于常人，他们的基础技能掌握得很好，却未必能够做出很好的投资决策。这就好像一场战争，当你训练好步兵、骑兵等不同兵种时，一支有质量的军队已经建立，但是在战场上的不同排兵布阵可能会取得截然不同的战果，甚至一兵不派仍然可以在诸葛亮手中摆出空城计的"阵法"，吓退司马懿，这就是对手中资源的精准运用。因此，投资真正考验的是投资者将掌握的不同技能排列组合的能力，这里就需要考虑到经验与性格因素。

能力圈的建立非一朝一夕，建立之后的坚守更为重要。希望每一个投资者都可以在能力圈之内起舞，逐渐达到甚至突破"匠"这一级别，成为投资大师。

跳出当下，逆向思维

市场上的大多数投资者都是趋势投资者（或者至少自己认为是），信奉的是顺势而为，这固然是获取大概率盈利的不二法门，但真正杰出的投资者还具备一种不同于常人的更复杂、更具洞察力的思维方式——逆向思维。

巴菲特有一个精辟的对逆向思维的总结：别人贪婪时要恐惧，别人恐惧时要贪婪。

1. 逆向思维：知易行难

某种程度上来说，趋势、群体共识是阻碍成功的因素，雷同的投资组合是我们需要避开的。由于市场的钟摆或市场的周期性，取得最终胜利的关键在于逆向投资——在趋势中获利是正道，但能否在趋势终结前离场，依靠的就是逆向思维。比如在2007年、2015年的股票市场上，当所有人都在疯狂的时候，你应该做的就是卖出。

当然，接受逆向投资概念是一回事，实际应用则是另一回事。

从长期看，市场会"自动"走向正确，但是大家都不知道市场到底会偏离多少。通常当市场价格出现偏离时不会很快回归正轨，反而会朝错误的方向狂奔，这就是"泡沫"的由来。因此，即便找出了市场的扭曲，等待回归正常的过程有可能是漫长的。有一部电影叫《大空头》，讲述了美国次贷危机中一批顶尖的投资者是如何押注美国楼市崩盘从而大赚特赚。其中，每一位发现美国楼市泡沫并建立了空头头寸的人都经历了长期的煎熬——明明自己是看对的，但市场却迟迟没有回应。

逆向思维是领先市场思考的能力，有时候你领先的是半步、一步，甚至更多。但据此做出投资决策的话，常常就是"领先一步是烈士，领先半步是英雄"。

2. 逆向思维与顺势投资矛盾吗？

不管顺势而为还是逆向思维，其实，最本质的事情就是做大概率正确的事情。当趋势形成时，顺势就是大概率正确的事；而当趋势临近终结时，逆向思维就成了大概率正确的事情了。

因此，顺势投资思维是基于趋势投资的基础上的，它是趋势投资的高阶认知和方法论。而逆向思维是基于价值投资基础上的，是以价格偏离价值的幅度作为买入时机的判断标准，幅度越大安全边际也就越大。此外，其更大的价值在于让我们经常跳出现有的市场和框架去思考，从而避免了思维的盲区，避免陷入"羊群效应"。

逆向思维在一轮行情的顶部和底部显得尤为重要。每轮大行情都是在熊市的绝望中孕育，并在牛市的狂欢中戛然而止。在绝望之谷和狂欢之巅，极少有投资者能够清醒地预见到拐点。大家都被此前的行情强化了认知。（图1-11）

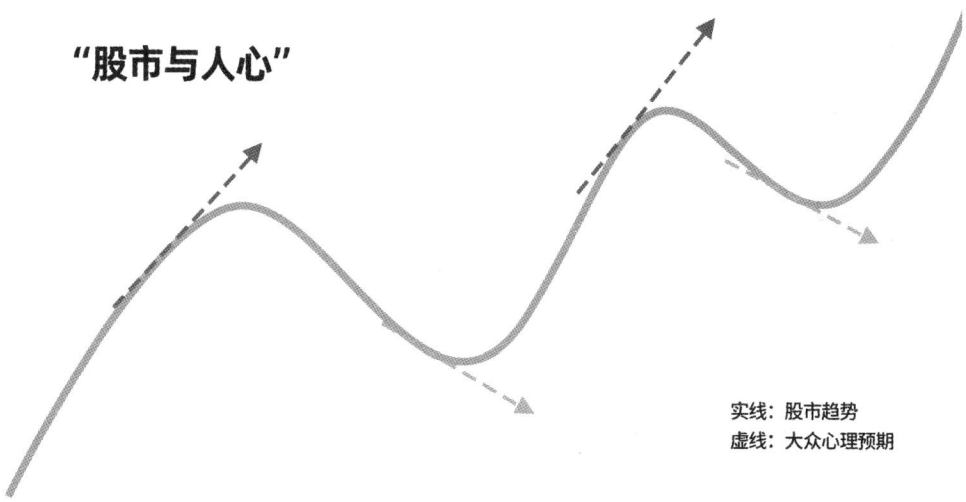

图1-11　人的思考往往是线性的，但市场却是波浪式前进
图片来源：九方金融研究所

然而，大树再高也长不到天上，根系再壮也扎不进地底。每当市场处于极端的情绪当中，就特别需要我们运用逆向思维，尝试站在当下的反面去思考。

2018年A股跌了一整年，尤其是在4季度，市场的悲观情绪渲染到了极致。

这时每一个股民都能从各种角度去论证A股的下跌理由——而情绪发散到极致的时候，往往也就是市场演绎到了尽头——于是，在2019年的1季度，苦尽甘来，大盘扶摇直上。同样的，就在2019年1季度快牛行情演绎到极致时，大家都在判断一轮大牛市来临，随后，2季度市场转头向下。

笔者在2018年末展望2019年时，提出了市场全局性反弹的观点。随后，在2019年3月末强调了市场的风险正在积聚，做多已经不划算——依靠的就是逆向思维。

3. 逆向思维的关键：预见市场，洞彻人心

逆向投资的成功在于看清两点：

一是看到别人没看到或者不重视的事前特征。

二是预见到这种特征将会发酵并被市场接受。

我们有时候说越跌越买，就是这个道理。当我们判断出股价下跌的幅度临近底线的时候，大举买入。当然这个操作的前提，就是我们判断出股价即将止跌，而且获得市场的认可。

这个判断的标准就是内在价值。逆向投资就像在接下落的刀子，股价一泻千里，大家都在抛售的时候，如果我们判断内在价值远远高于当前的股价，就应大胆买进，一旦成功，就是以最低风险获取最高回报的途径。

由于影响市场的各种因素都十分易变，没有任何工具是完全靠得住的，所以，在我们坚持逆向投资时，不仅要知道自己是正确的，而且也要知道大众的错误在何处。这个时候，我们会害怕看错，需要忍受孤独和不适的处境，但这是值得的。逆向投资需要最大的勇气，但它能带来最大的收益。就像前文提到的，在2019年3月提示风险，而市场一直延续到4月中下旬份才真正转向。这期间的一个

月就是需要承受的压力和"逃顶"的代价。

在具体的判断上，逆向投资需要注意3点：

第一，要看这个公司的股票价值是否足够低。这个"低"不是指绝对股价，而是价格相对估值的高低。

第二，下跌的原因是行业还是公司的问题，是长期问题还是短期问题。如果是长期问题，那就不具备逆向投资价值。

比如2010年开始，功能手机相对智能手机就是长期的衰落，比如胶卷行业相对数码相机就是长期的衰落，比如在"渠道为王"时代的国美、苏宁相对淘宝、京东来说，就是长期的衰落。如果行业的底层逻辑发生了变化，新的商业形态取代旧的商业形态是社会进步的结果，那些受到打击的企业就将处于长期的衰落，不值得做逆向投资。

比如，美国运通因为供应商丑闻事件影响而股价大幅度下跌，但是巴菲特去观察消费者，发现人们根本没有受什么影响，一如往常地使用运通卡，于是巴菲特一举买入。这种事件性的冲击不会改变行业的发展方向，所以就是短期的波动。

第三，公司的股票是否会由于投资者的抛售应验反身性理论，进一步促进股价的下跌。简单来讲就是说，当股价下跌是否会引起公司基本面的变化，而基本面的恶化又会引起股价的进一步下跌。

所以，如果你想成为一个真正的投资者，一定要具备逆向思维的能力。逆向投资不是为了逆向而逆向，而是跳出当前的市场情绪去客观地评估市场是不是已经"超买"或者"超卖"[①]。

---

① 对某种金融交易标的物的过度买入称之为超买，反之，过度卖出则称之为超卖。

合理预期，保持清醒

炒股根本目的无非就是赚钱。在我们看来，投资者稍加努力，"打平"大盘并不是很难的事情，甚至超越大盘也是可以实现的。

但为什么这么多年了，股民却仍旧是赚少赔多？

"打平"大盘其实不难，在一定程度上跑赢大盘也能实现。但是如果投资者要遥遥领先市场那样赚大钱——这就涉及一个预期管理的问题。

1. 不幸的来源——错误预期

市场上接近4000只股票，即便在行情最差的时候也会有涨停板，甚至行情越差反而越会出现连板的"妖股"。因此，这就给人一种错觉——抓涨停板似乎是理所应当的。但实际情况呢？据统计，从2017年以来，A股平均每日涨停数量在60家左右，两市约有4000只股票，那每日抓住一个涨停板的概率是多少呢？这一概率不到1.5%。我们一直强调，做大概率正确的事情，"抓涨停"这种活，怎么看都不像是"大概率"。

在我们看来，散户对市场的错误预期是酿成很多投资苦果的根源。

错误预期导致了错误的决策和行动，进而导致结果与期望的严重不一致，投资者的心智遭受打击，对客观情况的认知再度偏差——进而形成了一个"从错误到错误"的闭环，永远跳不出去，最后只得黯然离场。

因此，一切行动都应该建立在对市场的合理预期之上。

2. A股的合理回报预期

A股的合理盈利预期应该是多少呢？由于盈利来源于波动，因此，我们用不同周期的振幅来衡量理论上的盈利空间。表1-2是上证指数在不同时间周期内的振幅：

表1-2　上证指数在不同时间周期内的振幅

周期	长期平均振幅
日度	2.1%
周度	4.5%
月度	10.6%
季度	20%
年度	55%

数据来源：基于2013—2018年市场数据

怎么理解这个表格呢？振幅就是投资者在相应周期里从大盘低点做到高点，平均能实现相应的潜在收益空间，同样，如果投资失误导致"追高卖低"，也会出现相应幅度的亏损。

交易频率越高，胜率也就越低，这是投资的常识。从长期来看，每天都交易的话，胜率一般也就在50%左右。因此，如果你做的是日内超短线交易，假设你的胜率是55%，那么一年的期望收益就是44%[①]——这已经是非常高水准的日内交易能力了！绝大多数的投资者可能都达不到这个水平。对于普通散户而言，交易频率越高，长期亏损的概率越大。

我们看看一些国内知名的私募机构，他们的投资回报如何呢？（表1-3）

---

① 假设胜率为55%，一年220个交易日，日平均波动为2%意味着要么日赚2%，要么日亏2%。简单计算：220×0.55×0.02+220×0.45×（−0.02），得出1年预期收益44%。这里只是做了一个简化的计算模型。

表1-3　国内知名私募机构投资回报情况

私募机构	3年回报	3年年均复合回报	5年回报	5年年均复合回报
DSQ	20.5%	6.4%	95.3%	14.3%
JL	95.2%	25%	161.4%	21.2%
GY	63%	17.7%	/	/
CY	25.4%	7.8%	74.4%	11.8%
SB	41.1%	12.2%	131.1%	18.2%
XS	12%	3.8%	90.7%	13.8%

从波动统计表里，我们大概可以算出A股一年的合理收益预期大致在15%—45%（排除极端情况）。而这些顶级机构的中长期年度回报也就在这个区间——这意味着，**如果你能稳定地赚取合理的回报，长期下来你就是市场上的王者。**

这些顶级私募的年度回报远远没有一些小私募那么惊人，但是他们之所以能成为顶级私募，就是因为业绩具有可持续性。与之相对应的是，每年最厉害的股票私募都能赚几倍，但是这种私募一般3年左右就被市场淘汰了。大赚的被市场淘汰，看上去平平的反而成了顶级选手。怎么理解这种现象呢？

因为那些顶级私募追求的就是"大概率正确"，他们只求稳定且持续地获取合理的投资回报。而那些私募"冠军"，之所以一年能赚那么多，就是因为投资手段激进——这从逻辑上就违背了"大概率正确"的法则，自然也无法长久了。

因此，对于散户而言，在股市的生存逻辑只有一条：

降低预期，老老实实地做"大概率正确"的事，赚取合理的回报。这样虽然不会短期暴富，但在中长期的回报一定是丰厚的。

3. 保持清醒，不要预设立场

在实际的投资中，投资者往往陷入自我催眠之中，对看好的行业，持有的标的只关注利好信息并且无限放大，而主动忽略不好的信息（例如对年报中的利润增速下滑视而不见），这种被动的"屁股决定脑袋"的自我催眠在投资中是非常危险的。

正确的投资决策过程是先有分析后有结论，但是，投资者往往陷入先买好标的，再为买好的标的准备各种有利证据的怪圈之中，殊不知准备的论据是为了说服自己还是为了说服别人。

这种"屁股决定脑袋"的思维主要体现在投资前和投资中两方面。

投资前，投资者不论是通过自上而下的分析方法，从宏观环境到行业情况再到具体公司的思路选择标的池，或者是通过自下而上的分析方法，根据财务数据、估值指标、企业成长等锁定标的池，最后的投资决策都应该是建立在对公司充分分析的基础之上，也就是在对上市公司的所处行业生命周期、赛道、竞争优势、管理运营、财务数据等充分分析以后，锁定相应的具备投资价值的标的，并经过耐心等待，在价值偏离价格、产生预期差后买入。以上是一个正常的分析过程。但是投资者往往会因为一些片面的信息，例如小道消息、绝对价格大幅下跌或者仅仅因为对公司产品的偏爱等因素而盲目买入，买入之后再寻找各种信息来强化对该股票的信心。例如，如果你在2010年因为一直使用诺基亚手机而买入诺基亚的股票，那么现在来看结果是显而易见的。晨星公司的股票研究部负责人帕特多尔西在其著作《股市真规则》中写道：

"当你研究股票的时候，问问自己：'这是一个有吸引力的生意吗？如果我买得起的话，我会买下整个公司吗？'如果回答是否定的，放弃这只股票——不管你是多么喜欢这个公司的产品。"

而在投资中的"屁股决定脑袋"体现在对已经持有的个股,仅仅关注利好的信息,而对负面信息视而不见或者强行为其解释。高毅资产董事长邱国鹭先生在其著作《投资中最简单的事》中,将此称为"仓位思维"——心理学上叫确认偏误,**这正意味着有了仓位,思维就不客观了。**

模糊的正确更重要

当你置身于沙漠之中,你只能通过指南针或者星空来辨别方向,知道朝着某个方向一直走一定会有城市,但是你并不知道要走多远,城市具体的位置在哪里。这就是模糊的正确。

在投资中,巴菲特在《给股东的一封信》中认为"模糊的正确比精确的错误更加重要"。笔者认为,这个投资哲学贯穿了巴菲特从能力圈原则到安全边际的整个投资体系,"模糊的正确"是指大方向的正确,是容错率和胜率的提高。

估值体系是投资中最为重要的一个部分,只有能够很好地为想要购买的企业估值,我们才能够知道什么时候才是合适的买入价格。因此,投资需要对所看好的行业有非常深入的研究和理解,对于公司所处的赛道、未来的发展都有比较明确的把握。所以这需要投资者在能力圈以内寻找合适的企业。

但是估值从来不是一个精确的"点",而是一个模糊的"面"。首先这源于估值本身的不确定性。我们都知道,公司的价值取决于未来所能创造现金流的折现加总,但是公司的发展是最不确定的变量。因此,我们只能在诸多假设和预测的前提下给出一个大概的估值结果。

假如目前股市的市价为10元,而你的估值是11元,那么此时并不是很好的买入时点,因为价格仅仅低于估值10%,我们在不确定估值是否准确的情况下,需要留出足够的安全边际来承担估值不够准确的风险。因此，只要我们确定公司未来的盈利能力和成长能力没有问题，大的方向是对的，那么在适当的时候买入，从长期来看，胜率和容错率就很高。这就是模糊的正确。

因此，在股市之中，过分关注股价的波动就是精确的错误，而关注公司的估值就是模糊的正确。以2020年为例，受到"新冠病毒"影响的2020年是必将载入史册的一年，尽管国内的疫情已经受到了有效的控制，但是海外的疫情却愈演愈烈，全球股市暴跌，A股同样受到拖累下跌。投资者们都像热锅上的蚂蚁一样，每日看着自己的股票下跌，在猜股市的最低点在哪里，每天想着"今天能不能抄底"的问题——这实际上就陷入了"精确的错误"的误区。能够准确地在最低点抄底，又在最高点逃顶，可以说是和彩票中奖一样难。我们真正应该观察的是目前哪些优质的标的股价大幅偏离价值。对于大幅偏离价值的股票可以逐步分仓买入，耐心等待未来的均值回归，这就是"模糊的正确"。

市场中常见的追求"精确错误"的案例，大多出现在技术分析领域。广大初入市的散户往往为技术分析的"精确性"所痴迷，试图从波浪、划线、时空分割、斐波那契数列之中精确定位市场的顶和底——这其实是对技术分析的本质的误解。

技术分析建立在量价的维度上，不可避免地带有大量的数量化描述。然而这并不代表"精确性"，而是另一个数理概念——概率。技术分析实际上是基于概率统计的分析方法，根据大量的历史走势回归出一套概率判断。

以大家津津乐道的"超买超卖"为例，当指标显示超买或者超卖的时候，意味着根据历史统计，出现反转的概率在增加。至于什么时候反转，什么价位反转，同样也只是用统计方法得出的另一个概率判断。**价格的运行，不论是中枢还是顶底，都是一个模糊的区间而非精确的点位**。在股票投资中，有一个"遛狗理论"，它是指价格围绕价值运动，时而高估时而低估，如同狗狗不会与主人完全同步，而且每次的运动也都会多跑一点距离或者少跑一点距离。

所以，对于交投资者来说，当出现重要的交易信号时——不论是估值发出的还是技术分析发出的，应该做的是规划出一套交易计划：在什么位置分配多少资金，当价格偏离多少时加减仓多少资金或者止盈止损出局。而不是看到信号就一股脑地做进去。

投资者应走在正确的方向上，而不是走在错误的道路上。

相信常识，均值回归

英国统计学家弗朗西斯·高尔顿在1889年的一项研究中，提出了一个有趣的定律。他通过研究祖先与后代身高之间的关系发现，身材高大的父母，往往会高概率生出高大的孩子，但是如果计算孩子的平均身高，会发现他们的平均身高并没有父母的平均身高高；然而，身材较矮的父母，大概率生的孩子也较矮，但是孩子的平均身高却高于父母的平均身高。高尔顿把这一现象称为"均值回归"，即平均来说，子代的表型值比亲代更接近于群体的平均值，也叫作"高尔顿定律"。

均值回归理论同样适用于以价值投资为核的长期投资者，也适用于以技术分析为核的趋势投资者。

首先从技术分析的角度出发，均线系统是核心技术分析指标之一，而均线本身就是N日股价的平均值，从使用均线的周期不同，投资者往往会使用5日、20日、60日、200日均线，作为周、月、季和年度的参考指标。例如：投资者将K线连续N日踩在5日均线上方作为跟随趋势上涨的指标，但是K线不会脱离5日均线，假如大幅上涨后距离5日均线太远，则会出现横盘并且被均线吸附后再度上涨。再比如由约翰·布林先生创造的布林带指标，其核心逻辑正是："股价的运动总是围绕某一价值中枢（如均线、成本线等）在一定的范围内变动。"以上都体现了典型的均值回归现象。

从价值投资的角度出发，均值回归理论可以说是长期投资中最重要的理论依据之一，是指不论市场还是个股的价格都会随着时间的推移，最后都会向价值中枢回归的一种趋势。巴菲特的逆向投资思维、索罗斯的反身性理论都体现了价值回归的思想。

还记得我们在前文中的遛狗理论吗？狗不论怎么跑，绳子的长短是确定的，狗永远也不会离人太远，最后一定会跑回人的身边，然后再次跑开。这就很好地诠释了投资中均值回归的特点：

短期随机性：股价的短期波动是呈随机漫步的，正如狗在人身边一会儿向左跑，一会儿向右跑，它的跑动轨迹是随机的，是难以预测的。

长期必然性：股价从长期来看，从宏观到微观无不呈现出均值回归的特点。首先从宏观来看，经济周期正是体现了均值回归这一现象。我们把经济周期分成"短""中""长"三种周期，每种周期对应不同类型和级别的金融资产兴衰。但不论周期长短，我们一般都把每个周期分为复苏、繁荣、衰落、萧条四个阶段。这四个阶段周而复始的过程就是一个周期。

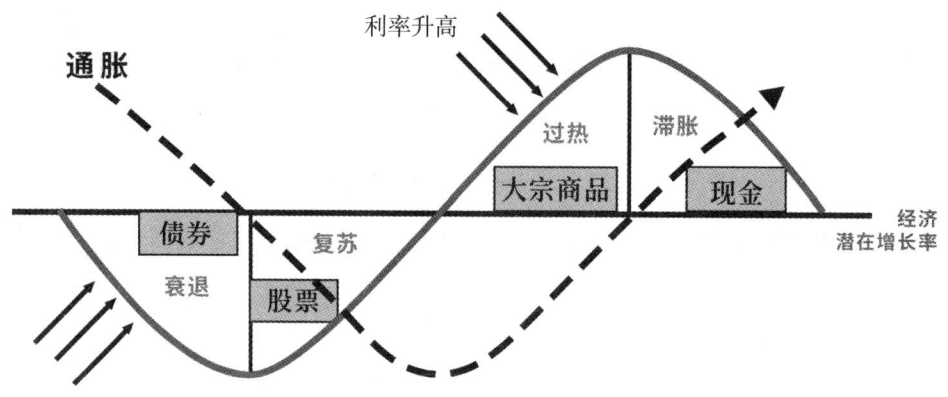

图1-12 经济周期与大类资产配置

而从微观的角度出发,正如我们前文提到的遛狗理论,长期投资收益的可预测性和确定性是远远高于短期投资的,这也是我们始终推荐投资者坚持长期投资的原因之一。

从实际的公司分析出发,我们不难理解均值回归这一理论,根据相对估值法为公司估值,公式为:

$$Price = PE \times EPS$$

其中:Price=股价,PE=市盈率,EPS=每股盈利。

根据此公式,我们发现股票的估值受到PE和EPS两个因素的影响。

从PE的角度来看均值回归,10倍的PE表示一笔投资以当前的盈利水平需要10年才能回本,而2倍的PE则表示一笔投资2年就可以回本。因此,当股价偏离均值大幅上涨之后,此时估值过高,投资者认为当前的估值水平已经大幅透支了未来的成长能力和盈利能力,此时购买股票的性价比已经极低,此时投资者便会保持观望或者卖出持股,等待股价的回归;而当股价偏离均值大幅下跌之后,此时过低的股价所对应的盈利能力又极具吸引力,此时投资者便会买入抄底。因此整体来看，股价有均值回归的基础和动力。

从EPS的角度来看，一个行业的生命周期从导入期到成长期再到成熟期，市场竞争逐渐激烈，行业发展逐渐成熟，公司的利润水平往往会逐渐靠近行业平均水平，呈现均值回归的特征。

诺贝尔经济学奖得主丹尼尔·卡尼曼在其著作《思考，快与慢》中同样认为，事物表现出均值回归的现象。这对我们投资的指导意义是，我们在投资中真正需要看到的是股价偏离均值的幅度，偏离越大，则回归的动力越强，确定性也就越高，因为从长期来看，股价会逐渐回归均值，因此我们只需要买入大幅向下偏离均值的股票，并且耐心等待，就可以获得理想的收益。

当然，没有哪一个理论是在任何环境下都通用的，我们仍然需要考虑到实际情况。从宏观来看，经济萧条时期的均值回归可能会使投资者等待很长时间，而以中观和微观的角度来看，假如行业或者公司发生了根本性的变化（例如处于衰退期的行业，比如产能过剩后的钢铁、采掘行业；或者如乐视网所面临的问题，即过度扩张导致资金链断裂，进而对主营业务产生实质性破坏），则均值回归将不适用，仍需具体问题具体分析。但是从大的逻辑来看，投资者应该相信常识，长期投资，并等待均值回归。

风险管理是生命线

没有人能够确切地预知未来。我们当下面对的是以后的各种可能性，而可能发生的事远远多于确定将要发生的事——在投资中，这就是风险。比如，所有金融资产的计价原理，都是将该资产未来可能产生的现金流做折现计算，比如股票就是把公司未来的利润折现，债券就是把未来的利息折现——但问题是，除了固定收益以外的金融资产，其未来的现金流是不确定的。因此，看上去再简约有力的模型，在现实面前也是苍白的。

从另一个角度来解释，**投资收益就是对投资者主动承担风险做出的补偿**。如果你十分厌恶不确定性，不想承担一丝风险，那么投资就与你绝缘了。因此，投资中的风险是绝对的，安全是相对的。理解风险，学会应对风险，是投资中最重要的原则之一。

即便一个人每天早睡早起，运动健身，饮食健康，仍然存在得重大疾病的可能性；即便是一个拥有数十年经验的投资老手，也不能避免系统性风险带来的损失；一个成熟基金经理谈及他的成功之道时，往往将风险控制摆在重要的位置。有的时候，金融风险管理是比投资水平更值得重视的事情。我们说过，模糊的正确更为重要，而"模糊"则不可避免地使资金暴露在还未预知的风险之下，因此，为"模糊"上一道"锁"，为风险建一道防火墙，避免发生不可挽回的损失，就是风险控制原则的意义所在。

如果说前几条"军规"都是从投资理念出发，那么从风险控制原则开始，就是从实际的操作角度出发，帮助投资者在投资之初把第一道关。下面，我们从识别金融风险与金融风险管理两个部分来讨论一下。

1. 识别风险

从宏观角度来区分，风险可分为系统性风险和非系统性风险。

所谓系统性风险，就是全市场受到冲击，简单的表现就是不分大小股票、不分行业板块的全线下跌。出现系统性风险一般是因为金融系统出现根源性问题，例如经济进入衰退周期，货币进入紧缩周期，又或者出现金融危机等等。比如，2018年的金融去杠杆引发的全市场流动性缩水，同时中美贸易摩擦带来的外部冲击，导致A股全行业无差别下跌。

面对系统性风险，散户唯一能做的就是减小头寸，甚至彻底清仓离场——当整个市场下跌的时候还想着逆势赚钱，是十分不理智的。

而非系统性风险，则是由公司或行业自身原因导致的股价下跌。比如塑化剂风波后国内白酒行业遭遇重挫，毒奶粉事件后国内乳品板块的重挫，假疫苗和带量采购带来的医药板块的大幅调整。

非系统性风险是可以通过多种手段来规避的。首先是加强基本面研究，行业或公司的重大纰漏一般事前都有征兆，除了个别造假非常厉害的公司，大部分公司都能通过公开信息分析甚至常识做出判断。其次是通过分散投资、仓位控制等有效缓解非系统性风险带来的冲击。

2. 风险管理

我们从3个部分来讨论风险的管理措施——分散投资、仓位管理及止盈止损。

（1）分散投资

投资者常常听到的交易规则是"不要把鸡蛋放在同一个篮子里"，这一理论的代表人物是投资大师彼得·林奇和沃尔特·施洛斯。施洛斯管理的基金常常有上百只个股，彼得·林奇的基金甚至持有1400只股票。然而股神巴菲特却说："把所有鸡蛋放在同一个篮子里，然后小心地看好它。"同样都是历史上有名的投资大师，但在这一问题上却为何给出了截然不同的答案？这里可以用彼得·林奇的一句话来解答："投资的关键并非确定一个持股的合理数量，而是注意调查研究确定每一只股票的质量，并尽可能多地持有符合质量要求的股票。"

事实上，由于受到个人能力圈大小的内在因素和优质股票本身不多或者已经高估的外部因素的影响，能够挖掘的投资机会并不多。例如，你是更愿意将所有的资金放在贵州茅台这一得到长期验证的股票上，还是愿意放在一只今年已经暴涨很多、概念超前，但是业绩还未验证的科技股上呢？然而，将所有的资金投资在一家你认为非常优质的公司是非常危险的做法，因为即便该公司在你的能力圈之内并且得到你的充分论证，但是宏观、行业以及公司可能发生的难以预料的系统性风险可能会摧毁一切，让你完全没有翻本的可能。

因此，笔者推荐投资的持仓原则是**集中的分散**，也就是将资金集中投资在你能力圈之内已经充分了解，并且符合你的投资框架下的值得买入的标的，并对每只标的给予不同的配比，并分散投资。彼得·林奇是这一做法的成功践行者，在他的基金持仓中，尽管持有1400只股票，但是其中一半的资金仅投资了100只股票。因此，集中的分散，让我们在能力圈内游刃有余地对标的进行配比，这就分散了风险，又提高了胜率。

（2）仓位管理

常见的散户投资行为往往呈现这样的现象：

第一，满仓买入，满仓卖出。

第二，对看好个股大仓位（或直接满仓）买入，持股过于集中，并且见不得有空闲资金。

第三，对于亏损的个股持股时间远胜于盈利个股持股时间，当想要调整仓位时，往往优先卖出盈利的个股。

然而，许多优秀的投资大师对个股的投资比例都有严格的限制。机构投资者必然会有风控部门对其持仓和标的做出风险管控。专业投资者尚且如此注意仓位管控，个人投资者更应该对此时刻警惕。要想在市场上活得久，就要借由仓位分配来分散风险，并增加获利。

从交易的角度出发，若你是激进的交易者，那你可以提前建仓或平仓，这是

左侧交易思维；而如果你是稳健保守的交易者，那你可以等待底部和顶部的信号明确之后再操作，这就是右侧交易思维。（表1-4）

表1-4 左侧交易与右侧交易的区别

比较项	左侧交易	右侧交易
买点选择	预测价格/反转	判断趋势
分析方法	基本面+技术面	技术面为主
操作模式	趋势反转前操作，抄底逃顶	趋势反转后操作，追涨杀跌
思维模式	逆势操作	顺势而为
交易风格	激进	稳健
常用技术指标	KDJ/RSI	均线系统/MACD

从概念和交易风格来看，这貌似十分简单。但在实际操作中，许多人也难免会困惑：到底哪里是顶部，哪里才是底部？如何确认趋势已经来临？而且，该如何合理建仓、增仓和平仓？怎么做好风险控制？

精准地进出场，确实不是一般交易者能做到的事，但我们仍有办法提高胜率和回报率，这其中一个关键就是建立好针对左侧与右侧交易的仓位管理系统。著名投资大师利弗莫尔在《股票大作手操盘术》中曾写道："寻找和预判热门板块的龙头股是第一步，通过波幅和关键点位观察其走势是第二步，通过关键点位的进场和加码建立仓位是第三步，观察股价关键点位发出的危险信号并及时离场是第四步。'顺势加码'四个字体现在这四个步骤之中。"

"金字塔式建仓，倒金字塔式出货" 是左侧交易中常用的仓位控制方式，简单来说就是逐步买入，分批抛出（图1-13）。前者是抄底，一次不能买入过多，在风险低的区域多量买入，在开始盈利后逐步递增加仓。后者则是逃顶，第一次要果断卖出，后面继续卖出的时候要逐步增加数量。

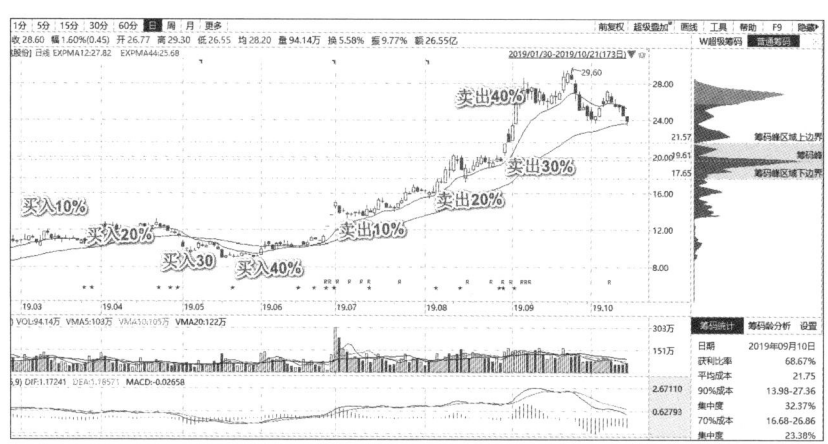

图1-13 "金字塔加仓"与"倒金字塔出货"的运用

与左侧交易不同，右侧交易不是在"赌"，而是在"等"（图1-14）。等待趋势的来临，不追求顶部和底部优势。左侧交易为了规避较高的风险，往往是分级分批操作，但右侧交易风险相对较小，在仓位控制上没那么严格，但是止损位置更为关键。虽然右侧交易是趋势跟随式交易，但这不意味着看到趋势来了，买入就等着收钱。由于右侧交易的持仓时间一般较长，在震荡行情中被震出局也是难免的情况。

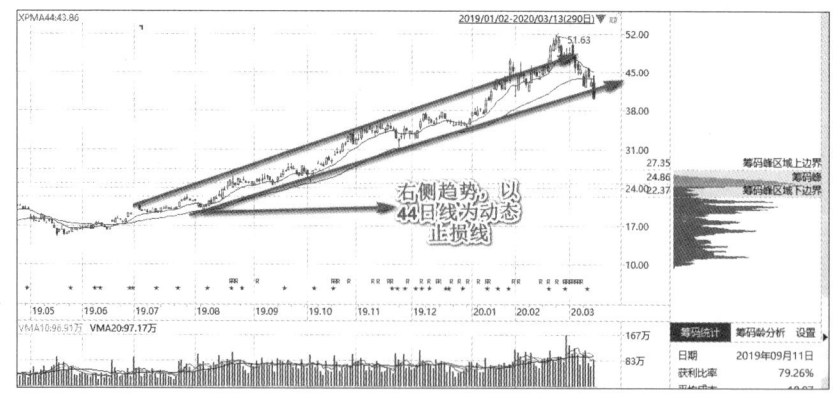

图1-14 右侧趋势交易

无论是严控仓位还是灵活设置止损，操作难度都不小，但是，如果能够严格遵守法则去操作，那么就相当于给交易买了一份保险。结合技术指标、经验建立起个性化的仓位管理系统，无论左侧还是右侧交易，都有望获得较高的胜率和回报率。

最后，实际的仓位控制不能一概而论，需要结合股票本身的性质和风险，通过仓位控制和分散风险来配置。彼得·林奇在他的《彼得·林奇的成功投资》一书中，将公司股票分为5种类型——缓慢增长型、稳定增长型、快速增长型、周期型以及困境反转型，根据每种类型股票所处的宏观环境、市场环境以及风险特征，再结合个人的性格特征和投资风格，投资者应该对每一种类型的股票设置一个心理容忍上限。例如对于困境反转型公司的股票设置10%的持仓上限。又如2019年以来，科技股成为市场的宠儿，5G产业链、新能源车产业链等相继发力，带动TMT板块大幅上涨，相应个股均实现了翻倍的涨幅。尽管从中长期来看，科技股的整体成长性是非常确定的，但是估值过高和相应个股仍需业绩验证的问题确实存在，这种时候，投资者就应该做出严格的仓位限制，通过仓位控制和分散投资的思路降低风险，提高确定性。

（3）止盈止损

谈到这里，其实你已经通过分散投资和仓位控制的原则有效地降低了组合风险，如果你还能严格遵守能力圈原则，那么你的投资组合大概率是不会有问题的。例如，你经过深入研究平均买入了10只个股，即便其中某两只下跌30%，但在总的投资组合中，你也仅仅损失了6%而已。而其他的标的的涨幅完全可以熨平这一损失。

最后，我们再来聊聊止盈止损这个问题。价值投资和趋势投资对于止盈止损的理解是不同的，让我们分开来讨论。

从价值投资的角度出发，众多投资大师对于如何止盈止损已经给出了明确的答案，那就是忘掉价格，仅从所选标的的基本面出发，问自己3个问题：公司基本面是否恶化、是否估值过高以及是否有更具吸引力的标的。根据以上3个问题做出是否卖出的决定。因此"止盈止损"被归结到了"何时离场"这唯一的选项，完全忽略买入价格。仅从价值这一角度出发，如果所选标的处于持续下跌之中而以上3个问题答案都是否定的，那么价值投资者不仅会坚定持有，还会不断加仓，因为随着价格偏离价值越来越大，盈利的空间也越来越大。但是如果上面任何一条问题答案是肯定的，那么不论此时是盈利还是亏损，都要坚决离场。

在趋势投资的交易体系中，止盈止损原则是重中之重的部分。尽管止盈、止损都是卖出离场，但是后者是被动行为，而前者为主动行为，自然要承担更大的心理压力，因此股市上有一句话，叫作"会买的是徒弟，会卖的才是师傅"。没有交易纪律的投资者往往会去承受50%以上的亏损，但是当股票回本时会马上卖出，连10%的盈利都拿不住，这是人性在作祟。

盈亏比是止盈止损的主要依据，对于一只看好的个股来说，你看好未来多大的涨幅，相对应地能够接受多少的亏损。想明白这个问题，自然就知道如何设置止盈止损位了。以止损位来说，具体的设置方法并不复杂，主流的方法有固定止损、均线止损、趋势止损等等方式，这些方法应该根据投资者自身的交易纪律灵活设定。如果你是博弈型交易者，那么你的交易出错的频率大概率会高一些，这就要求止损要往小了设。如果你交易以"大票"为主，那么止损空间可以大一些。笔者在交易中，往往采用固定止损与趋势止损相结合的方式，对于短期的止损位设置在3%—5%，而对于长期持股的止损位设置在10%—15%，希望为投资者提供一定参考。当然止损位的设置还是要结合分散投资和仓位控制原则。

总的来说，风控的原则就是给自己留有余量。因为风险总是存在的，你能做的不是完全避开风险，而是在不走运撞上风险之后，确保自己还有翻身的机会。

慎用杠杆

股市里有一句话，叫作"新手死于追高，老手死于抄底，高手死于杠杆"。

在实际的交易之中，杠杆交易放大收益的效果要远远低于造成亏损时的破坏性（这也是我们强调"闲钱投资"的原因之一）。各种投资品种中，期货是最典型的杠杆交易，而在期货界有一句玩笑话，叫作"真正的大佬都是爆过仓的"。我们可以从另一个角度来理解——即便是玩转期货的大佬，也曾经九死一生，更何况是我们普通的投资者。而且，绝大部分人爆仓之后就是永久出局，能够真正东山再起的人凤毛麟角。接下来让我们具体聊一聊杠杆的危害。

目前在A股市场上，合理合法的加杠杆的主流手段主要有3种：融资融券、期权、期货。期权和期货主要的战场在商品上。融资融券是主流的个股加杠杆工具。根据相关规定，融资最多可以加1倍杠杆，也就是说如果你有50万的本金，最多可以融资50万，用100万的资金进入市场，此时此刻，假如股票上涨10%，对于没有融资的人赚的是5万，对于你而言赚的是10万。收益翻倍，多么具有诱惑力！然而，作为散户，杠杆带来的加倍受益并不会让你的财富瞬间自由，但是杠杆带来的加倍亏损，却能够在瞬间将你打入深渊，没有任何翻本的机会。

杠杆交易对个人的心态影响极大，要知道10%亏损带来的痛苦可能是10%盈利带来的喜悦的数倍。因此当你决定使用杠杆交易之时，你投资的心境已经不由自主地被破坏了，从"投资"转向"赌博"。对于所投资的标的，你会不由自主地"屁股决定脑袋"。当股价下跌时，面对成倍的亏损，你将难以客观地衡量是否选择止损，即前文提到的价值投资离场的3个理由——基本面是否恶化、价格相对估值是否过高、是否有更好的标的。当股价持续下跌时，你很可能难以遵守上述3个理由，因为你将面临被证券公司强制平仓的风险。你看，杠杆交易将使你不由自主地破坏自己的投资框架和投资纪律。

假如通过杠杆买入股票之后，股价立刻上涨，那么成倍的收益确实令人兴奋，然而准确地判断抄底和逃顶只能靠运气。能够做到在接近底部的时候买入，在接近顶部的时候卖出，已经可以说是投资的大师。因为我们最终决定买入并持有某只股票的依据是股价被低估，并留有足够的安全边际。这也就是我们之前所说的"模糊的正确"。而模糊的正确也意味着我们在买入股票时，可能距离底部仍有一段距离，股价将继续下跌一段时间。彼得·林奇在《战胜华尔街》一书中举了这样一个投资案例：1971年凯泽工业公司股价由25美元下跌到了13美元时，彼得·林奇认为这只股票已经被严重低估。于是在他的建议下，他所在的麦哲伦公司买了500万股。很快，这只股票跌到了8美元，此后这只股票"跌跌不休"，在1973年时跌倒了4美元，然而不久之后股价由4美元涨到了30美元。从13美元下跌到4美元，股价已经不仅仅是腰斩了。对公司的竞争优势、未来发展、盈利水平有着足够的信心，使得彼得·林奇能够一直价值坚守。然而，假如你选择加入1倍杠杆，那么在股价下跌50%时，你的本金已经全部亏光并被强制平仓，又何谈未来的估值修复行情呢？

杠杆手段最可怕的地方，是它的成瘾性。这其实很好理解，就好像玩过赌钱的牌局以后，对于不赌钱的牌局就提不起兴趣一样。而加入杠杆，会让投资者变成股市中的赌徒，当你用杠杆获得2倍的收益以后，你就会忍不住地想要加入更多倍数的杠杆。但是，在股价的宽幅波动之下，放大的杠杆无疑会加速你的死亡。一次的风险就可能亏光所有本金（2倍杠杆之下，股价下跌50%亏光所有本金；4倍的杠杆之下，股价下跌25%就亏光所有的本金）。

知行合一

古人云"知易行难",这主要体现在道德和心性层面。比如大家都知道健身有益身心健康,但是能够长期坚持者寥寥无几。投资是一门"知难行难"的技术,"知难"体现在对行业和公司的过去、现在、未来无止境的学习和思考之中,而"行难"体现在这是一门直接和钱打交道的事,在投资的过程中,我们需要抵御各种消息、热点炒作、市场波动等影响而坚守原则。因此,投资贵在"知行合一"。

投资是个非常专业的事情,众多专业的机构投资者,十数年如一日刻苦研究,仍然难以长期地管理好一个基金。而散户作为资本市场的弱势群体,应该如何战胜机构投资者,战胜市场,成为一个可以在股市长期赚钱的赢家呢?

一方面,散户要通过不断学习提高自身的投资素养。很多散户选择进入股市的理由是希望一夜暴富,妄想旦夕间实现财富自由;选择买入股票的理由是因为小道消息或者跟风热点;选择进出时点的理由是人云亦云的解释,企图追涨杀跌。这样的炒股方式只能成为别人眼中的"韭菜"。"别跟我说这些没用的,赶紧告诉我该买什么票吧!"——这种论调可以涵盖相当比例的股民。

A股就算再怎么进化,在可见的未来,散户一定还是市场上最重要的组成部分。但随着市场越来越专业化,散户的"生存压力"会越来越大。没有经历系统学习和认知升级的股民,终究无法在股海的汹涌波涛中遨游。在选择进入股市前,投资者不妨先问问自己,是否能像做一份事业一样对待投资,是否能够像创业者对待自己的项目一样看待投资的标的,是否能够像上市公司老板一样不停地思考行业和公司的未来,是否能够通过不断学习掌握和累计投资的知识和经验。这些就是"知"。

另一方面，我们已经通过前9条"军规"告诉投资者在投资之中应该像成功人士一样思考，通过不断学习建立自己的能力圈，并在能力圈里耐心等待好的投资机会。但是，投资者在面对市场上各种消息、热点的诱惑时，是否能够认识到这些诱惑都是"糖衣毒药"，并且管住自己的手不去触碰。当面对市场大幅波动时，不论是价值投资者，还是趋势投资者，我们是否能够坚决根据自己的投资法则、交易纪律止盈止损、控制仓位？这些就是"行"。

正所谓，"一年三倍者众，三年一倍者寡，十年跑赢大盘者寥寥无几"。

一年三倍——拼的是运气；三年一倍——考验的是能力；十年跑赢大盘——磨炼的是心性。

希望投资者都能够做到先"知"，后"行"，知行合一。

02 激荡30年：A股进化论

激荡30年：A股牛熊记

从1990年12月上海证券交易所成立、上证指数问世至今，中国股市已走过30年的风雨。都说三十而立，当下的A股市场在各方面都在走向成熟。从最初的老八股到如今3900多家上市公司，A股的总市值也扩大到约60万亿。这30年，A股几经深沉，既有探索期的迷茫，也有重整后的容光焕发，中国股市在一边总结社会主义的市场经验的同时，一边也对西方资本市场的精华做到兼收并蓄。

要探寻中国股市的未来发展之路，首先要对A股一路走来的历史有所了解，中国股市在过去30年中经历的"十轮牛熊"不得不提（表2-1）：

表2-1 中国股市30年的进化之路（以沪指为例）

时间	沪指点位	关键词
1990.12—1992.5（牛）	95—1429	老八股、炒股"计划经济"、放开涨跌停限制、股市暴涨
1992.5—1992.11（熊）	1429—386	打新风波、股市狂泻、国务院证券委员会成立
1992.11—1993.2（牛）	386—1558	"南方谈话"发表、坚持股市有未来、股市重整旗鼓
1993.2—1994.8（熊）	1558—325	上市公司数量骤增、供求失衡致股市暴跌
1994.8—1994.9（牛）	325—1052	政府出手救市、印花税单边征收
1994.9—1995.5（熊）	1052—582	投机盛行、紧缩政策、股市资金大举流向国债
1995.5（牛）	582—926	期间国家禁止资金流入国债期货，典型"政策市"
1995.5—1996.1（熊）	926—512	废除T+0抑制投机、股市继续扩容
1996.1—1997.5（牛）	512—1510	停发新股、投机风减弱、价值投资初现
1997.5—1999.5（熊）	1510—1047	绩优股过分炒作、价值投资变投机、疯狂扩容、供求失衡

（续表）

时间	沪指点位	关键词
1999.5—2001.6（牛）	1047—2245	互联网概念兴起、降息、允许国有企业投资二级市场、扩大证券投资基金试点规模
2001.6—2005.5（熊）	2245—998	国有股大减持，市场买卖失衡
2005.5—2007.10（牛）	998—6124	股权分置改革、中国经济高速发展、人民币升值、海外热钱流入
2007.10—2008.11（熊）	6124—1664	通胀、大小非减持、美国次贷危机、基金暂停发行
2008.11—2009.7（牛）	1664—3478	经济触底回升、央行连续降息降准、4万亿投资计划
2009.7—2010.7（熊）	3478—2319	重启IPO、国内紧缩政策、欧洲债务危机
2010.7—2010.11（牛）	2319—3186	美国量化宽松、流动性泛滥
2010.11—2014.6（熊）	3186—2027	经济增速放缓、通胀压力、股市成交量萎靡
2014.6—2015.6（牛）	2027—5178	改革牛-国企改革、杠杆牛-货币政策全面宽松、一带一路
2015.6—2016.1（熊）	5178—2638	去杠杆、熔断机制
2016.1—2018.1（牛）	2638—3587	供给侧改革、白马牛、科创板、注册制
2018.2—2019.1（熊）	3587—2440	中美贸易战、去杠杆
2019.1—现在	2440—？	自主可控、科技兴国、改革

以下我们主要从政策、估值、经济、流动性4个维度对过去10次涨幅较大的牛市做梳理。

第1轮牛市：1990年12月—1992年5月

上证指数：95.79—1429.01点

涨幅：1391.8%

行情关键词：老八股、炒股实行"计划经济"、放开涨跌停限制、股市暴涨

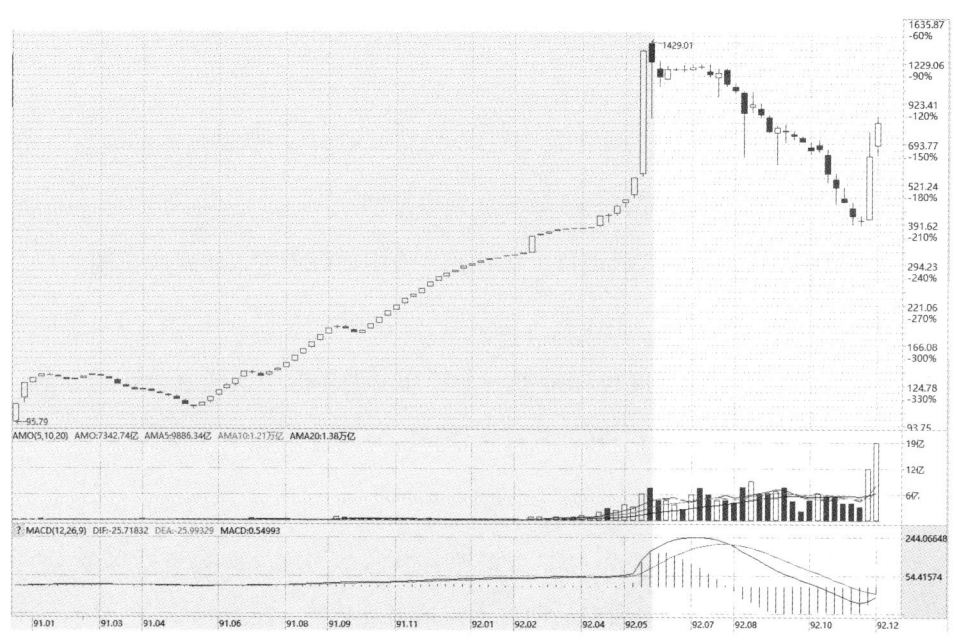

图2-1 上证指数1990年12月—1992年12月走势图

政策背景： "南方谈话"发表、改革开放、股票认购证、取消涨停板。

1992年，中国经济发生了一件大事，那就是邓小平视察武汉、深圳、上海、珠海等地并发表了"南方谈话"。在邓小平的"南方谈话"中，有关股市未来怎么发展的问题成为一大热点，其中最重要的是"坚决地试"这四个字：

"证券、股市，这些东西究竟好不好，有没有危险，是不是资本主义独有的东西，社会主义能不能用？允许看，但要坚决地试。看对了，搞一两年对了，放开；错了，纠正，关了就是了。关，也可以快关，也可以慢关，也可以留一点尾巴。怕什么，坚持这种态度就不要紧，就不会犯大错误。"

"坚决地试"这几个字掷地有声，在中国新生的证券市场生死攸关之际，正是这一番透着浓浓乡音的话语，破除了当时社会上在思想和理论方面的禁忌和障碍，给股市吃下了一颗定心丸。中国股市自此不再畏首畏尾，开始了大踏步前进的历程。

1992年2月18日，上海股市尝试对延中实业、飞乐股份取消涨跌幅限制，到5月21日，上证所取消涨停板，全面放开涨跌幅限制。

1992年3月2日，股票认购证首次摇号，宣告中国股市进入快速成长期。

经济增长：经过七八十年代的飞速发展，到90年代初期，国民经济总量的基数已经比较大了，发展速度也保持了一个较高水平。据中国国家统计局数据，1990年GDP增速3.9%，1991—1992年高速增长，分别达到9.3%、14.2%。

估值：牛市启动前平均市盈率在25倍左右。

流动性过剩：1990年12月19日，上海证券交易所成立，一年内仅有8只股票，人称老八股。而当时股票交易前先手工填写委托单，被编到号的人才有资格拿到委托单，能买到股票等于中了头彩，因为没人愿意抛出。这使得沪指从1990年12月开始计点，一路上扬，造就了第一次牛市。当时M2（广义货币供应量）同比增长率连续3年增长，到1992年增速超过30%。

第2轮牛市：1992年11月—1993年2月

上证指数：386.85—1558.95点

涨幅：301%

行情关键词："南方谈话"发表、坚持股市有未来、股市重整旗鼓

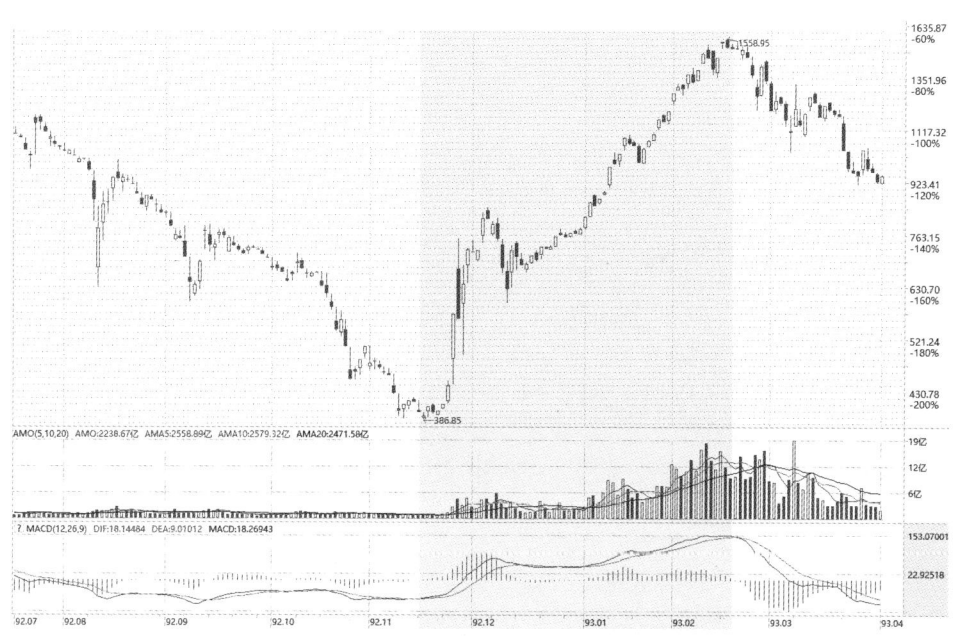

图2-2　上证指数1992年7月—1993年4月走势图

政策背景："南方谈话"发表后，进一步深化改革开放，鼓励股市发展（和第一轮牛市相同）。

经济背景：1990年GDP增速3.9%，1991—1992年高速增长，分别达到9.3%、14.2%。

估值：第二次牛市启动时，平均最低市盈率超过40倍。

流动性：当年M2增速31.27%，股票供给不足，流动性过剩。

第3轮牛市：1994年8月—1994年9月

上证指数：325.89—1052.94点

涨幅：224.4%

行情关键词：三大利好救市

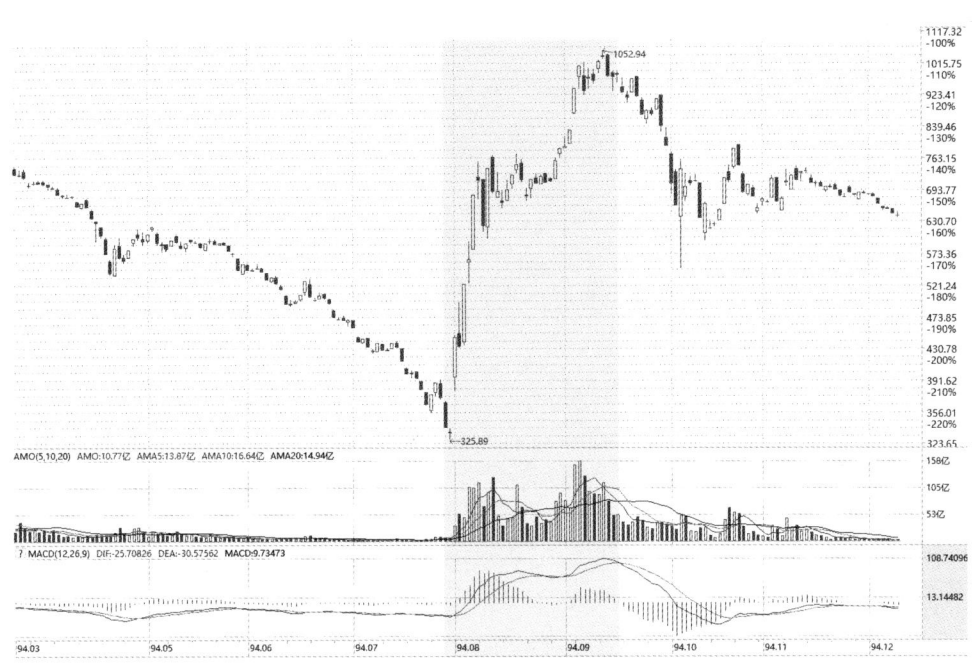

图2-3　上证指数1994年3月—1994年12月走势图

政策背景：为了挽救市场，1994年7月30日，《人民日报》发表证监会与国务院有关部门出台的三大"救市"措施。包括：年内暂停新股发行与上市，严格控制上市公司配股规模，扩大入市资金范围。

经济背景：GDP增速超过13%。1993年至1994年间，我国宏观经济偏热并引发紧缩性宏观调控。

估值：平均市盈率低于20倍。

流动性：M2增速34.5%，流动性过剩。

第四轮牛市：1995年5月—1995年5月

上证指数：582—926点

涨幅：60.5%

行情关键词：暂停国债期货资金流入股市

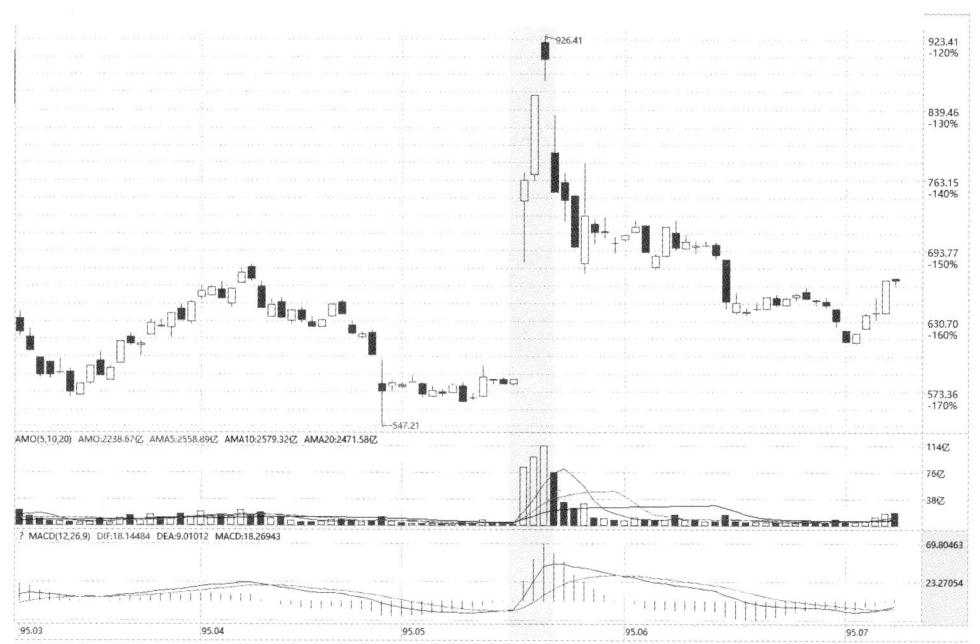

图2-4 上证指数1995年3月—1995年7月走势图

政策背景：1993—1995年，我国为了推进与大力发展国债市场，开设了国债期货市场，立即吸引了几乎90%的资金，股市则持续下跌。

1995年2月，327国债期货事件发生；5月17日，中国证监会暂停国债期货交易，在期货市场上呼风唤雨的资金短线大规模杀入股票市场，掀起了一次短线暴涨。第4次牛市仅3个交易日，是A股史上最短的一次牛市，股指却从582.89涨到926.41。

经济背景：GDP增速10.95%，比1993年至1994年间略微下滑，中国面临美国的加息周期当中——从1994年2月到1995年2月，基准利率从3.25%上调至6%。据1995年中央政府工作报告显示，"加强和改善宏观调控，注意解决经济发展中面临的突出矛盾和问题,保持适当的经济增长速度,以国有企业改革为重点,配套推进社会保障体制改革,巩固和完善宏观管理体制改革措施,进一步转变政府职能,培育市场体系,沿着建立社会主义市场经济体制的方向继续前进"。对内,由于此前3年的过度投资与产能过剩,所以1995年开始了急刹车——银行整治表外资产。

估值:平均市盈率高于20倍。

流动性:M2增速29.5%,相对1994年环比下跌4%。

第5轮牛市:1996年1月—1997年5月

上证指数:512—1510点

涨幅:194.5%

行情关键词:停发新股、政策转暖、资金充裕

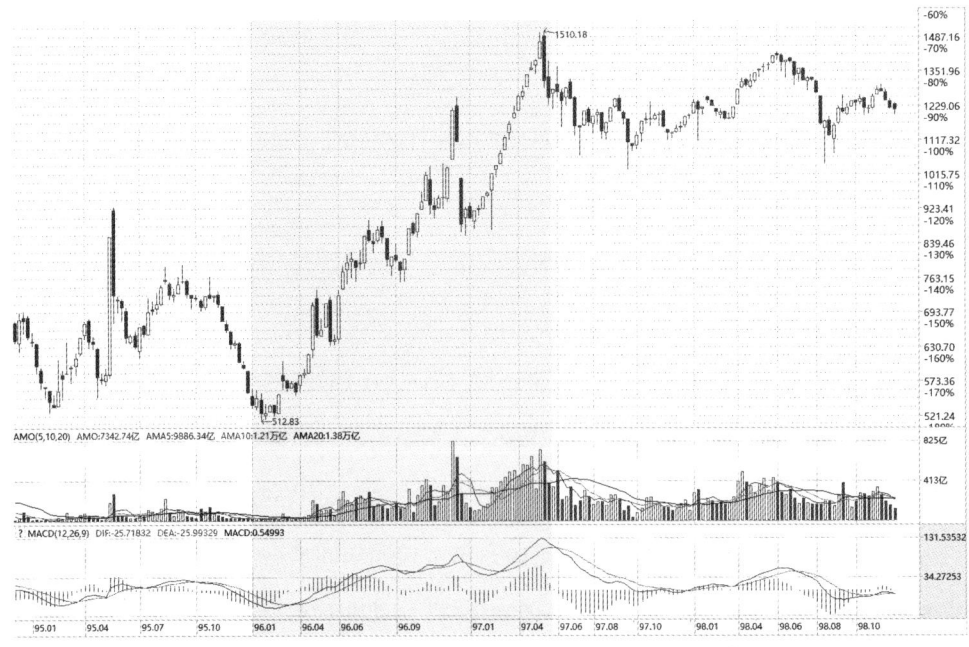

图2-5　上证指数1994年12月—1998年12月走势图

政策背景：新股再次发行困难，管理层被迫停发了新股；3月30日，央行宣布4月1日起停办新的保值储蓄业务；4月1日，国务院批示要"稳步发展，适当加快"；5月和8月，央行两度降息。所有这些措施，导致资金面上释放了大量的流动性。

经济背景：从1995年起，宏观GDP增速处于阶段性下行阶段。公开资料显示，1995年全年GDP为60793.7亿元，GDP增速为10.9%；随后1996年GDP增速降至10%；1997年降至9.3%。

估值：平均市盈率20倍左右，处于历史低位。

流动性：M2增速逐年下滑，1995年M2增速29.46%，1996年25.25%，1997年降至19.58%。不过整体依然充裕。

第6轮牛市：1999年5月—2001年6月

上证指数：1047.83—2245.44点

涨幅：114.3%

行情关键词：股票发行体制改革、人民日报社论、降息、允许国有企业投资二级市场、扩大证券投资基金试点规模

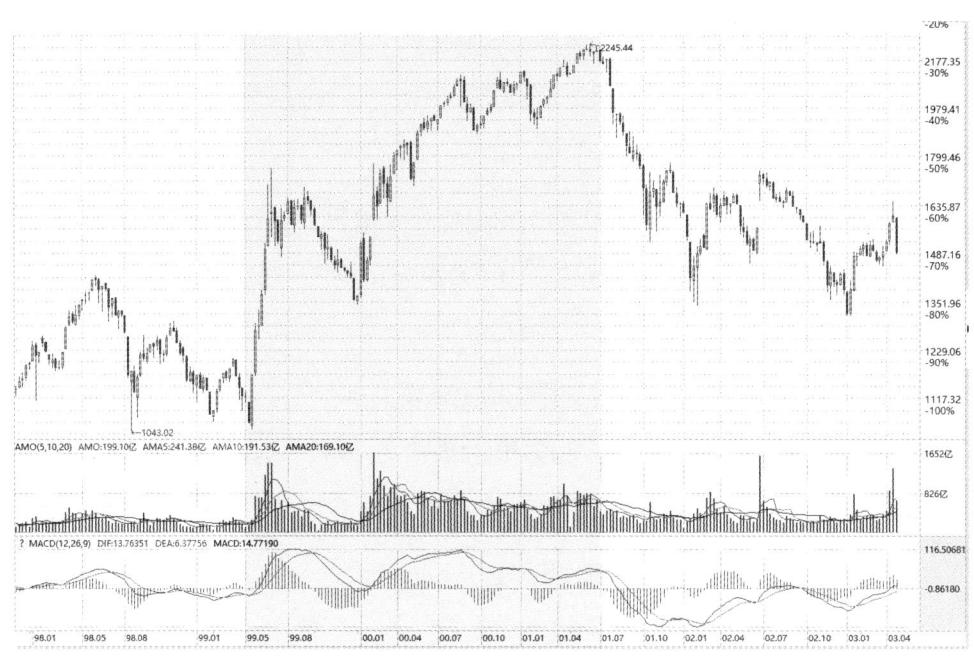

图2-6　上证指数1997年12月—2003年4月走势图

政策背景：1999年—2001年，国家认为需要积极利用股市来刺激国内需求，解决国有企业脱困问题。

1999年5月16日，国务院批准了包括改革股票发行体制、逐步解决证券公司合法融资渠道、允许部分具备条件的证券公司发行融资债券、扩大证券投资基金试点规模、搞活B股市场、允许部分B股H股公司进行回购股票的试点等6条主要政策建议的文件，也就是通常说的搞活市场六项政策。

1999年5月19日，人民日报发表社论，指出中国股市会有很大发展，投资者踊跃入市。

随后，一系列刺激政策相继发布：

1999年6月10日，央行宣布降息。

1999年7月1日，《证券法》正式实施。

1999年9月8日，允许"三类企业"（国有企业、国有控股企业和上市公司）投资二级市场的股票。

1999年10月25日，国务院批准保险公司购买证券投资基金间接进入证券市场。

2000年2月13日，证监会决定试行向二级市场配售新股，资金空前增加，网络概念股的强劲喷发推动沪指创下2245的历史最高点。

经济背景：1996年开始，GDP增速连续3年下滑，1999年下滑速度减慢，并逐步见底。

估值：启动时平均市盈率30—40倍，相对历次牛市来讲，处于比较高的位置。

流动性：M2增速14.73%，2000年M2增速12.27%，2001年17.6%，这3年呈现前低后高的趋势。

第7轮牛市：2005年6月—2007年10月

上证指数：998—6124点

涨幅：513.5%

行情关键词：股权分置改革、储蓄搬家、流动性泛滥、热钱流入

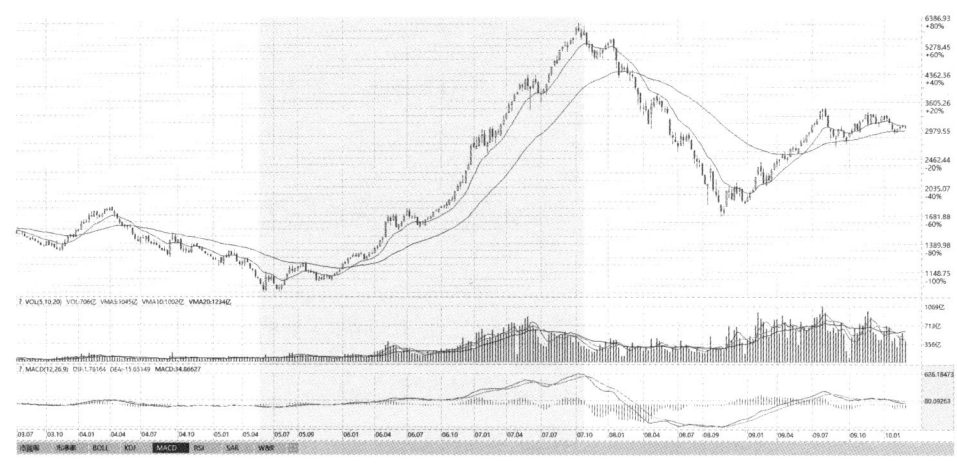

图2-7　上证综指：股改大牛市（2005年—2007年）

政策背景：2005年1月24日降低印花税；2005年4月29日，证监会发布《关于上市公司股权分置改革试点有关问题的通知》，股改试点启动。同年9月份，股改由试点转为全面铺开阶段。

经济背景：互联网泡沫后，各国经济逐步复苏。经济强劲增长带动企业盈利回升，驱动股市继续上涨。市场此前预期2006年宏观经济会放缓，但实际经济增长超预期。一方面，2004年宏观经济过热，政府2005年出台抑制经济过热的宏观调控措施；另一方面，2005年7月21日人民币汇改，人民币步入升值通道。市场普遍认为2006年投资和出口可能会下行，经济增长会减速。但实际上2006年经济增长比2005年更加强劲。2006年2季度开始，在宏观经济增长带动下，企业盈利回升，股市继续上涨。

大宗商品价格上涨推动股市上涨。2005年底大宗商品价格超出市场预期开始上涨，CRB现货金属指数从2005年12月16日的385点上涨到2006年5月12日的646

点，涨幅超过60%。大宗商品本轮牛市利好上游资源类上市公司，带动股市继续走牛。

估值：启动前平均市盈率低于20倍。

流动性：M2增速相比前几年提高，从2014年的14.86%提高至17.57%。2000—2004年我国贸易顺差一直在300亿美元左右波动，但2005年全年贸易顺差突破1000亿美元，比2004年增长210%，而贸易顺差在2006年和2007年分别达到1700亿美元（+74%）、2600亿美元（+48%）。巨大的贸易顺差通过结汇带来超额流动性。

第8轮牛市：2008年11月—2009年7月

上证指数：1664—3478点

涨幅：108.9%

行情关键词：四万亿、货币宽松、经济触底回升

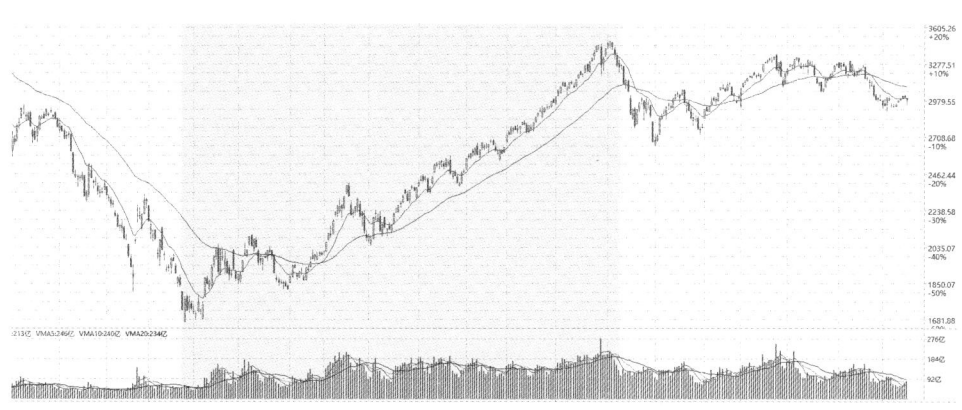

图2-8　上证综指：四万亿"救市牛"（2008年11月—2009年7月）

政策背景：本轮牛市于2008年11月初启动，启动前期的主要驱动力来源于政策面而非经济基本面。

货币政策方面，2008年9月—12月我国央行5次降息、4次降准。连续降准降息则为股市上涨创造了较为宽松的流动性环境。

财政政策方面，"四万亿"投资计划的推出提升了投资者对未来经济增长的预期和风险偏好，进而促使股市上涨。

经济背景：2009年1季度末经济触底回升，经济增长由预期变为现实，进一步推动股市上涨。

估值：启动时，市盈率低于20倍。

流动性：启动时M2增速14.73%，并不高，不过此后伴随着政策宽松，M2增速很快上升，到2009年10月时，M2增速已高达29.46%。

第9轮牛市：2014年7月—2015年6月

上证指数：2033—5178点

涨幅：154.6%

行情关键词：国企改革、对外开放、货币宽松

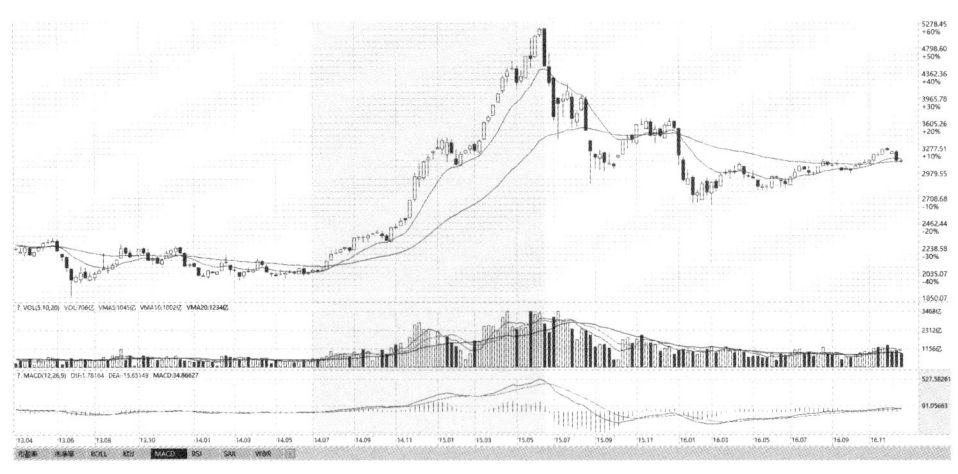

图2-9　上证指数：疯牛转疯熊（2014年7月—2015年6月）

政策背景：2014年被称为"改革元年"，作为改革的深水地带，国有企业终于在2014年迈开了混合所有制的步伐。继国家开发投资公司的全资企业国投信托引入泰康人寿和江苏悦达作为战略投资者之后，中国石化也承诺拿出30%油品销售业务股权让渡于社会和民营资本，紧接着，国家电网公司也在直流特高压、电动车充换电设施和抽水蓄能电站3个领域敞开了大门。

"一带一路"堪称是2014年我国在对外开放领域推出的最具震撼性的重量级成果。服务于这一重要的国家战略，中国不仅与巴西、俄罗斯、印度和南非共同发起成立了金砖国家开发银行，而且由中国倡导发起，包括印度、新加坡等在内22个意向创始成员国共同组建了亚洲基础设施投资银行。作为"一带一路"的重要成果，中巴经济走廊在2014年年底开始启动，同时，中国至少与20个国家正在进行高铁合作或者洽谈。重要的是，以"一带一路"为纲，张自由贸易区之目，从而"构筑起立足周边、辐射'一带一路'、面向全球的自由贸易区网络"是顶层设计所追求的战略性成果。

经济背景：2014年的宏观经济背景是，地产销售和投资增速不断下滑，宏观经济下行压力较大。

估值：启动时市盈率在30倍左右。

流动性：M2增速逐步回落。货币政策从定向宽松走向全面宽松。央行在14年4月和6月各进行了一次定向降准，2季度央行又向国开行发放了1万亿元的PSL再贷款。2014年11月降息，则开启了全面降息的序幕，标志着货币政策开始全面宽松。

第10轮牛市：2016.2—2018.2

上证指数：2638—3587

涨幅：36%

行情关键词：供给侧改革、短周期复苏、地产牛市、白马行情

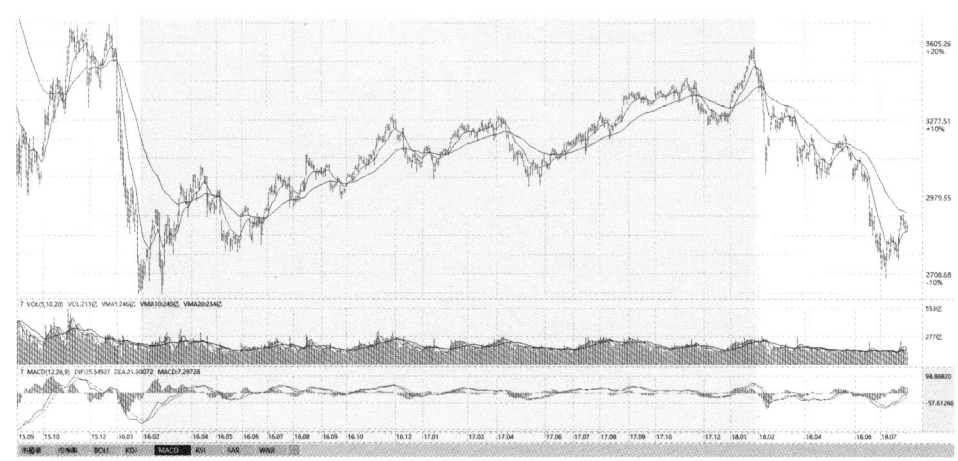

图2-10　上证综指：白马牛，2016年2月—2018年2月

2016年，随着供给侧改革拉开序幕，工业品价格开始反弹，这令到占指数权重较大的周期板块迎来了景气复苏。

同时，从股市里流出的资金进入房市，在2016年启动了一轮轰轰烈烈的房地产大牛市。中国超一线城市房价在短短2年内翻倍。地产繁荣带来的财富效应激发了股市，地产、基建、建材、食品饮料、家电等大白马纷纷启动牛市行情。

然而，这轮牛市只能算是蓝筹白马的盛宴。2015年被炒到天上的创业板此时还处于长期熊市。这轮白马与创业板分道扬镳的"半轮"牛市一直持续到2018年初。随着库存周期进入尾声，以及中美关系的恶化，这轮幅度不大但还有些气势的白马牛，宣告终结。

政策背景：2015年中央经济工作会议于12月18日至12月21日在北京召开，总结2015年经济工作，分析当前国内国际经济形势，部署2016年经济工作，落实

"十三五"规划建议要求,推进结构性改革,推动经济持续健康发展。

经济背景:中国过去推动的经济和产业结构改革强调以内需为主。随着中国经济进入新常态,其面临的核心问题以经济结构带来的长期问题为主,这就要求从供给侧着手予以解决。

估值:启动时,市盈率14倍。

流动性:启动时M2增速10.8%,上半年杠杆行为使得M2增速很快上升,到年底M2增速达14%。2015年年底,随着去杠杆政策落地,M2增速开始了回落。

三十而立：A股牛熊规律显现

通过历次A股牛市启动时的各种背景比较，我们可以得出以下几个共性结论：

第一，几乎每一次牛市启动都离不开政策呵护。要么是释放改革红利，如2005年股改、2014年国企混改、90年代初的改革开放；要么是释放维稳信号，推出重大经济政策，如1994年的三大救市政策、1996年停发新股、1999年允许国企投资股市、扩大证券投资基金试点范围、2008年的"四万亿"计划。

第二，历次牛市启动时，一般是估值底部。从过去经验来看，启动时平均市盈率大多数在20倍左右，一般不会超过30倍，仅第2次牛市（1992年11月—1993年2月）、第6次牛市（1999年5月—2001年6月）启动时高于30倍。而从历史市盈率走势上看，20倍市盈率左右基本上是A股的估值底部，因此整体市盈率达到20倍甚至更低时，是做价值投资的最好时机。

第三，政策底领先于股价底，股价底领先于经济底。一轮牛市的开始，往往始于政策维稳之后，而启动时经济是否见底并不重要。由于长期的货币超发，A股并不缺流动性，缺的只是信心，信心比黄金更重要。

第四，投机逐渐向价值投资过渡。投机氛围是由多方面因素造成的，一是人性使然，总有人想要赚快钱，股市就被这些人当成了"赌场"；二是投资者教育的普及度不够，投资者大都没有接受过专业的投资培训，缺乏专业的投资素养，自然而然地将投资等同于投机。所以培养投资者正确的价值观势在必行。

尤其是近几年的行情，为我们摸清A股的牛熊规律提供了线索。

我们将A股的历史以2005年为界分为两段。2005年以前，A股可以说是"蛮荒之地"，虽然这段历史在很大程度上决定了A股市场的"基因"，但系统性的研究价值不大。而股权分置改革以后的A股才真正是一个完整意义上的市场。

2005年全流通以来，A股经历过一轮"改革牛"（2005年—2007年）、两轮"周期牛"（2009年、2017年）、一轮"宽松牛"（2015年）。随着估值回归、制度建设逐渐完善、国际化程度提升，A股的牛熊模式已大体有迹可循。详细来看：

2005年—2007年的牛市由股权分置改革所引发（"改革牛"），当时的景气度波动并没有显著的周期性。

2009年的牛市，受到四万亿刺激，同步伴随着2008年危机后景气度的快速回升（"景气牛"+"放水牛"）。

2015年的大牛市主要由流动性宽松和金融创新（本质是信用创造）推动（"放水牛"），当时的景气度反而在下行。

2016年—2017年的"白马牛"，与景气度回升高度吻合。

所以，综合下来，未来A股要重启牛市，大概率只有3个要素：改革、新一轮经济周期启动、新一轮货币宽松周期。

风云200年：美股启示录

如果说A股还是个正在不断突破自我、积极进取的青年，美股可以说已经是一个有着丰富历史经验的壮年了。如果从1792年的《梧桐树协议》签订、1811年建立美国纽约证券交易所算起，美股已经走过了逾200年的发展历程。美股的历史不仅是美国的产业史和金融史，更是A股历史发展的借鉴对象。因此，回顾美股的发展历程对于我们预见A股的未来趋势，非常有必要。

美国股市的发展大致可以分为6个阶段。

第1阶段：18世纪末到1886年，美国股票市场的初步发展。

1817年，纽约证券交易所的前身"纽约证券交易和管理处"正式成立，这是美国股票市场正式形成的标志。当时，工业革命正在北美如火如荼地进行，社会生产力得到极大提高。美国的交通运输业、煤气、电力工业等第二产业迅速发展，使得许多公司想到利用依靠发行股票来筹集资金，从而进一步扩大生产。

第2阶段：1886年—1929年，美国股市迅速发展，市场操纵和内幕交易的情况非常严重。

在第二次工业革命的推动下，美国经济迅速繁荣，同期美国股市也走上了快车道。1896年，道琼斯指数诞生。1921年—1929年，道琼斯指数从70点涨至381点，涨幅超400%，美股迎来首轮长牛。

第3阶段：1929年大萧条至1954年之间美股牛熊交替，美国股市开始进入重要的规范发展期。

1929年10月24日，美股迎来了史上著名的"黑色星期四"。当日，美国股市突然暴跌，资本主义市场经济大危机开始。1929年10月—1932年7月，道琼斯指数从381点狂泻至42点，仅2年就跌回到了30年前的点位。

20世纪30年代大萧条后，美国人从"自由放任"的盲目乐观中醒来，重新审视必要的法制与宏观调控。美国政府开始对金融业实行严厉管制，1933年证券法和1934年证券交易法的发布，使股票交易减少了投机欺诈等行为，抑制了金融泡沫，有效控制了金融风险。监管初见成效，道琼斯指数也从1932年的40.6点涨至1937年的191点，1954年，道琼斯指数重回500点。

20世纪40年代—50年代，美股经历了相当长的牛市，投机之风盛行，也导致了股市的暴涨和暴跌。

第4阶段：1954年—20世纪80年代，成长股狂热，"漂亮50"（Nifty Fifty）出现，投资理念从投机向价值投资过渡，美国股票市场进入现代投资时代。

20世纪50年代—70年代，成长股的黄金时代到来，当时的美国经济高增长低通胀。60年代美国的GDP增速为4.6%，通胀率仅为2.3%。股市开始走向狂热，过去的投机风气让不少投资者损失惨重，这也使得公司业绩成为市场的选股原则。

70年代初，"漂亮50"横空出世，这是价值投资历史上的经典指数。"漂亮50"是指当时北市场最热捧的50只股票，类似于当下我们所称的"白马股"。"漂亮50"多是经营稳健、盈利增长稳定、高回报率的公司，其中不乏家喻户晓的百年企业，包括可口可乐、麦当劳、IBM、通用电气、美国运通等，这些股票也被称为"One decision"（一次性抉择）股，意思是只要买了这些票，可以长期高枕无忧。

到1972年，"漂亮50"的股价已经被市场捧上了天花板，市盈率变成了"市梦率"。当时麦当劳PE高达45倍，迪士尼82倍，而同期的标普500平均市盈率为33倍。

1973年布雷顿森林体系彻底瓦解，同年的石油危机使得通胀进一步恶化，美国经济陷入滞胀泥潭。1972年—1979年，美股进入了漫长的熊市，曾经风光的"漂亮50"的盈利增速和ROE大幅下行。在长达6年的熊市中，"漂亮50"的泡沫被挤破。但如果从更长远的眼光来看，"漂亮50"在80年代的牛市中表现依然亮眼，其中大多数企业至今仍存活着，甚至还有不少是行业的领军者。

第5阶段：20世纪80年代—21世纪初，科技狂潮到互联网泡沫破裂，辗转中逐渐成熟，机构投资迅速发展，美股的非理性繁荣消散。

较低的通货膨胀率，长期的经济增长，伴随短促的经济衰退，为1982年以后的股票市场的长期繁荣创造了条件。70年代股市的持续低迷使得大量公司的股价低于面值，1982年，美股见底。此时，股神巴菲特开始在股市中活跃起来。

1982年—1987年，美股开始走牛，但危机却在悄然滋生。当时美国垃圾债盛行，杠杆收购交易到达顶峰，套利者随时可能离场。在道琼斯指数涨幅超过200%之后，1987年10月，美股大崩盘，道琼斯指数到达历史最大单日跌幅22.6%，全球股市均遭殃。美股崩盘后，美联储迅速出手降息，股市在3个月不到的时间里就迅速缓过来。1988年—2000年，美股走了12年的长牛。

进入90年代后，美国股市进入"机构投资者的觉醒"的时代，机构投资者从最初完全不参与公司治理到主动改善公司经营，公司业绩得到实质性的提升。同期，私募基金和共同基金也应运而生。股市的繁荣加互联网交易的普及，股市也日益成为普通家庭的投资工具之一，股市的流动性和盈利效应都十分良好。90年代的大牛市成就了巴菲特成为美国首富，古典价值投资理论被发扬光大，行为金融的研究也进入黄金时代。

1994年互联网的出现让市场焦点从传统制造业迅速转向科技新经济。1994年10月—2000年3月，以科技股为主的纳斯达克指数涨了近6倍，科技公司的市盈率也飙升至几百倍。除了媒体对信息技术的鼓吹，一众不懂科技的投机者也纷纷加入这场盲目的虚拟战中，成为科技泡沫的助推手。2000年，互联网企业出现大面积亏损。2002年，80%科技企业的股价跌幅超过80%。美股的非理性繁荣随着科技股泡沫的破裂而消散。

第6阶段：20世纪初至今，房市泡沫、次贷危机、10年长牛。

2001年美国遭遇"9.11"恐怖袭击，使得美国经济陷入衰退。美联储自2001年1月开始降息救灾。2001年1月—2003年6月期间，美联储13次降息，利率从6.5%下调至1.0%。美联储的降息政策刺激了房地产业和信贷消费的发展。然而，降息过多，随后的加息步伐又较慢，低利率刺激了抵押贷款和过度消费，造成了房地产泡沫的膨胀。2004年—2006年间，美国房价上涨了30%；家庭债务比例从2000年的85%上升到了2006年的120%。2007年，房市泡沫破裂，次贷危机引致金融危机全面爆发，股市狂泻。

2008年3月开始，美国金融机构的信用违约开始接二连三发生。2008年9月，美国第四大投资银行雷曼兄弟因投资次贷产品蒙受巨大亏损，宣布破产。2007年11月—2009年3月，道琼斯指数从12198点跌至6470点。

2008年11月，美国政府出手救市，美联储先后开展3轮量化宽松（QE）大量购买国债和机构抵押贷款支持证券。此时，奥巴马当选美国总统，他开展了一系列措施挽救美国经济，包括增加基础设施建设，出清大银行的资产负债表，收购不良资产等。2009年3月，美股开始大举反弹，道琼斯指数一路从6479点上涨至2020年2月的29568点。

他山之石：中美股市对比

美国作为全球股市的标杆，其发展经历对我国A股有极高的借鉴意义。

从法制化进程来看，美股也经历过蛮荒时代，现在已成为金融监管的典范，在这个过程中代价不可谓不大。从投资者结构来看，美股从散户市逐渐演变为机构主导。相信A股未来也是向这个方向发展，在此过程中，换手率、波动率将逐渐下降，马太效应逐步增强。从市场结构的演化来看，美股经历了从重工业到金融再到消费最后到科技的演变，而A股的演变路径也是出奇的相似，只是我们的进程更快。

目前中国经济已经进入中速高质量增长时代，非常类似美国20世纪六七十年代，成长股疯狂之后市场开始拥抱"漂亮50"。"三十而立"的中国股市伴随着市场化与国际化进程，逐渐走向成熟。

对比中美股市的发展历程，表面上最大的区别就是：美股熊短牛长，而A股则牛短熊长。主要原因有4点：

第一，中美股市中的行业构成有所区别。美股市场中市值占比最大的是信息技术行业，占比近30%，而中国股市中市值占比最大的是大金融板块。过去30年是科技革命的年代，微软、苹果、亚马逊、谷歌等科技公司迅速崛起，自然能够带动整个证券市场的繁荣，而A股市值规模最大的代表企业中以工商银行、建设银行、中国平安、农业银行等金融类企业居多，公司原本就资产庞大，而业务又相对传统，导致业绩增长缓慢，自然很难带动股市的上涨。

第二，中国股市目前尚处于美股的初期发展阶段，投资者有待进化。美股市场以机构投资者为主，且居民大多将股市作为储蓄存款的方式而非投机市场，使得增量资金能够长期稳定地流入市场，并且由于每一笔买卖要缴纳交易税，也在一定程度上减少了短线交易；而A股的专业投资机构仍然匮乏，散户群体庞大短期的投机行为较多，容易导致市场波动，市场的走向更多是被情绪化主导。此外在中国炒股是不用缴税的，来来回回交易只需缴低廉的手续费和印花税，这就间接为短线交易提供了便利，而在美股市场，每笔交易都要缴纳资本利得税，每年还要算入个人收入缴纳所得税，因此短线投机的成本非常高。

第三，1990年正式诞生的中国股市还很年轻，尚未形成一套完善的优胜劣汰的良性循环机制。在进入标准上，A股的上市标准多侧重于过往的业绩和规模，对未来的业绩成长能力的评判指标较少，因此一些真正具备高成长潜力但目前尚未盈利的公司未能在最需要市场资金支持的起步阶段上市，而等到上市时已经相对成熟，此时的盈利增速就难以达到上市前的高度，这样在上市后就比较难带动大盘了。

同时，在退出环节也有不足。目前A股的企业退市数量远低于美股，市场上还存在大量不盈利的僵尸企业，仅剩"壳价值"的空壳企业，同时还有一些企业通过粉饰财务数据寻求保住上市资格，这些都无疑占用了市场资源。上市公司的质量良莠不齐，市场偏好也并非仅仅以公司业绩为标准，牛市时总是"鸡犬升天"，熊市时则"泥沙俱下"；而美股严格的信息披露制度和退市制度，使得美股市场能够进入优胜劣汰、吐故纳新的良性循环，业绩不好的公司很快就会被资本市场淘汰。

第四，中国股市的投资方式比较单一，散户基本都是自己买卖股票，对于量化投资和指数型基金的认知程度和接受度都还有待提高。量化投资从20世纪70年代开始逐渐兴起，90年代才开始盛行。量化投资需要发达的电脑技术，面对数不胜数的证券以及庞大的成交量，缺了先进电脑的运算速度和容量，许多复杂的证券定价甚至不可能完成。随着量化投资以及机构投资者占比的不断提升，美国股市有效性不断提升，主动管理型的基金越来越难做出超额收益（据统计，美国有80%的主动管理型基金跑不赢指数），因此指数化投资逐步受到投资者的青睐，而指数基金也有利于股市的稳定。随着中国股市有效性快速地提升，未来中国股市的投资模式很有可能也会像美国一样，主动管理型基金占比不断下降，量化投资和指数化投资越来越受投资者青睐。宽基指数是在各行业中选取一揽子的上市公司编制而成，总体来说，能够上市的公司基本都是各行业中比较优秀的公司，因此，宽基指数不仅能代表中国经济发展的整体状况，而且会优于经济发展的平均水平。

值得庆幸的是，以上提到的几点近年来都在逐步改善，并且阶段性成果显著，我们将在下一节为大家介绍A股近年的快速进步和成长。

未来可期：A股的成长与变革

道路是曲折的，前途是光明的。历经30年波折，A股市场在一路摸爬滚打中逐步走向成熟。

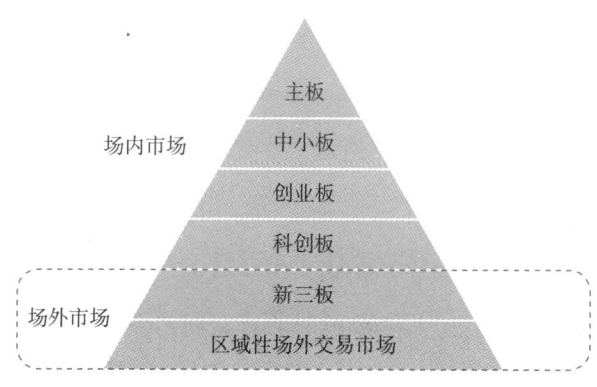

图2-12　我国多层次资本市场

第一个变化是A股上市规则变得越加灵活，上市公司的类型渐趋多元化。从主板、中小板到创业板、科创板，A股给中小企业、高新技术企业创造了越来越多的机会。

表2-2　中小板、创业板、科创板对比

	创立时间	板块特点
主板	1990年12月	多为大国企、大蓝筹，综合实力较强；通常是规模比较大、发行股票数量在8000万以上的企业。
中小板	2004年5月	以民营企业为主，通常属于各个行业的龙头，普遍在快速成长期，收入增长快、盈利能力强、科技含量高，而且股票流动性好，交易活跃。

（续表）

	创立时间	板块特点
创业板	2009年10月	以民营企业为主，高科技新兴行业，估值较高，通常规模较小，发行数量在5000万以下。
科创板	2019年6月	允许未盈利企业上市，重点支持新一代信息技术、高端装备、新材料、新能源、节能环保以及生物医药等高新技术产业和战略性新兴产业，推动互联网、大数据、云计算、人工智能和制造业深度融合。

科创板的设立是中国股市近10年最重要也最勇敢的创举之一，科创板的上市规则不再侧重于考量公司的过往业绩，而是侧重于考量公司未来的成长和发展前景，真正为一些需要资金的高科技创新企业提供了融资渠道。未来A股将更关注企业的成长和核心价值。

第二个变化是监管政策趋严和监管手段升级。一方面，随着信息跟踪技术的提升（尤其是2017年之后），过去靠操纵股价获利的模式变得越来越难；另一方面，越来越多上市公司财务造假、违规等行为被查处，爆雷事件频出，导致不研究基本面或没有深度研究基本面能力的投资者（或投资机构）风险加大。

第三个变化是2010年中国推出股指期货之后，量化投资在国内得到快速发展。截至2019年11月，据基金业协会统计数据，做股票量化的私募基金总管理资金已达1500亿—1600亿。量化投资的市场占有率越来越高，这一方面为市场提供了流动性，另一方面也在不断地促进股市有效性的提升。面对量化投资强大的统计、跟踪能力以及高速的程序化交易，过去风光无比的游资、涨停板"敢死队"等现象，这几年已日渐式微。

第四个变化是A股投资者结构的变化。外资和国内机构投资者的占比增加在不断促进中国股市有效性的提升，投资者整体的专业水平在提升，投资决策更理性、更科学。这使得未来要想获得跑赢指数的超额收益难度与日俱增。

2020年3月1日，中国新证券法的出炉，让中国的法制化进程迈上了一个新的台阶。这场变革是全面的、具体的、有针对性的，几个重大变革包括：

1. 全面推行注册制，有效降低企业进入资本市场的门槛，进一步提高资本市场的市场化程度，激发市场活力。

2. 显著提高证券市场的违规违法成本，原本上市公司信息披露违法行为最高处罚60万元，现在上限提升至1000万元，这在很大程度上推动了资本市场健康发展，中小投资者的利益进一步得到保护。

3. 进一步优化完善证券交易制度，包括完善上市和退市情形的规定、完善上市公司股东减持制度；规定证券交易停复牌制度和程序化交易制度，这在很大程度上能够遏制内幕交易、操纵市场的违法行为。

4. 强化信息披露要求，强调上市公司应当充分披露投资者做出价值判断和投资决策所必需的信息；明确上市公司收购人应当披露增持股份的资金来源等，一定程度上使得上市公司的信息、资金流向更加透明，也在一定程度上约束了"董监高"（董事、监事、高管）的行为。

在投资理念和投资行为方面，我们已经看到了投资者的极大改变和进步。据中国证券投资者保护基金公司发布的《2018年度中国资本市场投资者保护状况白皮书》显示：

首先，中国股市投资者的价值投资、长期投资理念进一步确立，股市波幅明显收窄，全年平均换手率2.58倍。在受调查的投资者中，约50%投资者注重长期、稳定的收益增长，仅20%左右的投资者偏好短期投资行为。

其次，投资行为的杠杆使用率稳健。在受调查的投资者中，超7成投资者没有使用杠杆资金，约两成使用杠杆资金的比例未超过自有本金，仅不足2%的投资者使用杠杆资金的比例超过自有本金。

最后,"炒新炒差"投资者倾向不明显,多数投资者认为自己的操作风格以中长线为主,喜欢打新和炒作ST股票的相对较少,占比不足20%。

大家都在进步,散户的境遇却更艰难了。这几年,我们看到市场和专业投资者都在快速进化,散户的进化步伐可能有些赶不上大队伍。

科创板诞生,新三板精选层问世,创业板制度改革,我国多层次资本市场进步一步丰富。对于散户而言,市场分层的背后是风险分层。

● 主板市场:企业成熟度高,有流动性溢价,但成长性(爆发性)相对温和。

● 中小板市场:企业基本成熟,但仍有成长性,流动性低于主板,攻守兼备。

● 创业板、科创板:企业尚未成熟,高成长性伴随高风险,流动性溢价低。

● 新三板及以下:投资门槛较高,且风险极大,不建议散户进入。

纵观2015年以来的市场改革,我们认为有几点值得关注:

一是主板影响较小,依旧存在流动性溢价。

我国资本市场的注册制改革总体稳步推进,从2019年科创板的运行经验来看,并没有对主板造成过多的资金分流;同样在2009年创业板开通时,也未对主板造成资金分流的影响。归根结底,主板是股市压舱石,代表市场中枢。主板的股本大、市值高,是各类大型基金的底仓。

二是"壳价值"注定缩水。

注册制由市场决定哪些公司符合上市的标准可以上市,并将最终大幅缩短上市时间,降低上市成本。因此,现在市场上因为要保留壳公司估值而拒绝退市的上市公司,估值可能会大幅缩水。虽然这是本次改革的目的,但对于中小投资者而言,由于风险承受能力较机构投资者低,壳公司缩水会带来部分流动性冲击。

过去炒小炒差的风气，会进一步被压制。散户投资者也要戒掉这种陋习。

三是将定价权交给市场。

过去由于核准制，部分财务造假的公司无法通过发审委这一关，如今实行注册制，很多投资者担心不具备资格的上市公司圈钱。然而，任何市场都不是完美的，这些公司即便蒙混过关上市了，最后也将被揭露。美股历史上大型爆雷事件层出不穷，安然造假、麦道夫骗局、Theranos骗局等事件都曾重创美股投资人，但美股的市场制度也愈发完善。本次新政也特别加入了信息披露和事后监管的内容，相信在不断改革中市场会提高自我净化的能力。

但在这个过程中，对个人投资识别风险的能力无疑又提高了要求。如何看懂行业、看懂公司，已经成为散户投资者亟待提升的必备技能。

全景图：A股的市场结构

从诞生到现在，A股走过30年的历史，来到了"而立之年"。庞大的股市体系到底蕴含了多大的信息量？笔者先将A股的市场总体结构呈现给大家。

30年以来，上市公司数量爆发式增长，从最初的老八股，演变到2019年底的3777家。（图2-13）

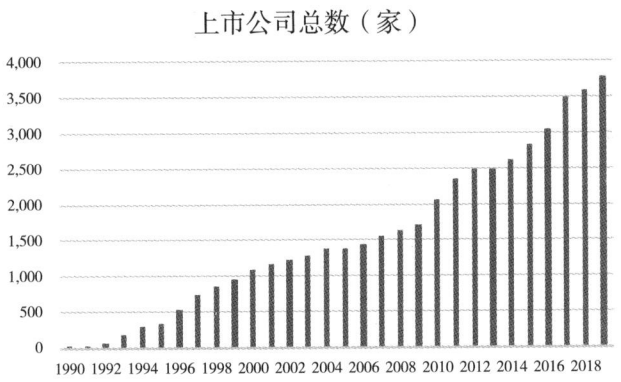

图2-13　截至2019年底，历年上市公司总数

数据来源：Wind

市场规模一日千里，截至2019底，A股总市值达到65.8万亿，流通市值达到48.2万亿。（图2-14）

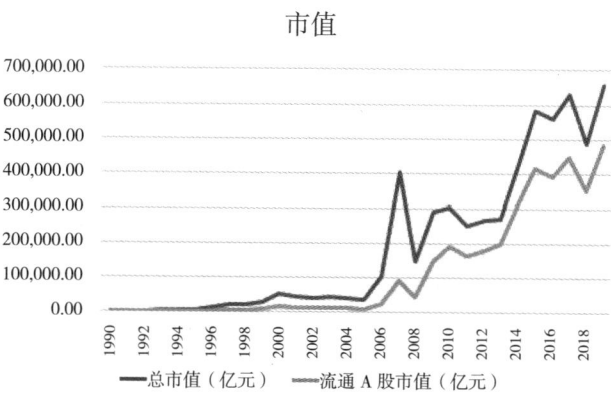

图2-14　截至2019年底，历年上市公司总市值

数据来源：Wind

上市公司质量与投资价值不断提升，截至2019年底，**上市公司平均市盈率为17.5倍，平均市净率为1.7倍**（图2-15、2-16），处于较合理区间。尤其是主板平均市盈率与市净率无论是纵向与历史比较，还是横向与全球市场比较都呈投资价值凸显的趋势。

图2-15　截至2019年底，历年上市公司平均市盈率

数据来源：Wind

图2-16 截至2019年底,历年上市公司平均市净率

数据来源:Wind

A股的行业结构

中国拥有39个工业大类、191个中类和525个小类,是全世界唯一拥有联合国产业分类中全部工业门类的国家。如此庞大的产业体系又是如何体现在股市上的呢?

截至2019年底,根据申万行业标准,A股的一级行业共有28个,二级行业103个。其中占A股市值最大、前十大一级行业依次是:银行、非银金融、医药生物、电子、食品饮料、化工、计算机、房地产、采掘、交通运输。(表2-3、图2-17、图2-18)

表2-3 截至2019年底,上市公司申万一级行业市值分布

序号	行业名称	总市值(亿元)	平均市盈率	平均市净率	总市值占比
1	银行	11.309	6.805	0.850	17.19%
2	非银金融	6.708	17.375	2.010	10.20%
3	医药生物	4.565	41.499	3.719	6.94%

（续表）

序号	行业名称	总市值（亿元）	平均市盈率	平均市净率	总市值占比
4	电子	4.558	60.893	4.078	6.93%
5	食品饮料	3.978	33.197	6.802	6.05%
6	化工	3.341	22.255	1.664	5.08%
7	计算机	2.607	93.136	4.293	3.96%
8	房地产	2.475	10.785	1.482	3.76%
9	采掘	2.418	15.282	1.025	3.67%
10	交通运输	2.414	18.865	1.558	3.67%
11	机械设备	2.368	41.698	2.296	3.60%
12	公用事业	2.292	20.666	1.571	3.48%
13	汽车	1.932	29.150	1.662	2.94%
14	传媒	1.804	-68.229	2.631	2.74%
15	电气设备	1.764	59.035	2.315	2.68%
16	有色金属	1.570	112.878	2.240	2.39%
17	建筑装饰	1.493	9.592	1.059	2.27%
18	家用电器	1.384	20.471	3.308	2.10%
19	通信	1.144	-70,066.562	2.773	1.74%
20	农林牧渔	1.096	37.768	3.700	1.67%
21	国防军工	0.993	73.158	2.452	1.51%
20	建筑材料	0.895	12.626	2.088	1.36%
23	轻工制造	0.849	52.433	2.364	1.29%
24	商业贸易	0.845	16.824	1.421	1.28%
25	钢铁	0.674	10.045	0.951	1.02%
26	纺织服装	0.419	45.668	1.892	0.64%
27	休闲服务	0.394	36.518	3.660	0.60%
28	综合	0.206	55.759	1.931	0.31%

数据来源：Wind

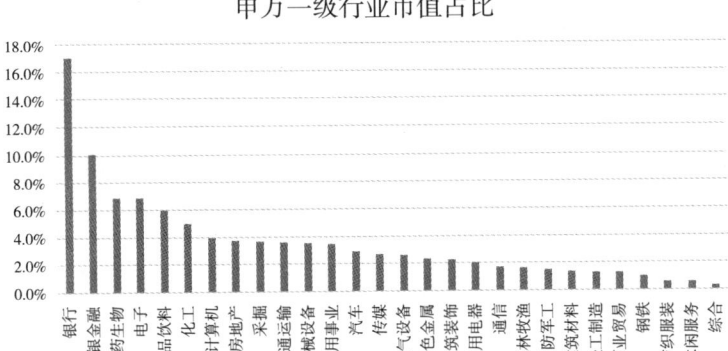

图2-17　截至2019年底，上市公司申万一级行业市值分布

数据来源：Wind

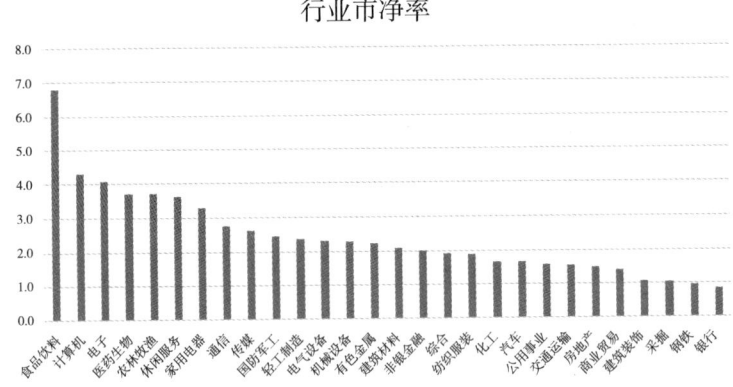

图2-18　截至2019年底，上市公司申万一级行业平均市净率分布

数据来源：Wind

在28个一级行业中，前两名的银行、非银金融合还有第8名的地产合在一起，就成为我们常说的"大金融"板块，其中包含了银行、保险、券商、多元金

融、房地产五大分支。而"大金融"板块占A股总市值的31%，无疑是A股的定海神针——这也解释了为什么每当市场出现重大风险时，护盘资金总会拉大金融的原因了。当然也有另一种划分方法——不把地产算在内，但即便如此，单纯的金融板块也占了总市值的27.4%。

虽然大金融板块体量巨大，但A股中居然还能找到能与之比肩的巨人——那就是由医药生物、食品饮料、汽车、建筑装饰、家用电器、商业贸易、纺织服装和休闲服务这八大行业就共同组成的"大消费"板块。这也从侧面反映了14亿人口的庞大市场。大消费板块占A股市值比例高达22%，略逊于大金融。但是，由于大消费板块比较庞杂（8个申万一级行业），所以对全市场的集中度影响，依旧无法与"大金融"相媲美。因此，每当资金发力护盘时，大金融的反应就非常明显，而大消费就没么显著了。

上面我们简单浏览了一级行业的结构。接下来我们看看A股的产业结构。

我们通常将一个国家的产业结构分为三类——第一产业泛指农业，第二产业泛指工业，第三产业泛指服务业。从A股的分布来看，第二产业企业在数量上占据了58%的比例，这也充分证明了我们庞大且繁杂的工业体系实力。但从市值占比上看，第三产业则占据了半壁江山。即便剔除银行板块，第三产业占比也超过了第二产业——这也反映了我国经济正在向高附加值和更加现代的模式升级。

A股的市值结构

简单看完了行业分布和产业结构，我们再来看看A股的市值分布。

我们把A股的上市公司市值分为5档：1万亿以上，1000亿—1万亿之间，500亿—1000亿之间，100亿—500亿，不足100亿。

其中，跨进万亿豪门的有7家公司，分别是工商银行、中国平安、建设银行、贵州茅台、农业银行、中国银行和中国石油,总市值9.9万亿。而跻身千亿俱乐部的有84家公司,总市值18.8万亿。市值超过500亿但不足1000亿的有92家,总市值6.4万亿。这183家公司就是A股的大盘股,它们的总市值达到35万亿,以不到5%的数量比例,占据了A股总市值的54.7%——它们是当之无愧的定海神针。

市值超过100亿不满500亿的企业有839多家,总市值17.4万亿,它们一般叫作中盘股。而市值不足100亿的小盘股则占据了A股的绝大部分,多达2700家,总市值13.4万亿。

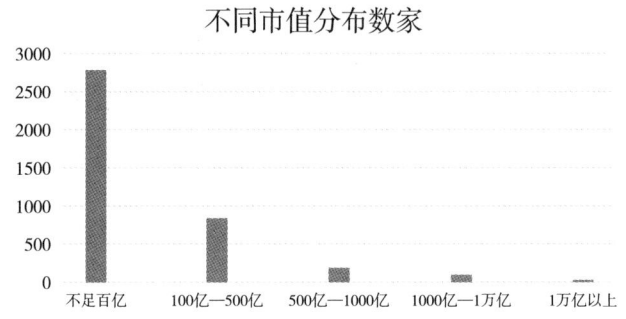

图2-20　截至2019年底,不同市值上市公司数量分布

数据来源:Wind

区分大中小盘股对炒股有什么用呢?这里给大家列举一些特点:

大盘股:

√ 业务规模庞大,确定性高,流动性好,是大机构的底仓。

√ 代表A股的运动中枢。

√ 在行情不好的时候有显著的防御属性。

√ 股价不易被庄家操控。

√ 爆发性通常较弱，股性（波动）偏弱。

小盘股：

√ 前景（理论上）广阔，业绩波动较大。

√ 股性活跃，博弈属性高。

√ 游资最爱，股价较容易受到操控，容易成为题材热点。

√ 牛市特牛，熊市特熊。

√ 财务、公司治理隐患较多，容易爆雷。

中盘股[①]：

√ 介于大盘股和小盘股之间，通常是行业龙二。

√ 值得中长期持有的股票往往藏在中盘股中。

√ 容易出有持续业绩支撑的大牛股。

了解了大盘、中盘与小盘股的不同特点，我们就可以在投资的过程中制定针对性的投资计划。比如，你的风险偏好较高，则可以多配置中小盘股；若你追求稳妥同时也希望有一定的收益，则可以做大盘股与中盘股的组合。又或者，市场处于进攻阶段时，可主做中小盘股；若市场处于防御阶段时，可多配大盘股。

---

① 笔者注：在中国结构转型的当下，中盘股将是未来最需要关注的板块。

知彼：细数 A 股的"头号玩家"

诞生28年以来，从初期的全民投机到现在的生态链逐渐复杂，A股的投资者结构已经发生了极大的变化。目前，对于A股的散户来说，他们的交易对手有哪些呢？大致包括：国有持股、公募基金、阳光私募、券商自营、保险、银行理财、外资、"国家队"（中国的主权财富基金）以及产业资本等。

正所谓知己知彼，百战不殆。本篇就来聊聊这些散户的对手盘。

国资："佛系"的绝对主宰

截至2019年3季度末（由于本书写作时年报尚未完全公布，此部分我们只能先用3季度数据），机构持股市值超过30万亿元，占当期全A市值（54万亿）的50%，是真正的半壁江山。

表2-4 截至2019年年末，不同机构持股上市公司市值情况一览

机构类型	持股市值（亿元）
全部	308130.5
基金	24337.2
阳光私募	1867.9
一般法人	239913.6
券商	553.6
非金融类上市公司	4989.1
保险公司	15207.9
券商集合理财	904.6

（续表）

机构类型	持股市值（亿元）
陆股通	13889.8
QFII	1735.2
银行	252.2
社保基金	3783.6
财务公司	28.8
基金管理公司	44.3
信托公司	621.7
企业年金	1.2

数据来源：Wind

在所有机构中，"一般法人"持股23万亿元，占全A市值的41%。如此大的占比，究竟是如何构成？我们再来看一张表（表2-5）就明白了：

表2-5　截至2019年底，持股上市公司股份达千亿市值法人机构一览

机构名称	持股市值（亿元）
中央汇金投资有限责任公司	20230
香港中央结算有限公司	13890
中华人民共和国财政部	11461
中国石油天然气集团有限公司	8641
中国贵州茅台酒厂（集团）有限责任公司	8641
中国证券金融股份有限公司	7066
中国人寿保险（集团）公司	6738
中国石油化工集团有限公司	4539

（续表）

机构名称	持股市值（亿元）
中央汇金资产管理有限责任公司	3402
国家能源投资集团有限责任公司	2761
中国中信有限公司	2412
中国长江三峡集团有限公司	2387
全国社会保障基金理事会	1972
上海汽车工业（集团）总公司	1954
宜宾市国有资产经营有限公司	1825
广东海天集团股份有限公司	1691
中国平安保险（集团）股份有限公司	1582
招商局轮船有限公司	1526
深圳市投资控股有限公司	1454
中国建筑集团有限公司	1328
美的控股有限公司	1289
中电海康集团有限公司	1189
大家人寿保险股份有限公司-保守型投资组合	1162
安徽海螺集团有限责任公司	1063
深圳市地铁集团有限公司	1044
四川省宜宾五粮液集团有限公司	1031

数据来源：Wind

A股中的法人股指的是企业法人直接持股或持股。而"一般法人"指的就是企业法人持股——截至2019年底，持股超千亿的一般法人持股总数超过13.3万亿元。这些一般法人中国企占比很高，民企占比不高。这意味着超过40%的股市是在以国家为主的企业法人手中。为什么国家会持股这么多呢？

这里面有几层的原因：

首先，A股市值最大的都是国有垄断企业，比如银行、保险、两桶油、电力等行业。这些公司是绝对意义上的国有控股，因此股市的基本盘就掌握在国家手中了。

其次，2015年股灾之后，以证金、汇金为代表的"国家队"进场救市，国资持股比例进一步提高。

最后，2018年金融去杠杆使得相当数量的上市公司面临股权质押爆仓的风险，政府又组织力量挽救了一批——比如仅2019年1季度，中央汇金就增持了1700亿元、财政部增持了580亿元、中国证金增持了1300亿元——这也侧面说明了2019年1季度股市如此大规模反弹的原因。

本来基数就大，再加上一轮又一轮的托市，国有持股的比例也就越来越高。那么，国有持股比例这么大，将有什么后果呢？

其实，虽然国有持股看起来比例巨大，但这20多万亿市值的股票基本处于休眠状态。因为国有股的目的本来就在于控股核心（国有）资产，当然不会轻易拿到二级市场去交易。况且，如此天量的持仓，只要有一点点变动，就会引起市场的剧烈反应（如2019年1季度股市反弹）。

因此，国家持股虽然巨大，但大部分时候却非常"佛系"，稳如泰山，并非散户的主要交易对手。虽然国企持股占比很高，民企持股占比不高，但是民企的持股比例在提升，我们正朝着混合所有制全面提升经济效率的方向不断前行。

公募基金：最早兴起的专业投资力量

公募基金是A股机构投资者的主要组成部分，也是A股市场上最早兴起的专业投资力量。根据初步统计，截至2019年，公募基金管理机构管理公募基金6544

只，份额13.7万亿，规模约14.8万亿元——但是，其中绝大部分的资产是货币基金和债券，公募基金的持股规模只有2.43万亿元，持股市值占A股流通市值约为5.04%。

考察基金在A股市场的影响力，一般会选择基金持股市值占流通市值的比例这一数据。2007年9月，这一比例曾经达到过27.93%的最高水平。但之后一路下行，2017年12月31日降至3.87%的低点。2019年12月底恢复到5.04%，这一数值高于2015年6月30日的4.16%，显示在过去4年多时间里，虽然股市走势比较震荡，但公募基金在A股市场的持股份额还在不断地爬升。

表2-5 截至2019年底，全国资产管理行业公募机构前20家非货币理财规模一览

排名	公募基金管理人名称	非货币理财公募基金月均规模（亿元）
1	易方达基金管理有限公司	3168.83
2	博时基金管理有限公司	2829.11
3	华夏基金管理有限公司	2611.49
4	南方基金管理股份有限公司	2392.29
5	汇添富基金管理有限公司	2189.02
6	中银基金管理有限公司	2165.79
7	广发基金管理有限公司	2155.88
8	嘉实基金管理有限公司	2142.68
9	招商基金管理有限公司	1946.00
10	富国基金管理有限公司	1744.67
11	工银瑞信基金管理有限公司	1478.11
12	鹏华基金管理有限公司	1398.30
13	兴全基金管理有限公司	1361.67
14	华安基金管理有限公司	1339.28
15	建信基金管理有限责任公司	1207.52

（续表）

排名	公募基金管理人名称	非货币理财公募基金月均规模（亿元）
16	农银汇理基金管理有限公司	1113.02
17	国泰基金管理有限公司	1061.77
18	平安基金管理有限公司	1014.52
19	中欧基金管理有限公司	1005.07
20	上海东方证券资产管理有限公司	994.49
	总计	26710.08

数据来源：基金业协会网站

由于A股本来就年轻，公募基金出现就更晚。这导致公募基金经理的平均任职年限不高。据券商统计，A股基金经理35岁到45岁的占比超过60%。任职基金经理的平均年限不到4年（3.7年），有三成的公募基金经理掌舵不到3年，而超过10年的则是凤毛麟角，只有5%。

考察投资业绩一般有三个维度：**择时、配置、选股**。而市场环境复杂，加之掌舵经验偏短，公募基金的业绩并不是很理想。

根据券商的研究，大部分的主动管理基金并不具备显著的择时能力，传说中的"抄底逃顶"在公募基金中是不存在的。基金产品的收益主要来自行业配置。在过去3年，医药、银行、食品饮料是公募配置比例最高的板块。而在选股方面，由于A股风格（比如今年以权重股为主，那么明年可能就变成了中小盘股，后年又切换至其他主题）年年不同，这就导致基金持股时间偏短，只能追逐高成长高波动的股票。

公募股票基金的收入来源是按照资产管理规模收取的管理费。这也就意味着，对公募基金来说，管理规模越大收入越高——因此，从行为动机来看，维持规模、避免因为重大亏损而造成的大面积赎回是公募基金利益最大化的选择——但随着规模的扩大，获取超额收益的能力也会下降。整体而言，公募基金守成有余，进取不足，大部分只能打打顺风仗。

有意思的是，市场上流传着关于公募基金的"发行魔咒"：牛市下，公募基金公司会抓紧发新基金，散户认购的积极性也随着行情而高涨——一旦某只明星基金超级大卖，往往也就代表牛市见顶。2018年1月，兴全合宜基金不幸中招；2019年3月末，睿远基金也步了后尘。总体来看，中国公募行业在不断地进步与成熟，但是大规模基金的超额收益越来越与指数基金一致而平庸化，反而是一些优秀的中盘基金在2019年乘上了科技股的东风，取得了骄人的成绩。未来在筛选基金投资的时候也对投资者们提出了更高的资产配置的要求。

险资：进步神速，前途广阔

险资是近年增长最快的内资主力。2018年底，监管层放松了险资配置股市的约束，希望引导险资入市做长期投资。截至2019年1季度末，保险公司和社保基金的持股比重已经超过公募基金，成为场内最大的活跃资金。

从板块配置上，社保基金偏好成长股，2019年超配了以计算机和电子代表的中小创。而保险公司则大比例配置了主板的大金融和周期股。

从长期来看，险资是最具增持潜力的内资力量，尤其是养老金入市一直是广大散户心心念的"救兵"——但是大家有没有想过，养老金的现状是什么？入市的根本目的是什么？

养老金既不是"做慈善"的，也不是"抬轿子"的，还需要完成一定的年化收益率目标。由于养老金大规模入场的时机都是市场较为安全与低估的时机，所以有一定的市场风向标意义。

私募：传奇诞生之地

我国的私募行业从最早的地下私募、地下操盘室这样的灰色地带发展到现在正规持牌的阳光私募，已经走过20多年——几乎和A股的历程一样长。2014年国家通过了3项规章制度之后，私募行业才算是彻底步入了正轨，行业迎来了大爆发。

私募基金不问出身，能赚钱就是硬道理。因此，私募基金经理的背景也是五花八门，有正规军转型的，也有从民间发迹的。这也使得私募基金风格各异，八仙过海各显神通。当然，这样的私募江湖也就更加龙蛇混杂。

和公募基金相比，私募基金的收入来自管理费和业绩提成，只有帮助客户赚到钱才有较高的回报；再加上监管比公募宽松得多，因此私募基金的策略更灵活，风格更主动和激进。也正因此，私募基金的生存率其实很低，相当多的私募基金在3—5年内就会清盘。

经过多年的锤炼，有一批私募基金杀出重围，极具影响力，其中不乏"十年十倍"这样的神话。淡水泉、景林、高毅，这些明星私募基金（100亿到1000亿级别的规模）的一举一动都会受到市场的高度关注。与公募基金的"发行魔咒"相呼应，私募也有一个"淡水泉魔咒"，指的是当头部私募（比如淡水泉、景林）出现大亏时（比如当年亏损超过30%），市场往往迎来底部。目前头部的私募基金与公募基金面临同样的问题，就是收益率趋同于指数，反而在老牌的中型私募基金中，可能会有一些"夺宝奇兵"杀出。

游资：曾经的王者

游资其实并非某一类机构，更多指的是具有强烈短期投机属性的资金。游资的资金来源很复杂，大多是大户的自有资金。从投资者属性上看，游资大多以个人户的面目出现，比较少挂机构户（当然，不少游资成名之后就"上岸"转身为正牌机构了）。

游资可以说是A股中最具有本土特色的资本力量。在A股早期的"洪荒年代"，游资是市场上的"头号玩家"。他们来如雨去如风，在股市中掀起一个又一个热点，留下一个又一个江湖传说。徐翔、"赵老哥"、"佛山无影脚"……这些名动一时的"大作手"，都是曾经的游资传奇。

游资的风格狠辣，刀口舔血，杀伐果断，且经常联手行动，就像大草原上的土狼一样。他们联手制造热点拉抬股价，等待散户蜂拥而至他们便手起刀落，割下肥美的一块大肉。而一旦发现势头不对，游资也会坚决地断尾求生。

然而，随着大型机构投资者羽翼逐渐丰满，监管机制逐步完善，游资们也开始走下神坛。2017年以来，游资群体遭遇重创，从食物链顶端跌落。近年来，越来越多优秀的游资不断向成熟化与机构化发展，建立自己的私募基金公司。

外资：猛龙过江

据央行网站发布的境外机构和个人持有境内人民币金融资产情况统计，截至2019年12月，境外机构和个人持有境内的股票资产（简称：外资持有A股市值）为2.10万亿元。

2001年，中国正式加入WTO。为了兑现入世承诺，我国金融行业逐步开放。

2002年末，《合格境外机构投资者境内证券投资管理暂行办法》正式施行，意味着合格境外机构投资者（QFII）开始登上A股市场的舞台。QFII的代表机构有各国的主权财富基金，比如挪威养老基金、瑞士中央银行等。

2014年和2016年，沪股通和深股通（两者合称为陆股通）相继开放，从香港股市流入大陆股市的"北上资金"成为股市日常的重要观测数据。由于北上资金全部归口于"香港中央结算有限公司",因此背后的资金来源更加模糊——尤其在2018年的熊市当中,内资机构持续卖出而北上资金持续扫货,这也为陆股通资金增添了一丝神秘色彩。

2017年,MSCI指数将中国纳入全球指数,这使得海外规模庞大的指数型基金将随着指数的变动跟投中国。A股的国际化更进一步。

2019年,英国富时指数FTSE将A股纳入其指数。

随着越来越多的外资入场以及监管口径的逐步放开,外资已经成为A股市场的重要组成力量。截至2019年底,陆股通资金持有A股市值9.8万亿,QFII持仓1.5万亿,二者相加已经超过公募基金的持仓规模。更有甚者,自2018年以来,多家海外对冲基金和资产管理巨头相继登陆中国,在上海自贸区成立了中国境内的基金子公司,其中就包括全球最大的对冲基金——桥水基金,以及全球最大的资产管理公司——贝莱德。

俗话说强龙不压地头蛇,A股开放十多年以来,究竟是外来的和尚更会念经,还是外资水土不服呢?

根据券商的测算,外资整体的投资回报相当丰厚。作为入场时间最长的QFII,其年化复合收益率超过20%,年化超额收益率超过8%。2005年至2018年,QFII在13年间获得了14倍的收益。

与国内策略多样的公私募基金、捉摸不定的游资相比,外资在A股的投资策略几近于打"明牌"。不论是QFII、陆股通、还是MSCI,其选股标准都非常的"正统"——基本面选股。业绩持续增长、财务稳健、现金流充沛、市值具备一定规模——这些已成为外资选股的几大共性关注点。换句话说,A股基本面最良好的公司(核心资产),同样也就是外资关注的标的。

我们认为，外资"打明牌"的属性是散户最好的投资指南。以陆股通为例，北上资金最青睐的公司，几乎都是A股价值投资的典范；而以MSCI为例，其选取的股票池也几乎囊括了A股的各行业龙一和龙二。这些全世界最专业的机构，已经用很严苛的标准为投资者进行了筛选，散户其实已经并没有太大的必要去另辟蹊径了。

从打明牌和长期投资的角度来看，以QFII、陆股通和MSCI为代表的外资反而是A股散户的投资明灯。

产业资本：重型联合收割机

说起产业资本，A股散户应该恨得牙痒痒——这里的产业资本，指的就是A股上市公司及其大股东们。

由于历史的原因，A股自诞生之日起，最核心的功能就是融资。

20世纪80年代末，经历了改革开放头10年的中国，最大的抱负就是发展经济，而最大的困难恰恰也是没钱发展经济。怎么解决企业发展最需要的资金问题呢？随着中国股市的诞生，有一句话在当时流传开来：财政吃完吃银行，银行吃完吃股市——这里说的就是上市公司。为了解决企业的资金饥渴，我国股市的一整套方案都是围绕着融资设计的。以至于股市的另一个核心职能"交易"则被有意无意地往后排了。

这套设计最初导致了股市的"双轨制"，造成了二级市场上极大的不公平。直到2005年股权分置改革后，A股才算是有了股市该有的模样——但基因却早已注定。

重融资，轻流通。使得上市公司及其大股东们大玩财务伎俩——如果说各类机构游资收割散户使用的是镰刀的话，产业资本使用的可就是大型联合收割机——而且，产业资本收割起来是无差别的，机构散户一锅端。

造成产业资本"割韭菜"乱象的原因有3点。

一是我国市场经济尚处于初级阶段，产业水平不算高，企业经营治理仍然粗放，现代商业文明仍在建设初期——这就导致从企业家到投资者的认识论浅薄低下。

二是在上述大前提下，A股市场由于投资者结构的原因，导致投机色彩浓厚，股票定价畸形。这对产业资本形成巨大诱惑：辛辛苦苦干一辈子，还不如上市套现赚得多——换作是你，你是减持呢，还是减持呢，还是疯狂减持呢？

三是对证券市场违法违规行为，尤其是产业资本行为查处力度严重不足。例如，上市公司信息披露违规，最多罚款60万，而潜在的获利空间高达9位数。机会与成本的严重畸形，反而成为一种"鼓励"产业资本套现的"逆向选择"。

好在，随着注册制的推出和监管层从2018年开始的金融市场"严打"，市场的面貌有望焕然一新。

以上，就是我们对A股"头号玩家"们的简要梳理。希望广大散户朋友们看过之后，能够摆正自己的位置，对市场多一丝敬畏。

03 基本面：行业与公司

如何看行业？

A股的行业结构和分类

中国拥有39个工业大类、191个中类和525个小类，是全世界唯一拥有联合国产业分类中全部工业门类的国家。如此庞大的产业体系又是如何体现在股市上的呢？

按照《申银万国行业分类标准》（以下简称"申万标准"），A股市场里的一级行业共有28个，二级行业103个。其中A股市值前十的一级行业依次是：银行、非银金融、电子、医药生物、食品饮料、化工、计算机、交通运输、机械设备、房地产。（图3-1）

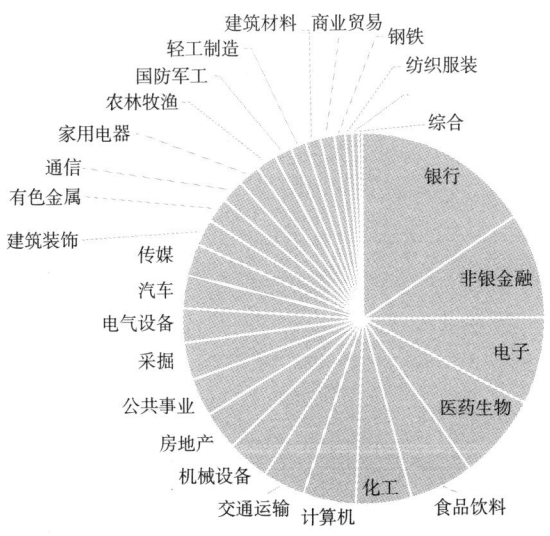

图3-1 申银万国行业分类标准下的一级行业市值分布

注：按2020年3月17日收盘数据统计，Wind

表3-1 申银万国行业分类标准中28个一级行业概况

序号	行业名称	总市值（亿元）	市值占比	平均市盈率	平均市净率
1	银行	100,334.73	15.8%	6.02	0.74
2	非银金融	58,768.12	9.3%	15.38	1.71
3	电子	47,872.90	7.5%	52.36	4.16
4	医药生物	47,808.83	7.5%	48.56	3.89
5	食品饮料	35,852.20	5.6%	30.14	6.10
6	化工	31,795.69	5.0%	21.16	1.57
7	计算机	29,992.57	4.7%	134.58	4.90
8	交通运输	24,017.20	3.8%	17.22	1.37
9	机械设备	23,910.13	3.8%	42.96	2.30
10	房地产	21,772.10	3.4%	8.99	1.28
11	公用事业	21,327.35	3.4%	18.48	1.43
12	采掘	20,522.32	3.2%	13.00	0.87
13	电气设备	18,895.72	3.0%	46.85	2.42
14	汽车	18,334.80	2.9%	24.41	1.57
15	传媒	17,890.94	2.8%	-180.48	2.73
16	建筑装饰	14,353.81	2.3%	8.99	1.01
17	有色金属	13,913.06	2.2%	108.77	1.98
18	通信	12,816.27	2.0%	-158.74	3.06
19	家用电器	12,276.95	1.9%	16.42	2.92
20	农林牧渔	11,675.23	1.8%	26.11	3.87
21	国防军工	10,026.52	1.6%	100.04	2.47
22	轻工制造	8,710.87	1.4%	35.58	2.36
23	建筑材料	8,601.51	1.4%	12.12	2.00
24	商业贸易	7,841.14	1.2%	18.35	1.32
25	钢铁	6,251.15	1.0%	9.18	0.87
26	纺织服装	4,094.33	0.6%	42.24	1.83

（续表）

序号	行业名称	总市值（亿元）	市值占比	平均市盈率	平均市净率
27	休闲服务	3,470.71	0.5%	31.53	3.21
28	综合	2,048.19	0.3%	53.81	1.99

注：按2020年3月17日收盘数据统计，Wind

28个申万标准一级行业（表3-1）按照投资逻辑的不同可以划分为**周期型、防御型、成长型和其他类**。

周期型行业是指与经济波动关联度较高的行业，主要是指一些传统行业，包括：银行、非银金融、化工、机械设备、房地产、采掘、汽车、建筑装饰、有色金属、建筑材料、钢铁。

防御型行业是指产品需求相对稳定，在经济衰退或繁荣时经营业绩都不会随之大起大落的行业。如公用事业、食品饮料、交通运输等。

在上述两大类型中，有一个比较特殊的例子是消费类行业。它包括必选消费和可选消费，其中必选消费受经济波动的影响较小，属于典型的防御型行业，如食品饮料、纺织服装；可选消费受经济波动的影响较大，带有一定的周期属性，如汽车、休闲服务等。

成长型行业主要是指一些处于快速发展期的新兴产业。它们通过技术进步能够取得高速发展，超越经济波动周期，如电子、计算机、医药生物、传媒、通信等。

在周期型行业中，总市值排前两名的银行、非银金融加上排名第十的房地产合在一起，就构成了我们常说的"大金融"板块，其中包含了银行、保险、券商、多元金融、房地产五大分支。而大金融板块占A股总市值的28.5%，无疑是A

股的定海神针——这也解释了为什么每当市场出现重大风险时,护盘资金总会拉动大金融板块。当然也有另一种划分方法,不把地产算在内——而这种情况下,金融板块也占了总市值的25%左右。

虽然大金融板块体量巨大,但A股中还能找到能与之比肩的巨人——那就是由医药生物、食品饮料、汽车、建筑装饰、家用电器、商业贸易、纺织服装和休闲服务这八大行业就共同组成的"大消费"板块。大消费板块占A股市值比例约23%,这得益于中国14亿人口的庞大消费市场。但由于大消费板块比较庞杂(含8个申万标准一级行业),所以对全市场影响的集中度依旧无法与大金融板块相媲美。因此,每当资金发力护盘时,大金融的反应就非常明显,而大消费就没那么显著了。

选择恰当的投资时机首先要把握行业的发展规律。根据Gartner曲线(行业发展和新技术成熟度曲线),X轴代表时间,Y轴代表人们对新技术的期望,行业的发展通常要经历以下4个阶段(图3-2):导入期、成长期、成熟期、衰退期。

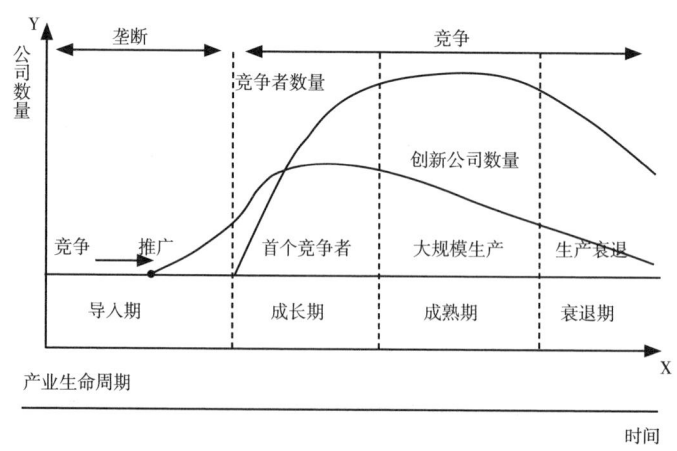

图3-2 产业生命周期曲线

第一阶段是导入期：在行业兴起初期，投资者众，竞争者寡。在此阶段，行业中的公司数量少，市场需求增长快，公司的议价能力强，产品利润率高，但由于前期需要的投入较多，如研发支出、营销支出等，有些公司可能尚未进入盈利期，但公司业务快速成长，营收规模不断扩大。在此阶段，投资者较难识别企业是会长期发展还是会在半路夭折，因此投资风险较高，但同时，如果能做出正确选择，未来的投资回报率也较高。此时公司收益尚未兑现，但媒体各界都在渲染和宣传公司的未来价值，认为潜力无限、想象空间很大，但公司的不确定性也很大，有些公司在发展早期蓝图勾勒得很美好，最后可能一地鸡毛，比如乐视网；但也有可能因为占据了良好赛道而成为独角兽，如美团点评。

第二阶段是成长期：行业快速发展，市场份额扩大，公司进入业绩回报期；但同时入场者增加，产品利润率下降，行业逐渐进入饱和；此阶段的投资逻辑逐渐明朗，因为行业竞争状况和行业成长空间从模糊走向透明，各家公司的投入产出效率、市场扩张能力、议价能力等已经能够进行横向对比，行业龙头基本能够识别。由于看到了一定的确定性，此时投资者的信心开始膨胀，可能通过对标一些成熟企业的标的对发展中的企业进行估值，比如当前的A股科技公司，尽管很多企业仍在研发投入阶段，但随着技术不断突破，大家将联想到20世纪90年代的美国科技股浪潮，认为当前的国产高科技公司相当于早期的美国科技公司，未来潜力无限大，于是2019—2020年A股科技龙头集体暴涨，N倍股频出，比如芯片龙头之一的北方华创2年内股价上涨4倍。

第三阶段是成熟期：此时市场需求基本趋于饱和，产品利润率不断被压缩，行业竞争加剧，公司利润增速放缓，行业寻求产能出清和结构调整，出现并购和优胜劣汰。消费板块众多领域都到了格局稳定的成熟阶段，龙头明确，比如乳制品行业，行业增长缓慢，三大龙头伊利股份、蒙牛股份、光明乳业地位稳定。

第四阶段是衰退期：此时市场供过于求，许多公司见无利可图便离场，剩下的公司再次扩大市场份额，但行业整体需求触及天花板甚至出现负增长，公司业务可能出现负增长甚至面临亏损。一些技术含量不高的传统制造业目前就处于衰退期，如钢铁、煤炭行业等。

周期型行业投资逻辑

对于价值投资者而言，由于周期性行业会随着经济周期而波动，因此买卖点相对容易把握，收益的确定性也较高。

我们对于周期性行业的投资应当把握以下要点：

1. 周期型行业的投资应当遵循逆向思维。

在关于股价的定价公式中，有一个是：价格=每股净收益×市盈率

平常我们选股时通常会基于企业的盈利水平来做估值。企业越能赚钱，或者能赚钱的预期越明确，投资者就越敢给估值——这也就是"盈利推动估值"。这个逻辑之下，投资者应该选择低市盈率的票，市盈率低代表公司的未来潜在回报率高于当前的股价水平。

可是周期股的选股原则恰恰相反，通常选择高估值（高市盈率或市净率）时买入，低估值时卖出，因为低估值意味着行业景气度到达了高点，接下去行业将会进入下行周期。

2. 周期性行业的重要参考指标之一是市净率，而非市盈率。

市净率是公司市值与公司净资产的比值，周期性行业的企业通常具有重资产的特点，因此我们考察周期股的市净率比市盈率更科学。在行业萧条期通常股价跌幅会达到60%甚至80%以上，市净率会跌至0.5倍PB—1倍PB之间，这就恰好提供了一个安全的买入空间。

3. 从投资时长看，周期股的波动规律通常表现为大波段、大周期，一个轮动周期短则1—2年，长则3—5年，因此对于周期股，我们没法像投资成长股一样持有10年不动，也无须像题材股一样频繁换股。

本章我们将以轻工制造（造纸业）、农林牧渔（生猪养殖业）、大金融三个行业板块为例，具体分析周期行业的发展和投资逻辑。

轻工制造：把握经济拐点

造纸行业的平均利润取决于林、浆、纸三个环节的供求关系和价格。短期内某个行业产生超额利润的途径有两条：一是所处行业的供求关系改善；二是产业链延伸。（表3-2）

表3-2 林、浆、纸三大环节供求关系的影响因素

造纸环节	具体产品	影响供求关系及价格的因素
林	木材	供给：林业资源、林业相关政策
		需求：制浆造纸业、建筑业、家具业
浆	木浆	供给：国内外浆厂生产情况、汇率因素
		需求：全球造纸厂开工情况
	废纸浆	供给：国内外纸张消费量和国内废纸回收体系、汇率因素
		需求：全球造纸厂开工情况，新闻纸、箱板纸的需求情况
	草浆	供给：相对稳定
		需求：环保政策限制草浆使用
纸	普通纸	供给：增量、新增产能存量、环保要求关闭落后产能
		需求：经济情况、消费出口
	文化纸	双胶纸：与文化产业需求相关
		新闻纸、铜版纸：与广告需求相关，与汽车、房地产行业可能产生联动
	包装纸	白卡纸、白板纸：与内需相关
		箱板纸、瓦楞纸：与出口关系密切，受电商需求驱动

纸业的两大主要原材料是木浆和废纸，因此纸业成本与这两大原材料的价格息息相关：木浆属于国际定价商品，但同时它的价格走势与国内需求关系密切；废纸价格主要与行业供需和限废政策的落实情况相关。

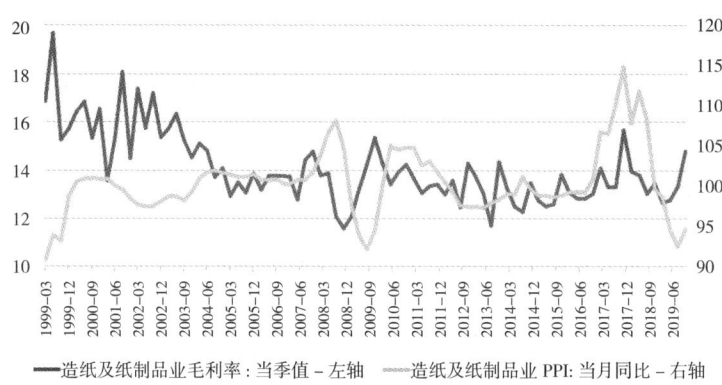

图3-3 造纸PPI影响行业毛利率

数据来源：Wind

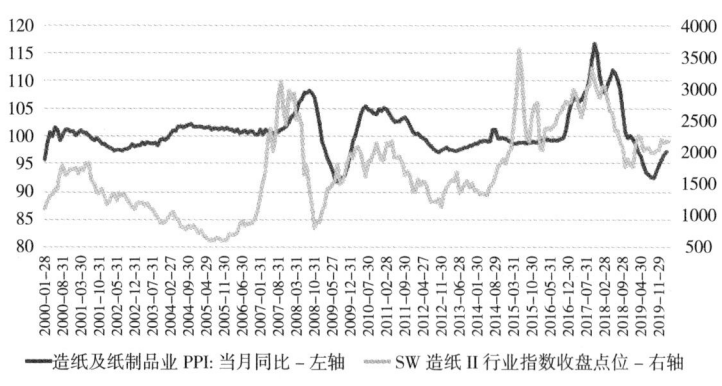

图3-4 造纸板块股价走势与PPI密切相关

数据来源：Wind

复盘造纸行业的历史表现（图3-3、3-4），可以得出以下结论：造纸行业的毛利率与PPI呈正相关，意味着涨价周期将带动造纸行业毛利率提升；造纸板块股价走势与PPI也呈正相关，但股价上涨或下降都先于价格3-6个月表现，意味着资本市场会在纸业涨价周期的前1-2个季度先行埋伏。从图3-4看，造纸行业PPI从2019年7月触底后开始进入上行阶段，但资本早在2019年初就已经入场。

1. 从库存周期看纸业发展规律

图3-5　造纸业库存周期及原材料价格走势

数据来源：Wind，国家统计局，中国造纸年鉴

从最近一期造纸业库存周期来看（图3-5），可分为四个阶段，分别为被动去库存、主动补库存、被动补库存、主动去库存。四个阶段的纸业产成品存货及原材料价格的波动关系如下：

（1）被动去库存（2016年5月—2016年11月，6个月）：原材料纸浆价格稳定，但产成品库存下降，且负增长幅度在不断扩大，纸企在被动去库存阶段吨盈利逐渐回暖。

（2）主动补库存（2016年11月—2017年10月，11个月）：2016年11月开始纸业触底回升，产成品库存同比由负增长转为正增长，原材料纸浆价格上涨，反

映出需求在稳定增加,纸业盈利水平随原材料和产成品价格浮动而变动;

(3)被动补库存(2017年10月—2018年10月,12个月):原材料价格基本稳定中略带下降趋势,纸企盈利下降,产成品存货同比增速先回落后上涨至该轮周期内的最高点。

(4)主动去库存(2018年10月—2019年11月,13个月):原材料价格不断走低,同期纸价也开始下行,产成品存货增速大幅放缓,且负增长达到本轮周期中的最大值,在逐步去库存的过程中,企业吨盈利下行后逐步企稳。

2. 造纸业供给侧:投资增速下滑,供给收缩,价格的向上弹性增强

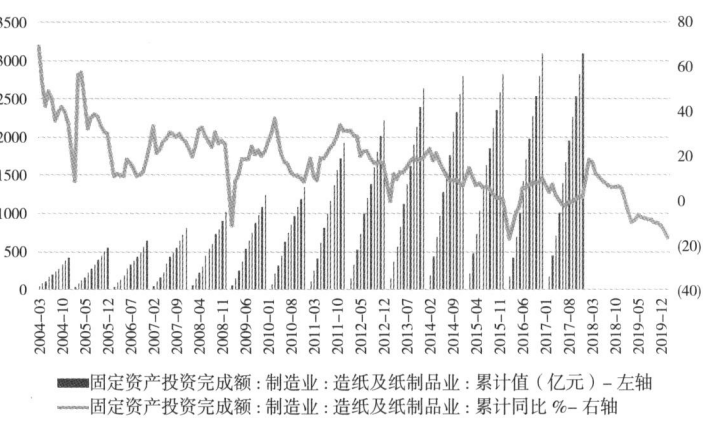

图3-6 造纸行业固定资产投资完成额及增速

数据来源:Wind

从供给角度看(图3-6),2016年2月造纸行业固定资产投资完成额同比在2009年后首次出现负增长,2019年2月—2020年2月连续12个月负增长,目前处于造纸行业周期下行过程的产能收缩阶段,随着产能收缩,价格向上的弹性将显著增加。

3. 造纸业细分领域的供给情况：文化纸优于包装纸

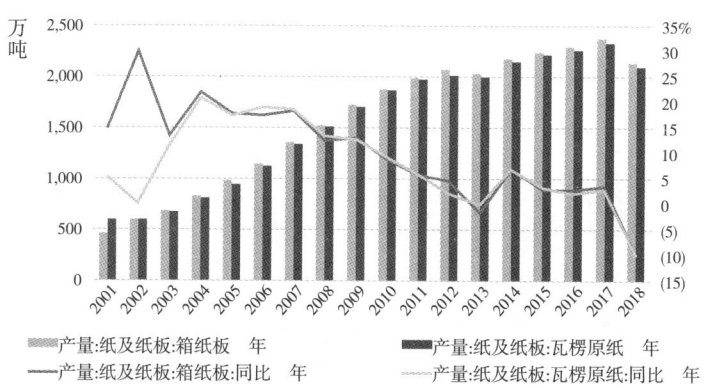

图3-7　包装纸（箱板纸、瓦楞原纸）年产量及同比增速

数据来源：Wind

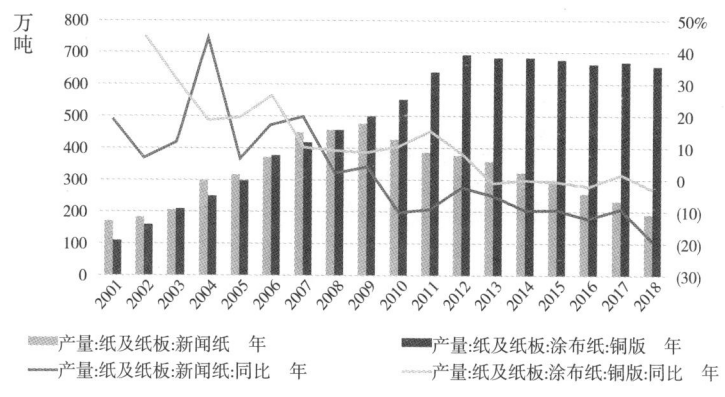

图3-8　文化纸（新闻纸、铜版纸）年产量及同比增速

数据来源：Wind

从造纸行业的细分领域来看，近年来包装纸和文化纸的产量同比增速均有所下滑（图3-7、3-8）。从总产量来看，包装纸产量下降幅度较小，而文化纸中的新闻纸产量下滑较快。这主要是由于前几年汽车和房地产行业的广告投放减少。

但随着经济回暖，汽车和房地产的广告需求将逐渐恢复，带动文化纸产业需求，而前些年的产能出清或将使得现有生产商订单紧俏。

4. 文化纸行业集中度更高，包装纸有望产业升级

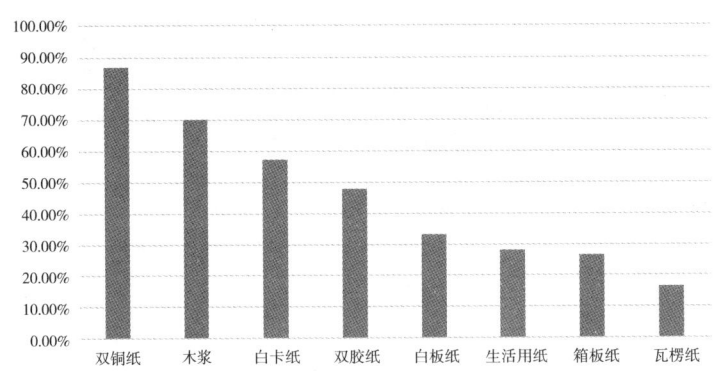

图3-9　2018年各种纸行业CR4（行业前四企业集中度）

数据来源：Wind

从纸业各细分领域的前四大品牌市场份额看，各子行业的集中度差别较大，其中以双铜纸为代表的文化纸集中度较高，主要由于新增产能投放较少，头部企业可以坐享较为稳定的市场份额；包装纸如箱板纸、瓦楞纸等市场格局较为分散，但考虑在限制进口废纸政策下，龙头企业有望依靠海外市场和国内原料成本优势挤压行业内中小企业的市场份额，产业格局有望逐步改善。

5. 全球经济低迷会放大对纸业需求的负面影响

从需求端看，我国造纸行业的消费需求与中国宏观经济的增长的相关度不高，但纸业的消费需求会受到国际局势的负面影响显著下降。2018年，全球经济下行，国内纸及纸板的消费量同比增速下滑约4%[①]。为什么纸业需求与国际经济

---

① 资料来源：中国造纸业协会

关联度高呢？首先我们要知道一个进出口的公式：产量+进口量=国内消费量+出口量，按此公式所反映的经济规律来看，在全球经济下行时，进出口量和产量均会减少，消费量自然也会下降。

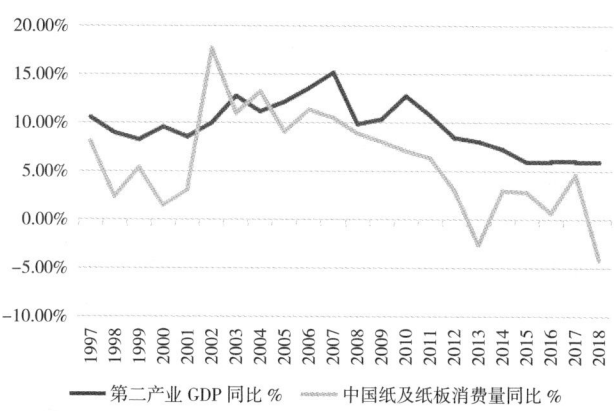

图3-10 中国造纸行业消费量与第二产业GDP同比增速

数据来源：Wind

1997年—2018年，我国造纸行业消费量同比增速与第二产业GDP同比增速呈现较为明显的正相关。（图3-10）

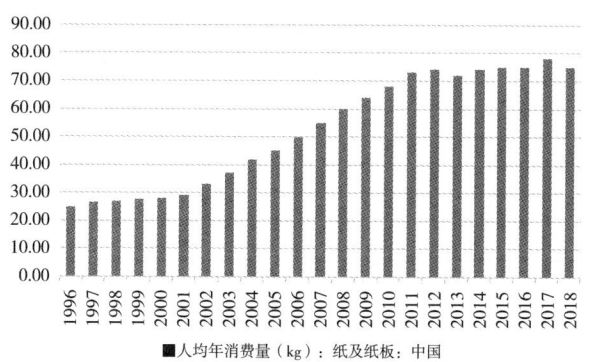

图3-11 我国历年纸及纸板人均消费量

数据来源：Wind

随着经济的发展，电商物流体系的健全以及卫生清洁需求的提升，我国纸及纸板的年人均消费量也在逐年增加。21世纪初，互联网的普及率迅速提升，我国人均用纸量在2001—2010年间的年均复合增速也高达9.67%。（图3-11）

1. 农林牧渔：周期性与防御性并存

股市中有一些板块经常会有节点性布局机会。比如每年1月—2月份，农林牧渔板块就常出现一轮行情。而一些黑天鹅事件却常常成为刺激农牧行业成长的催化剂。2019年受非洲猪瘟的影响，猪肉股的行业景气度整整持续了一年。2020年，农牧板块在新冠疫情的影响下体现出强大的防御性，在各大板块飘绿的市场中一枝独秀。这体现了农牧板块背后的投资逻辑：供求和量价。因为农牧业的减产会使供给趋紧、价格抬升，并使市场份额进一步向行业龙头集中。以2018年非洲猪瘟疫情为切入点，我们来谈谈生猪养殖板块的成长逻辑。

生猪养殖：风口上的猪能飞多久？

（1）猪肉价格的周期性波动

生猪是典型的周期型行业，猪价约4年一轮周期性波动，进而引起行业利润的起伏。价格波动的根源是供求关系的变化。从需求端看，我国的猪肉消费量相对稳定，2013—2017年人均每年消费猪肉约20公斤，因此猪肉价格的变化主要来源于供给端的不稳定，传染疾病、上游饲料价格变化、环保限产政策等都会导致猪肉供给的波动。

回顾过去14年（2006年—2019年），我国经历了四轮猪周期，每轮猪周期都有相似性，起点都是从猪瘟疫情开始的，下面我们来复盘四轮猪周期（图3-12）：

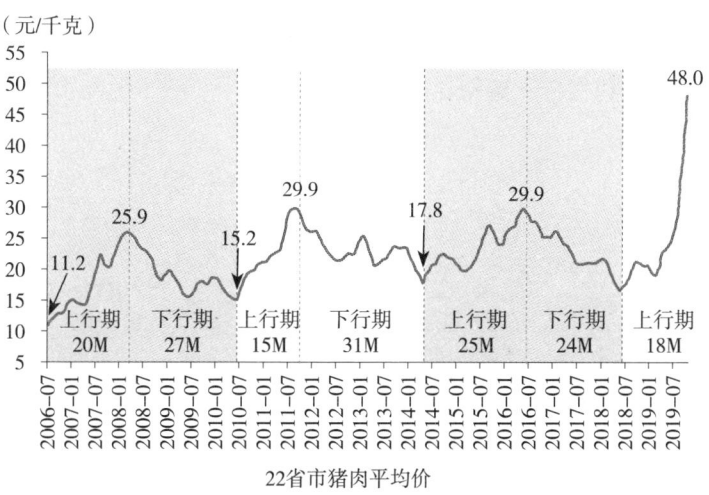

图3-12　2006-2019猪肉价格周期性波动

数据来源：Wind，招商银行

第一轮猪周期（2006年7月—2010年5月，历时47个月）：2006年上半年，蓝耳病暴发，养殖场的恐慌性出栏导致供给激增，猪价下跌，瘟疫后猪肉供不应求导致2006年7月开始猪价快速上涨。

第二轮猪周期（2010年5月—2014年4月，历时46个月）：承接上一轮猪周期后期供过于求的价格下跌，猪养殖业逐渐进入亏损期，叠加2010年3季度猪瘟爆发，导致猪肉供给减少、猪价上行。

第三轮猪周期（2014年4月—2018年5月，历时49个月）：2014年初，流行性腹泻病毒疫情的扩散对我国生猪养殖造成部分冲击，同时环保政策开始逐步落地，导致猪肉产能下滑，第三轮猪周期开启。

第四轮猪周期（2018年5月至今）：2018年上半年，非洲猪瘟来袭，叠加前期环保限养政策下养殖场数量锐减，猪肉供不应求，推动第四轮猪周期。前三轮猪价的上涨周期不超过25个月，但由于第四轮周期非瘟疫情的严重性，叠加当前生猪和能繁母猪存栏量仍处于历史低位，预计本轮猪价上行周期将显著长于以往。

2. 养殖户盈利指标：猪粮比价

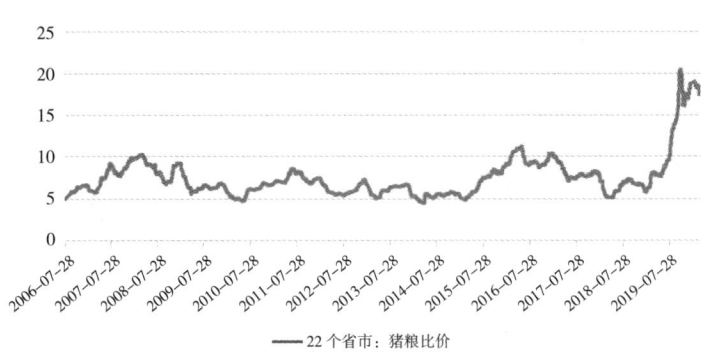

图3-13　中国22省市猪粮比价

数据来源：Wind

猪粮比价是衡量猪周期的关键指标之一，对于养殖户而言，猪肉价格是养猪的收入，粮食或玉米价格代表养猪成本，当猪粮比价越高，表示市场上的供给缺口越大。一般我们认为养猪的盈亏平衡猪粮比为5.5-5.8，当该比例高于8.5时，发改委会发布预警信息，当猪粮比价连续高于9.5时，发改委会发布红色预警信息，并且提交储备猪肉投放计划。2019年7月以来我国猪粮比持续高于9.5，在2019年11月达到20.39的历史新高，显示国内的猪肉供给缺口相当大（图3-13）。当猪肉供给逐渐充足时，猪粮比才会慢慢降下来。

3. 猪肉价格的领先指标：能繁母猪存栏量

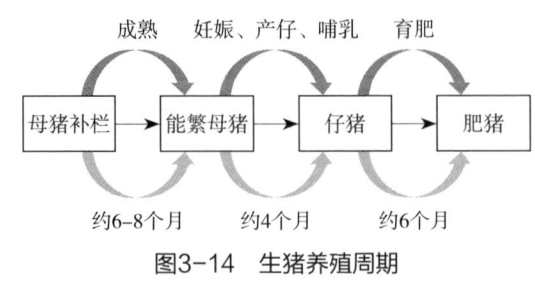

图3-14　生猪养殖周期

资料来源：招商银行

猪肉供应链遵循"能繁母猪→生猪存栏→生猪出栏→猪肉供给"的逻辑顺序（图3-14），因此能繁母猪存栏量是猪周期的先行指标，领先猪肉价格和生猪出栏量约1年，领先生猪存栏量约2个季度。数据显示，能繁母猪存栏量和生猪存栏量均与猪肉价格呈负相关关系。（图3-15）

图3-15 能繁母猪存栏、生猪存栏与猪肉价格的关系

数据来源：Wind，农业农村部

结合四轮猪周期，我们可以看到本轮周期中能繁母猪和生猪存栏数量的下滑数量远远高于前三轮。（表3-3）

表3-3 四轮猪周期中生猪与能繁母猪的存栏量变化

	第一轮（47个月）		第二轮（46个月）		第三轮（49个月）		第四轮
	上行期	下行期	上行期	下行期	上行期	下行期	上行期
生猪存栏（万头）	-	-2594	3488	4306	-5629	-4226	-13807
同比变化（%）	-	-5.6	8	-9.1	-13.1	-11.4	-41.8
能繁母猪（万头）	-	-284	165	-159	-915	-486	-1372
同比变化（%）	-	-5.7	3.5	-3.3	-19.5	-12.9	-41.8

注：根据国家统计局口径，生猪存栏量包含能繁母猪存栏量

4. 优选龙头企业：穿越猪周期，持续高增长

尽管生猪养殖有轮动周期，但无论在猪周期的高点还是低点，龙头企业如温氏和牧原始终能持续获得超额利润，并且由于每一次疫情都会提高行业生物防控壁垒，在每一轮调整后中小养殖户都会因成本压力而陆续退出，龙头企业的市场份额顺势增加，从中长期来，龙头企业具备穿越猪周期的潜力，能持续保持高成长，发展规模化养殖是农业现代化的主基调。根据2019年9月出台的《关于稳定生猪生产促进转型升级的意见》，2022年我国生猪养殖规模化率要达到58%左右，2025年要达到65%以上。（图3-16）

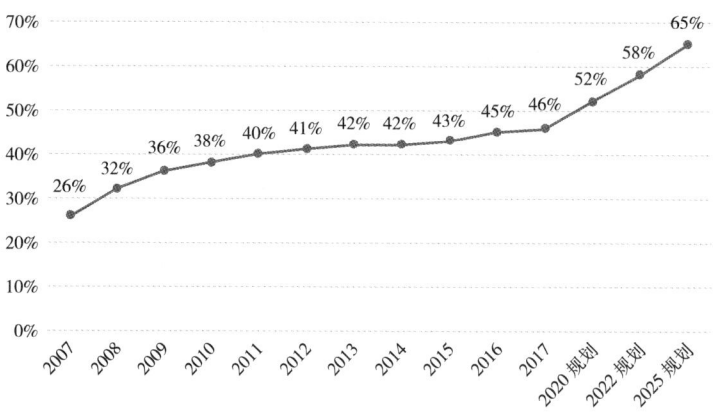

图3-16 我国生猪养殖规模化（500头以上出栏）占比及规划目标

数据来源：农村农业部

下面我们将从养殖成本、持续扩张能力、产业链协同和上下游扩张能力三个维度选出生猪养殖优质企业。（图3-17）

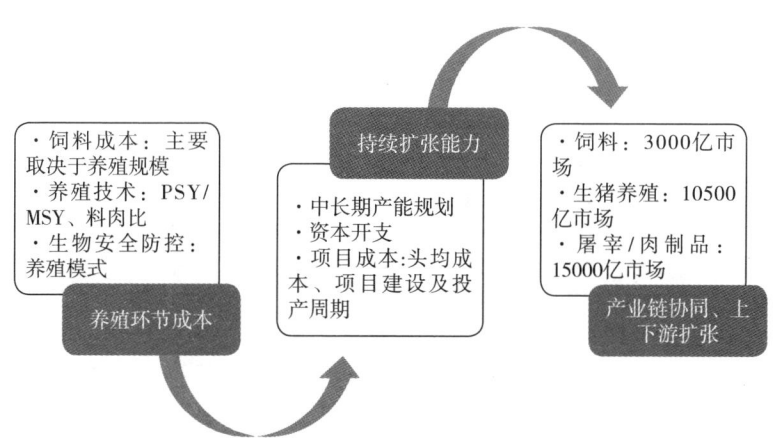

图3-17 生猪养殖龙头企业优选分析框架

注：1) PSY：每头母猪每年所能提供的断奶仔猪头数，PSY = 母猪年产胎次 × 母猪平均窝产活仔数 × 哺乳仔猪成活率。2) MSY：每年每头母猪出栏肥猪头数，MSY = PSY × 育肥猪成活率

生猪养殖成本

生猪养殖成本是决定企业盈利水平的关键要素。养殖成本取决于饲料成本、养殖技术和生物安全防控能力三方面。

生猪养殖成本的构成大致是60%饲料成本，15%人工成本，11%防疫及能耗土地成本，剩余14%左右是固定资产折旧、生物资产折旧、期间费用等。饲料和人工成本是成本的主要构成部分。牧原股份和温氏股份两大龙头企业分别是自繁自养模式和"公司+农户代养"模式的代表，牧原股份的头均饲料、人工成本分别比温氏股份的低100元、250—300元。由于代养成本会随猪价上涨而提高，自繁自养模式比"公司+农户代养"模式更具集约化优势。

另外，繁育技术指标PSY对养殖成本影响显著，PSY每增加1头，对应仔猪成本降低10—20元，对应到最终商品肥猪的养殖成本每公斤降低0.09—0.2元。

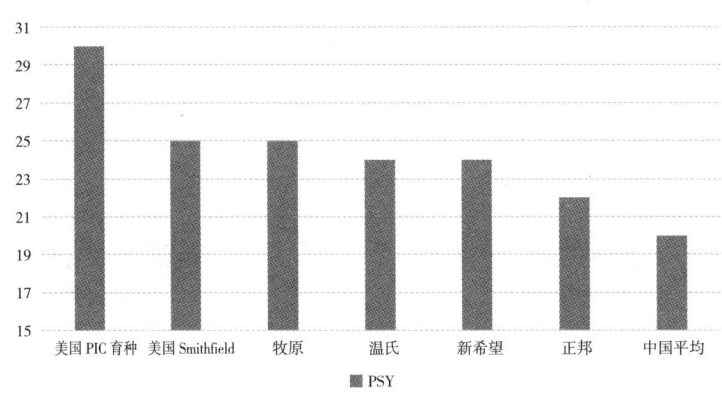

图3-18 主要生猪养殖企业PSY对比

数据来源：招商证券

全国母猪的PSY接近20，而龙头公司的PSY明显高于全国平均，部分头部企业已经达到或接近国际先进育种水平（图3-18）。牧原、温氏、新希望等大型生猪养殖企业的PSY已经达到24—25头。考虑非洲猪瘟的影响，头部企业当前PSY估计有所下降，在22头左右。

持续扩张能力和融资能力

龙头企业要扩大市场份额，就要持续扩张产能，这意味着需要匹配相应的资金。在非洲猪瘟后，国内各大生猪养殖企业纷纷提出3—5年的扩张计划，其中新希望的目标复合增速最高，达63%。（表3-4）

表3-4 主要生猪养殖企业的中长期出栏目标（万头）

	2018年出栏量	出栏目标	规划年份	未来复合增速
温氏股份	2230	7000	2027年	18%
牧原股份	1101	2500	2022年	35%

（续表）

	2018年出栏量	出栏目标	规划年份	未来复合增速
正邦科技	554	3000	—	—
正大集团（A股未上市）	280	2000	2022—2023年	61%
中粮肉食（港股）	255	1000	2022—2023年	50%
新希望	255	2500	2022—2023年	63%
合计	4675	18000		39%
市占率合计	6.7%	25.7%		

数据来源：上述公司公告

产能的扩张一部分依赖内部经营形成的现金流，一部分靠外部融资，从内部现金流看，头部企业的现金流均较充足。从现金流来源看，牧原和正邦较多依靠外部融资，几乎隔年就进行一次定增；新希望的融资也在稳步增长，而温氏则几乎不通过外部融资，基本靠内部自有资金进行扩张。（图3-19）

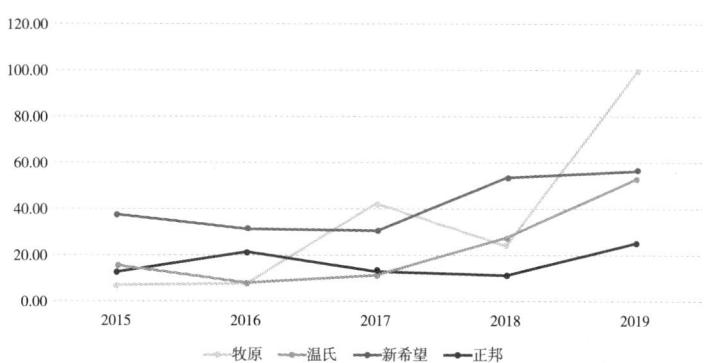

图3-19　生猪养殖企业期末现金及现金等价物余额（亿元）

数据来源：各家公司历年财报

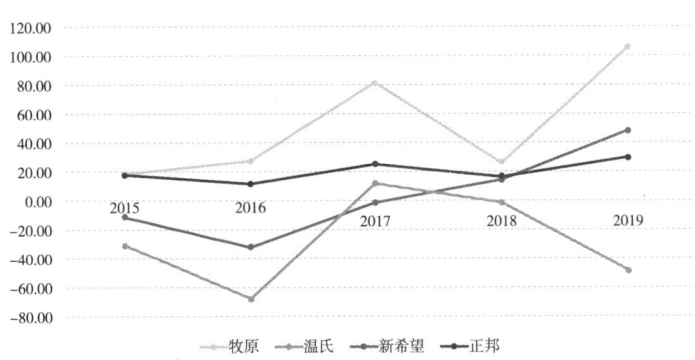

图3-20 生猪养殖企业筹资活动净现金流
数据来源:各家公司历年财报

企业融资方式主要有股权融资、债权融资、股权质押和银行授信(贷款),从股权质押和授信额度来看,温氏和新希望没有股权质押,发生爆雷的概率很小。

表3-5 截至2020年1月6日生猪养殖企业的银行授信和股权质押情况(亿元)

	温氏股份	牧原股份	新希望	正邦科技
银行授信(亿元)	174	131	488	136
大股东及一致行动人股权质押比例(占总股本比例、占自持比例)	无	18%、30.76%	无	18.11%、44.23%

资料来源:Wind,招商证券

产业链协同及上下游延伸

除了业务的横向扩张,公司向上下游产业链协同和上下游延伸也是影响企业盈利能力的要素。目前,正邦、新希望的主营业务是上游饲料业务,双汇、中粮肉食的主营是下游屠宰和肉制品业务,这两大环节的利润率都很薄,且产能相对过剩,因此上下游企业都有向中游养殖环节的扩展倾向。相对而言,饲料企业切入养殖环节具有协同优势，一是饲料养殖一体化能够控制上游成本，二是饲料企业对种猪各个生长阶段的配方饲料都有技术优势。因此新希望、正邦通过切入养殖领域，毫无疑问能带来新的业务增长。

2. 大金融：流动性的源头

公司要发展就要融资、要贷款，需要银行，居民打理储蓄，存款、投资、理财也需要银行，银行在有多余资金的一方和需要资金的一方起着不可替代的连接作用，同时就支撑起了货币的流动性。银行是世界上成本最低、也最安全的流动性维持者。银行业的发展几乎与经济的总产出保持同步增长，一旦出现经济危机，银行就可能出现挤兑风险。如果说大金融板块是A股的"镇市之宝"，那么银行业就是大金融板块的定海神针。

从行业市值分布来看，银行股占了A股总市值的12%，而从公司数量看，A股总共有3800多家上市公司，银行仅36家，可见银行股都是庞然大物。在A股前十大市值的公司中，有5家是银行。（表3-6）

表3-6　A股前十大市值公司

序号	代码	公司名称	总市值（亿元）
1	601398.SH	中国工商银行	18,568.7660
2	601939.SH	中国建设银行	16,175.7102
3	600519.SH	贵州茅台	13,510.4073
4	601318.SH	中国平安	12,744.9843
5	601288.SH	中国农业银行	11,864.4248
6	601988.SH	中国银行	10,362.4503
7	601857.SH	中国石油	8,675.1943
8	600036.SH	招商银行	8,251.9335

（续表）

序号	代码	公司名称	总市值（亿元）
9	601628.SH	中国人寿	7,583.4204
10	600028.SH	中国石化	5,436.0973

数据来源：Wind，按2020年3月30日数据统计

银行是怎么赚钱的？

要知道银行股的投资逻辑，首先要了解银行的盈利模式。银行的赚钱途径通常分为两种：一是通过利息差获得净利息收入，二是从其他收费业务中获得非利息收入。

什么是净利息收入？举个例子，小王在银行存了1万块钱，存款的年化收益率是3.5%，银行再按照6%的贷款利率将这1万块钱贷给需要的人，那么银行就赚了2.5%（6%-3.5%）的差价，这就是净利息收入。当然，银行的利息收入成分很复杂。最核心的是放贷及垫款收入，其中又主要分为个人业务和公司业务。行业中，四大行的对公业务占比更大，而招行、浦发这类银行的对私业务占比更大。除了信贷业务外，同业拆借、债券投资等也是重要的利息收入来源。

那非利息收入又包括哪些呢？主要有托管业务、信用卡银行卡业务、担保业务、代理委托业务等——这类业务主要以手续费或者佣金的形式获利。

总的来说，银行作为现代商业社会的"血管"，不论是利息收入还是非利息收入，都与商业环境的兴衰息息相关。

宏观经济和政策是如何影响银行的？

通常而言，当经济发展处于增长阶段时，投资的机会增多，对可贷资金的需求增大，此时政府就会实施相对紧缩的货币政策，相应地，存贷利率都会上升；

反之，当经济发展低迷，社会处于萧条时期时，投资意愿减少，政府就要降低存贷款利率，让市场上的钱流通起来。当政府实施宽松的货币政策，比如降低存款准备金率，对银行来说是好事。存款准备金率，是指金融机构为保证客户提取存款和资金清算需要而准备的在中央银行的存款。如果存款准备金率为10%，就意味着金融机构每吸收100万元存款，要向央行缴存10万元的存款准备金，用于发放贷款的资金为90万元；倘若将存款准备金率降低到8%，那么金融机构的可贷资金将增加到92万元。所以，降准是实施宽松货币政策的信号，对银行来说能够提高放款额度，从而赚取更多净利息收入，同时社会的货币量也相应增加，从而促进市场的流通性。

投资银行股应该参考哪些指标？

1. 资本充足率

资本充足率是指银行自身资本和加权风险资产的比率，衡量一家银行是否有足够的资本偿还负债，主要参考的比率有资本对存款的比率、资本对负债的比率、资本对总资产的比率、资本对风险资产的比率等。我们通常可以在银行的年报、季报中找到这些相关的具体指标。

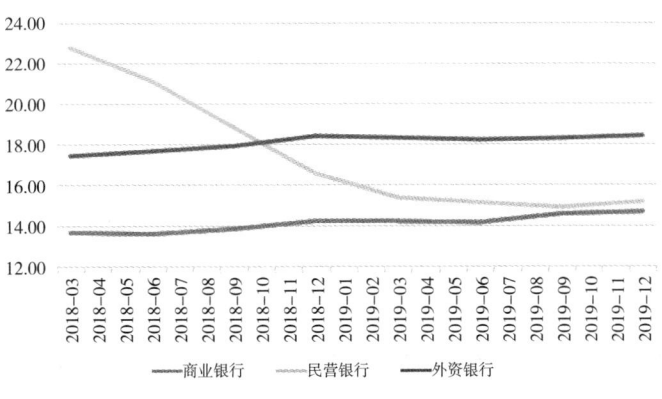

图3-21 近两年国内各类型银行的资本充足率（%）

从2018年到2019年的数据来看（图3-21），商业银行的资本充足率最低，但有稳步上升的趋势；民营银行的资本充足率在2018年末迅速下降，外资银行资本充足率小幅上升。

2. 盈利能力

衡量银行盈利能力最基础的两个指标，一是净资产收益率（ROE），二是资产收益率（ROA）。盈利能力强的银行净资产收益率通常能持续保持15%以上的，仅仅一年的ROE超过15%是没有意义的，因为银行可以通过延迟计提坏账准备金或者利用杠杆提高短期的盈利水平，粉饰当年报表。而银行的资产收益率高于1%最佳，但目前国内银行ROA能达到1%以上的并不多，以已公布的2019年年报为准，ROA大于1的银行包括招商银行、建设银行和工商银行等。

3. 良好的业务结构和稳健增长

衡量一家银行的业务增长是否良性不仅要看增长率，还要看具体的业务构成变化。如果营收增长过快，就要看看银行是否盲目扩张了一些高风险的业务，比如信用卡贷款业务量的增加，这类业务虽然比抵押贷款的利息率更高，但是坏账风险也高得多。

4. 风险指标

除了强大的经营创收能力和盈利能力，衡量银行经营质量不可忽略的指标之一就是风险。银行通常面对**信用风险**、**流动性风险**、**利率风险**三大风险。

一旦涉及贷款业务，就不可避免地会产生信用风险，也就是说银行借出去的钱可能收不回来。我们可以通过坏账率、不良贷款率和逾期还款率三大指标衡量银行的信用风险。坏账是指银行贷出去但是拿不回来的钱，具体有两种情况：一是因债务人逾期超过三年；二是因债务人破产或者死亡，以其破产财产或遗产清偿后仍然不能收回应收账款。坏账率可以作为衡量银行过去收款能力的指标，通常在经济低迷的时候,银行坏账率也会迅速上升,但最好不要高于贷款总额的1%。不良贷款包括逾期贷款、呆滞贷款和呆账贷款,不良贷款通常预示着银行将要发生风险损失。不良贷款率和逾期还款率可以作为衡量银行未来可能发生坏账的指标。

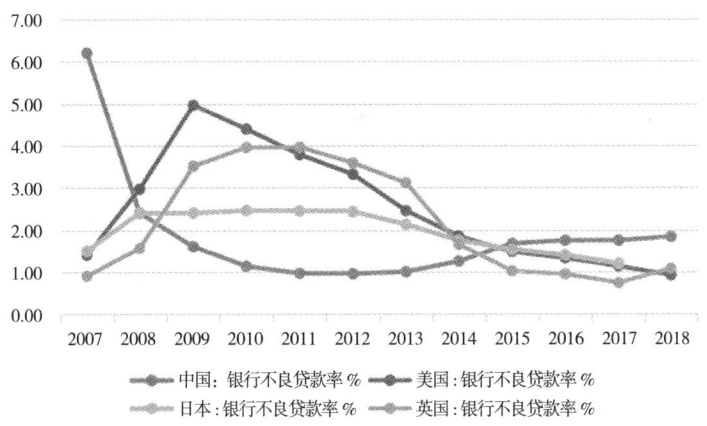

图3-22　2007—2018年中国与其他发达国家不良贷款率对比

数据来源:Wind

从2007—2018年的数据来看,中国的不良贷款率在2008—2013年间迅速下降并且远低于日美英三国同期水平,但2014年以后不良贷款率持续提高且始终维持在1%以上,这和银行业务的持续增长以及信贷门槛的放宽有关。(图3-22)

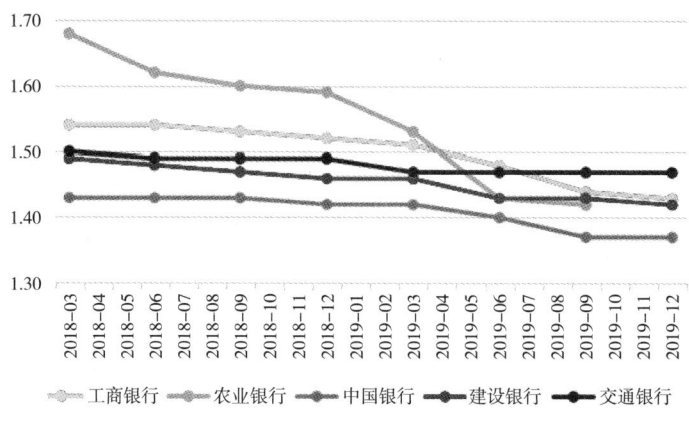

图3-23 中国国有五大行不良贷款率（%）
数据来源：Wind

从2018年和2019年两年数据来看，国有五大行的不良贷款率都在呈下降趋势，其中农业银行下降最多。总体来看，中国银行的不良贷款率始终维持在五大行中的最低水平，意味着未来产生坏账的概率较低。（图3-23）

银行的流动性风险来自两方面：一是资产的流动性，二是负债的流动性。资产的流动性是指银行资产（即贷款）在不发生坏账的情况下迅速变现的能力；负债的流动性是指银行以较低的成本取得他人存款的能力。当存款人想提前取回存款但银行放出去的贷款又没到期，如果银行自己账上的钱不足以支付这些想要提前取回的存款，银行就会出现流动性风险。为什么我们需要持续关注银行低利率的存款水平？因为它是银行保持流动性的关键。

利率风险一是来自国家的利率政策发生变动，导致净利息收入减少；二是银行的存款和贷款的周期不同，导致利差风险。

5. **市净率**

衡量银行股票价值最好的指标是账面价值，也就是财务报告上所展示的价值。目前A股中的银行股市净率没有超过2倍的，超过1倍的都不多，如果我们能以0.7倍甚至更低的市净率买入银行股，相对来说是一个比较安全的价格，但打折的股票一定是有原因的，我们还要进一步衡量背后的风险。

全A股市场上共有36只银行股，如果我们将上述指标一一列出排排序，基本也就能将高质量的银行股挑出来。

消费型行业投资逻辑

消费品行业是离我们最近的行业，因此也是我们最容易理解的行业。从我们日常喝的可口可乐、伊利牛奶，到穿戴的奢侈品品牌Coach、LV，再到家电中常用的格力空调、海尔冰箱，出行时开的宝马车、奔驰车、特斯拉，都出自消费品公司。从价格和需求属性来看，消费品分为可选消费品和必选消费品，可选消费品通常价格昂贵，但消费者又不是为满足生活的基本需求而购买这些消费品的。比如奢侈品就是典型的可选消费品。因此可选消费品通常具有周期性，在经济低迷时，大家都勒紧了裤腰带过日子，可选消费品的需求就明显下降；而在经济繁荣时，大家口袋里的闲钱多了，自然就会去买点可有可无的东西。而必选消费品比如调味品、牙膏、卫生纸等，这些无论经济好坏，大家都要用。因此必选消费品就成了经济低迷时的投资避风港。本章我们重点讲的就是具有避险属性的必选消费品。

必选消费品行业普遍已经进入成熟阶段，市场竞争格局已经相对稳定，行业龙头也都是一些家喻户晓的品牌，比如乳制品行业的伊利和蒙牛。那么如何判断一家消费品公司是否值得投资呢？

我们认为消费股的关键因素主要有4个：市场需求、品牌、渠道、产能。

首先，市场需求决定行业天花板。对于具体公司而言，在大蛋糕上分一小块比小蛋糕上分一大块容易。比如白酒的市场规模大约有6000亿，调味品市场规模3000亿，肉制品和休闲食品市场规模约2000亿，白酒行业就比肉制品和休闲食品行业更容易出现千亿级别的企业。

其次，品牌决定公司的议价能力。议价能力包括对上下游的议价权和对终端的提价权。品牌是一家公司长期积累的资产，具有不可替代性和不可复制性。市场越是认可一个品牌，这个品牌越是能够将提价权掌握在自己手中，而每一轮的提价都意味着公司利润的增厚；强大的品牌在上下游供应链中也可以保留主动权，比如可以延长对上游供应商的付款周期，要求下游企业尽快支付货款，这样就可以将流动资金更多地集中在自己手中。

再次，渠道建设是市场份额和品牌塑造的关键。想要扩大市场，一定要在全国铺设广泛的销售网络，把商品铺满商超货架，下沉到乡镇小店。一个品牌如果走哪儿都能看到，大家自然就会对这个品牌有印象；而小企业通常没有足够的能力去吸引经销商和铺设渠道。比如，截至2018年年末，贵州茅台和海天味业的全国经销商均超过3000家，这使他们的品牌效应不断增强，市场份额都不断扩展。

最后，产能决定企业有多少货能卖。对于一些需要传统制作工艺的消费品企业而言，一年的产能计划通常都是提前制定好的，因为传统制作工艺通常要经过十多道工序流程，且工艺复杂、周期较长，很难像一些工业企业一样临时增加当年的产能。比如，白酒、酱油的产能都受到传统制作工艺的约束。

戒不掉的白酒：白酒行业投资逻辑

说到消费行业，不得不提的一定是白酒板块。从2004年到2019年，白酒行业经历了长达15年的长期大波段上涨，白酒板块最高涨幅高达74.5倍，无疑是最火爆的投资赛道。为什么白酒行业能够一路凯歌？接下去的十年白酒行业能否继续走牛？想必这些都是投资者十分关心的问题。

白酒行业的分析逻辑可以遵循以下步骤：

第一，复盘白酒行业整体及不同层次品牌的历史轮动规律，找出每一轮行情调整和变化的原因和产生的结果。

第二，量价齐升是白酒行业经久不衰的动力，分析白酒行业的量、价及供求关系变化，包括：提价周期、产能周期、需求驱动力、政策因素、行业大事件等。

第三，结合当前经济环境和消费趋势，分析白酒行业的未来走向。

1. 白酒行业20年历史复盘，下一轮牛市在路上

首先，我们将复盘白酒行业的前三轮牛市，并探究白酒的第四轮牛市是否将持续。

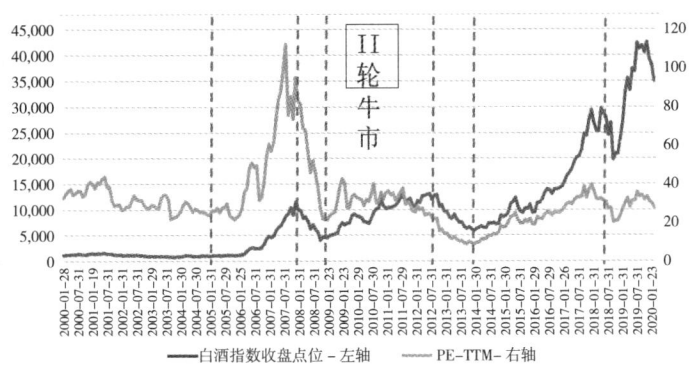

图3-24　申万白酒指数走势及估值变化

数据来源：Wind

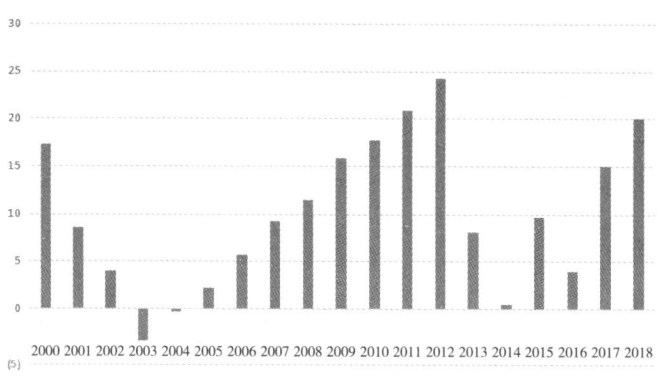

图3-25 申万白酒指数成分股加权平均扣非ROE（%）

数据来源：Wind

2004年以来，茅台经历了三轮牛市，每一轮都和ROE的提升呈正相关（图3-24、3-25）。2004—2019年，白酒的五大龙头企业贵州茅台、古井贡酒、泸州老窖、五粮液、山西汾酒的最大涨幅分别达272倍、152倍、80倍、48倍、47倍。

表3-7 白酒板块历史上的三轮牛市

	板块涨幅	领涨股	收入CAGR[①]	归母净利润CAGR
I轮（2004—2007）	15倍	贵州茅台、泸州老窖	19%	56%
II轮（2009—2012）	3倍	金种子酒、洋河股份	38%	49%
III轮（2014—2019）	4倍	贵州茅台、水井坊、洋河股份	23%	29%

数据来源：Wind，广发证券

下面我们来具体说说白酒行业2001年至2019年的发展历程和穿插其中的四轮牛市。

---

① CAGR：年均复合增速。

2001年—2004年，成功入世为白酒牛市铺路。

2001年中国加入WTO，人口红利迅速释放，宏观经济进入高速发展期；同年，中国实施消费税改革，加征从量税，中低档白酒的盈利空间被大幅挤压，同时也导致一些中低档白酒的中小企业退出市场，高端白酒的市场空间增加。

2004年—2007年，第一轮牛市中茅台反超五粮液站稳高端龙头。

2004—2007年，中国GDP每年增速均在10%以上，固定资产投资、外贸、房地产、股市均进入上升期，在股市楼市双重效应驱动下，白酒消费兴起，受益最大的是高端白酒。

在此期间，白酒板块指数上涨15倍，贵州茅台、泸州老窖领涨，其中贵州茅台业绩翻了5倍，股价上涨近40倍，这也使它超越五粮液成为高端白酒龙头。

2008年，受金融危机影响，遭遇"戴维斯双杀"[①]，白酒第一轮牛市终结。

2008年，全球金融危机导致中国经济也遭受重创。2008年1季度中国经济增速开始放缓，2008年1季度，高端白酒需求迅速萎缩，2008年下半年，前两年暴涨的白酒板块估值业绩双降，遭遇"戴维斯双杀"，估值泡沫破裂，第一轮白酒牛市终结。外围的黑天鹅事件对白酒板块而言亦非有害无利，这一阶段白酒板块的估值从百倍下跌至23.46倍，估值重回理性。

2009年—2012上半年，第二轮牛市，4万亿计划驱动，地产酒、次高端酒领涨。

2008年底，政府为应对经济增速回落，积极推出4万亿计划以扩大内需，促进经济平稳增长。当时的投资主要集中在以政府主导的基建项目上，投资活动促进了消费的繁荣。在此期间，茅台批价从2009年初的540元上升至2012年初的1900元左右，高端酒价格的上涨给次高端酒打开了需求空间。

---

① 戴维斯双杀，指企业盈利和估值同时下降，导致股价大幅下挫。

该轮牛市白酒板块上涨3倍，业绩的高增长也逐渐消化了股价的上涨，白酒板块的扣非ROE从2008年的11.51%上升至2012年的24.25%。从细分领域来看，地产酒和次高端酒领涨。以金种子酒、古井贡酒为代表的地产酒上涨17—19倍，主要由于量价企业大力改革出现困境反转，2009年—2012年金种子酒、古井贡酒业绩分别上涨23倍、20倍；次高端酒中的酒鬼酒、山西汾酒上涨10—14倍，2009年11月上市的洋河股份上涨3倍多。

2012年—2013年，廉政八项规定发布，高端消费大幅缩减。

2012年下半年开始，在"八项规定"的影响下，白酒板块出现急跌，直至2013年年末才企稳，是历时最长的一次下跌，跌幅51.74%。同期，白酒上市公司的净利润增速转负，估值和业绩双杀。

2014年—2019年，第三轮牛市，民间消费崛起，高端酒、次高端酒齐升。

2013年底，众多白酒股已跌至10倍以下，2014年—2015年白酒股迎来估值修复，PE（TTM）上涨2倍，2016年—2018年白酒股迎来业绩和估值"戴维斯双击"[①]。2014—2019年，白酒指数上涨4倍，茅台涨幅最高达10倍、五粮液8倍、古井贡酒6倍，高端和次高端双双受益。

2019年至今，受消费升级驱动，第四轮牛市有望持续3—5年。

2018年4季度开始宏观政策由去杠杆转为稳杠杆，一系列的减税降费措施也使得企业信心恢复，消费预期好转，同时消费升级趋势在延续，消费对GDP增速的贡献率不断提升，2019年再次上演戴维斯双击行情。

从整体行情来看，白酒板块的抗跌性显著，"熊短牛长"。2000年—2019年期间仅经历了3次短暂回调，分别是2008年、2012年—2013年、2018年。每次下调周期仅一年至一年半时间，而每轮牛市的持续时间在3—5年。

---

① 戴维斯双击与戴维斯双杀正好相反，指的是企业业绩和估值同时提升，带动股价大幅上涨。

通过复盘，我们预计本轮牛市将持续至2023年甚至更久，未来高端酒龙头仍然成长空间最大，预计未来三大龙头的合理估值都将恢复至25倍—30倍。

2. **不同层次白酒的成长逻辑和未来格局**

表3-8 白酒行业格局分布及代表品牌

品牌层级	代表品牌	总市值（亿元）	2019Q3 毛利率（%）	2019Q3ROE（%）	2019Q3PE（TTM）
高档白酒	贵州茅台	12801	90.21	25.58	31.28
	五粮液	4057	69.27	22.91	24.69
	泸州老窖（国窖1573）	976	78.5	21.69	21.54
次高端/中端	洋河股份	1219	67.32	23.85	16.61
	山西汾酒	706	62.83	25.62	34.87
	今世缘	314	66.88	20.26	22.16
	水井坊	191	79.15	33.72	25.23
中低端	顺鑫农业	392	27.1	10.06	44.97

数据来源：Wind，按2020年3月23日收盘数据统计

实际上，白酒行业中有许多细分赛道，每个细分领域的行业周期和投资逻辑都极为不同。下面我们将对白酒行业不同层次品牌的特点进行梳理：

高端白酒是白酒中的最优赛道：（1）高端白酒兼具消费和投资收藏属性，且品牌也给了企业足够的议价能力，因此可坐享量价齐升；（2）高端白酒目前行业格局稳定，贵州茅台、五粮液、泸州老窖三足鼎立形成寡头垄断，形成稳固的护城河；（3）在消费升级的背景下，高端白酒将继续享受市场需求下沉和提价红利，但在经济增速下行周期，可能呈现量缓增价不增的局面。

次高端白酒的护城河比较脆弱，整体行业格局变数多：（1）次高端白酒的

品牌众多，竞争激烈，核心竞争力在于"渠道"和"品牌"，一些地方性品牌随时可通过扩展经销渠道迅速崛起，抢占全国市场；（2）一些次高端白酒的价格带与高端品牌的中端产品价格带有重合，容易被高端白酒挤占市场份额，但同时由于高端白酒的产能和生产周期限制，次高端白酒可承接部分高端白酒需求；（3）受益于消费升级，次高端白酒的价格上涨预期较明确。

中低端白酒的整体景气度低，龙头企业受益于行业集中度的提升：（1）中低端白酒的消费人群对品牌相对不敏感，品牌黏性弱，议价能力不强，行业利润率明显低于高端和次高端白酒；（2）地域性明显，全国六大区域的品牌割据明显，比如口子窖、老白干酒等，比较难打开异地市场；（3）在消费升级背景下，整体市场需求萎缩，但龙头集中度迅速提升。

总体而言，高端白酒和次高端白酒长期优于中低端白酒，且未来发展潜力也更大，其长期成长逻辑是：（1）白酒具有较强的社交属性，尤其是高端名酒的不可替代性强；（2）个人消费崛起，预计未来3—5年中国高端白酒的市场规模仍存在可观的增量空间，年均复合增速约20%；次高端白酒复合增速10%；低端白酒整体市场空间可能萎缩。

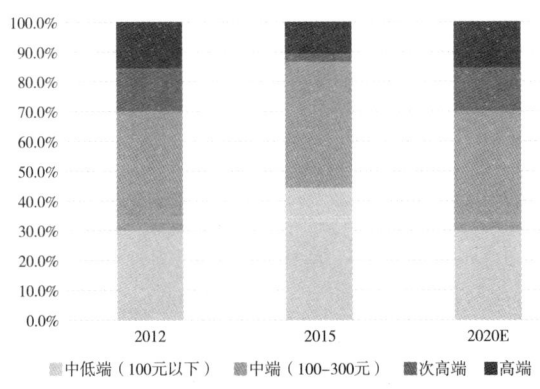

图3-26　不同档次白酒的市场空间变化

3. 从白酒行业供求量价关系谈高端白酒的持续成长能力

提价能力是影响白酒企业业绩增长的关键因素之一。茅台之所以能够连续10年业绩稳定持续增长,就是因为它有实现量价齐升的动力。

茅台获得自主定价权,业绩驱动力由被动转为主动。

1988年以前,名酒价格受国家管控,当年茅台价格是100多元,五粮液定价只有几十元。在1988年放开价格管控后,五粮液原董事长王国春通过多次提价,至1994年,使价格超越茅台成为国内价格最高的名酒。20世纪90年代的茅台一直受五粮液压制,直至2007年茅台终端成交价超越五粮液,2008年出厂价超过五粮液,成为高端酒第一品牌,获得白酒行业定价权。

消费升级+市场拓展,为茅台提价提供需求驱动。

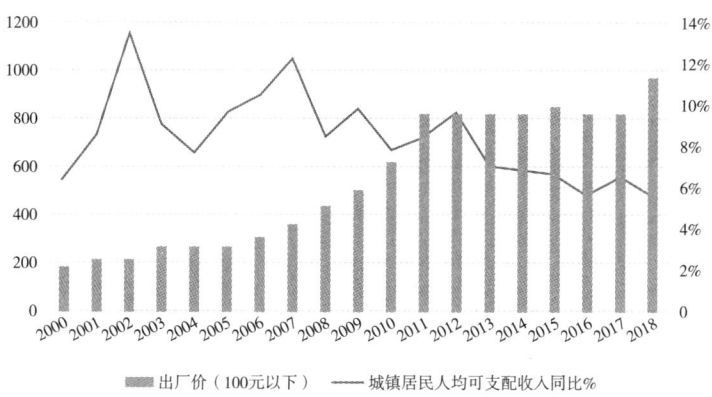

图3-27 茅台提价周期和人均可支配收入关系

数据来源:公司年报、Wind

从茅台提价周期来看,茅台提价时间晚于人均可支配收入的变化周期(图3-27)。2000年—2002年,2004年—2007年我国人均可支配收入增幅最大,茅台在2006年—2011年间的提价周期最频繁,5年提价幅度高达166%。居民消费能力的增强使高端白酒的消费人群逐渐下沉和扩大,消费群体从原来的政商为主逐渐扩展到民间消费,从酒桌上的功能性消费逐渐扩展到礼品、收藏和投资领域。

品牌+产能有限,为提价筑造稳固的护城河。

产品能够持续提价的关键因素来自两方面:一是来自供不应求,二是来自品牌的不可替代性。茅台两者兼而有之。

首先,在品牌力方面,茅台已成为国民心中的第一高端白酒品牌(图3-28)。尤其在"面子"消费中,品牌的价值无可替代,除非发生黑天鹅事件,否则这是其他企业几十年都难以复制和超越的。

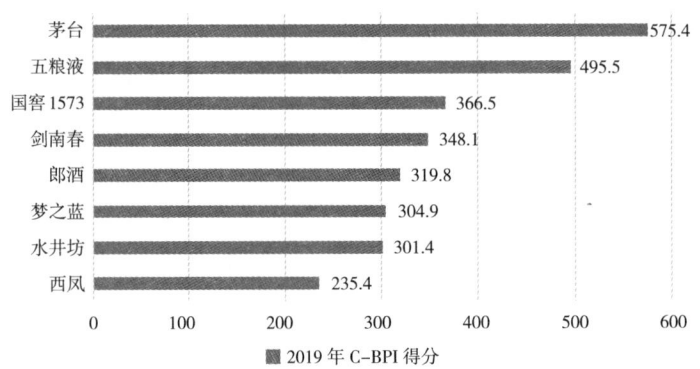

图3-28　2019年我国高档白酒品牌力指数排名情况

数据来源:工信部,中国企业品牌研究中心

其次,茅台酒每年的产量有限,且当年的产量在4—5年前就已经决定。由于茅台特殊的古法酿酒流程,基酒制造后需窖藏4—5年,再进行勾兑形成成品酒上市,比如2020年的飞天茅台用的是2016年的基酒,那么2016年的基酒产量就决定了2020年的茅台产能。由于2012—2013年,高端白酒需求急剧萎缩,出于对未来市场的保守预期,茅台2014年的基酒产能基本维持稳定。而2015年茅台的基酒产量却异常低，减产的原因可能有二：一是当年茅台镇的气候导致原料产量有限，二是茅台工艺微调。2015年的基酒产量低直接导致2019年茅台酒供应受限，也正因为如此，投机资金敢于在2018年—2019年通过基酒预测未来供应量，炒作茅台酒。

需求属性多样，兼具功能性和金融属性。

不同于普通消费品只是满足功能性需求，高端白酒还兼具礼品、社交、投资收藏属性，这就决定了白酒企业，尤其是品牌力强的龙头企业有持续的提价能力。虽然茅台的出厂价长期在800—900元，但飞天茅台的市场价已经被炒到了2000多元，尤其在春节等重大节日前后，价格更是飙涨。白酒本身具备窖藏属性，随着年份的增长它的口感会更好，价值也会提升。在中国，飞天茅台已经越来越具备类似黄金的硬通货金融属性，尤其在其他商品贬值时，每年产量有限的茅台酒往往能保持增值。

成长型行业投资逻辑

凡是懂点投资理论的投资者都知道，低市盈率的股票比高市盈率的股票更安全，可市场中却常常上演着低市盈率的股票长期趴着不动而高市盈率的股票却噌噌上涨的剧情。这是投资理论失灵了，还是市场出问题了？都不是。问题出在我们把理论用错了地方。对于价值股而言，低市盈率提供了一个安全买点，而对于成长股，业绩的持续增长能够不断稀释高市盈率，从而使市场估值重新回归合理位置，那么成长型行业又该遵循什么投资逻辑呢？

历史证明，任何一个国家的经济发展都需要供给端出现革命性突破，因此技术创新型成长股的估值方法应当突破传统思维，科技股在不同阶段的投资逻辑差别甚远。

在萌芽和扩张初期，许多企业处于研发投入期，尚未实现盈利，因此此时的主要参考指标是营收增速。营收增长表明市场需求持续扩大，对应的估值指标就是市销率，同时可以对标美股中主营业务相似但技术发展已经成熟的顶尖公司的发展轨迹，从而锚定A股公司市值的天花板；在企业前期的研发投入逐渐转化为成果落地时，就进入了业绩兑现期，在此期间，利润逐渐由负转正，利润的高增长是企业持续成长的基石，此时可以参考PEG作为辅助估值指标。（图3-29）

企业萌芽和扩张初期
- 研发投入为主
- 成长速度看营收增速
- 估值指标看市销率
- 市值天花板对标美股顶尖公司

企业业绩兑现期
- 成长速度看利润增速
- 估值指标看PEG

图3-29　不同发展阶段成长股的投资逻辑

宏观经济的发展为成长型行业提供了肥沃的土壤。近年来，随着中国经济的转型升级，新兴产业对传统产业的替代趋势越来越显著，成长股的投资愈加频繁地出现在主流市场中。中国经济的增长主要靠两大驱动力，一是通过提高生产率来扩大供给，二是通过刺激消费增加需求。因此成长股可分为技术创新型和需求升级型，前者通常出现在信息技术领域，后者通常存在于消费领域。

成长股通常会呈现以下特征：

1. **行业龙头**：龙头企业通常具有市场先发优势和技术壁垒，同时还能受益于市场行业集中度不断提升的趋势，享受行业红利。龙头企业的增速也通常远高于行业平均。

2. 成长股通常只有一个明显持续的高速成长期，在3—5年间每年营收可能都在20%以上，但过了高速成长期后，就会进入稳定成长期，在此期间的营收增速通常会逐渐放缓，甚至可能出现正负增长交替的情形。

3. 成长股通常在上市后就迅速进入高速成长的黄金时期（营收增速持续超过20%）。

寻找优质成长股可以遵循以下标准：

1. **快速增长型、小而美的黑马**：市值200亿元左右；近2年每年营收同比增长≥15%；扣非净利润同比增长≥30%；净利率≥15%；净资产收益率≥15%；市盈率不超过40倍，越低越好。

2. **稳定增长型、耐力持久的白马**：市值在300亿—500亿元左右；近2年每年营收同比增速≥10%；扣非净利润同比增速≥20%；净利率≥30%；净资产收益率≥20%；市盈率不超过30倍，越低越好（医疗器械行业可适当放宽该标准）。

3. **其他指标**：

（1）应收账款、预付账款呈下降趋势，回款能力的增强侧面说明公司的议价能力提升，可能是因为品牌力的提升或供求关系的优化。

（2）应付账款、预收账款呈增加趋势，说明企业议价能力的增强，同时延时付款有利于公司货币资金的周转和现金流的良性循环。

（3）经营性现金流稳定增加，有息负债（或资产负债率）逐渐下降或维持在低位。

（4）短期（2—3年）看，公司营收增长率、毛利率、净利率、净资产收益率都呈上升趋势，或持续稳定在行业内的高水平。

科技股一直被奉为高成长的典范，全球最优秀、市值最高的公司中就有不少科技股，比如美国有家喻户晓的苹果、微软、亚马逊，中国有阿里巴巴、腾讯。为什么偏偏科技行业的成长速度会远远超过其他行业？科技股的PE估值少则成百倍，多则上千倍，但仍有资金前赴后继，科技股的内在逻辑是什么呢？

首先，我们要先了解"摩尔定律"。这是英特尔联合创始人之一戈登·摩尔在1965年提出的，指的是每18个月计算机等IT产品的性能会翻一番。换句话说，每18个月原性能的IT产品价格会降一半。这一定律的核心逻辑揭示出科技行业是更新换代最快的领域，这个速度是任何传统行业都无法企及的。

科技股的成长速度到底有多快？我们可以举一个最真实最接地气的例子——移动通信技术，也就是我们日常说的移动通信中的"1G""2G""3G""4G""5G"。

"1G"是第一代无线蜂窝技术，最早出现在20世纪80年代，当年的大哥大用的就是1G。1G技术仅支持语音呼叫，最高速度只有2.4kb，当时的手机电池寿命和语音质量差、安全性差，并且容易掉线。大哥大刚出现的时候，价格高达2万元，在那时可只有特别有钱的人才用得上。

20世纪80年代后期，随着大规模集成电路、微型计算机、数字信号处理技术的大量应用，"2G"应运而生，2G技术可支持短信和彩信的收发，最大速率约1Mbps。

1998年，"3G"问世，3G技术的最大速度约为2Mbps，可以同时传输声音和数据信息，实现了视频通话和上网冲浪，基本能满足当时的移动社交和娱乐需求。

2008年，"4G"发布，也就是目前我们最常用的移动通信技术。它不仅支持游戏、高清移动电视、3D电视，更重要的是速度大幅提高，最大速率能达到100Mbps。

随着社会经济的发展、生活节奏的加快，4G技术已经越来越无法满足人们对数据传输速度和多元化移动功能的需求。2013年全球开始投入5G技术的研发，2018年，华为发布了首款5G商用芯片巴龙5G01和5G商用终端；2019年，中国三大运营商正式上线5G商用套餐。理论上"5G"的最高速率可达20Gbps。

从"1G"到"5G"的发展历程，我们可以看到科技的更新速度越来越快，且取得的成果也异常显著，新一代技术的推出将使得原有技术的价值迅速贬损。

因此，能够实现高成长的科技股通常满足以下条件：

（1）行业龙头和领军者，能够引领产业的发展，在蓝海市场中取得先发优势并建立技术壁垒，如苹果；

（2）创立创新的商业模式，打破传统的消费方式或引领新需求，如乐视网、阿里、腾讯；

（3）突破核心技术，如特斯拉。

1. 半导体行业：国之重器，任重道远

1. 半导体产业链及相关企业

表3-9　半导体产业链及相关企业

产业链条	I级分支	II级分支	相关企业
上游支撑	半导体材料	硅晶圆	晶盛机电、上海新阳、太极实业
		光刻胶	晶瑞股份、南大光电、飞凯材料
		溅射靶材	江丰电子、有研新材、长信科技
		封装材料	江丰电子、有研新材
	半导体设备	单晶炉	精工科技、晶盛机电、天龙机电
		PVD	中微公司、北方华创、中天科技
		光刻机	强力新材、容大感光、晶瑞股份
		检测设备	华峰测控、长川科技
中游制造	分立器件	-	台基股份、扬杰科技、苏州固锝
	光电子	-	光迅科技、三安光电、亨通光电
	传感器	-	华天科技、航天电子
	集成电路	IC设计	紫光国芯、士兰微、全志科技
		IC制造	华虹半导体、中芯国际
		IC封测	长电科技、华天科技、通富微电

(续表)

产业链条	I级分支	II级分支	相关企业
下游应用	通信及智能手机	—	得润电子、长信科技
	PC/平板电脑	—	莱宝高科、方正科技
	工业/医疗	—	九安医疗、乐心医疗
	消费电子	—	歌尔股份、欧菲光、汇顶科技

芯片，是国家重要的科技命脉。早在2014年9月，我国就启动了国家集成电路基金一期（以下简称国家大基金），5年来一共募集了1387亿元，投了23家芯片公司，70个有效的芯片项目。国家大基金涉及半导体材料、设计、制造、封测等上、中、下多个环节，大大促进了国内芯片产业的发展，这也使得2019年A股市场上掀起一股"半导体热"。大基金一期的投资方向以芯片制造为主。2019年10月22日，国家大基金二期带着2041.5亿元的资金浩浩荡荡地来了，预计二期投向会加强对芯片设备的倾斜，或将受益的半导体上市公司名单如下（表3-10）：

表3-10 国家大基金二期或将受益公司名单

受益公司	投资要点
中微公司	国产刻蚀机龙头，MOCVD与刻蚀设备双轮发展。
晶盛机电	国内晶体硅生长设备龙头企业，在长晶炉方面已有成果。
北方华创	产品线最全（刻蚀机、薄膜沉积设备等）的半导体设备公司，国内第一梯队。
长川科技	半导体测试设备龙头，检测设备从封测环节切入晶圆制造环节。
精测电子	面板检测设备龙头，收购韩国IT&T公司25.2%股权，从面板检测进军半导体检测领域。
华兴源创	国产半导体测试设备龙头。
至纯科技	国内高纯工艺龙头，半导体清洗设备行业新星。

接下来我们将说说芯片（半导体）行业的投资逻辑。

2. 半导体行业的逻辑框架

在掌握半导体行业的投资逻辑前,需要先了解以下半导体行业的相关要点:

(1)半导体是信息技术行业的必需品,就像人离不开柴米油盐,未来我们应用的产品也离不开半导体。

(2)半导体行业周期与全球GDP走势密切相关。

(3)行业增长的外生动力来自各行各业的需求。

(4)行业的技术和产品发展走向:更高的功率、更低的损耗、更优的性价比。

(5)主流厂商的竞争壁垒普遍是设计和制造一体化,从而掌控整个产业链的价格体系。

内在属性

半导体行业的内在属性主要表现为半导体行业的重资产投入,由于晶圆制造高昂的设备费用以及2—3年的建厂、设备安装及调试时间,产能规划必须提前进行,从而不可避免地就出现了供给过剩或是短缺。

外在驱动力和波动周期

半导体行业的外在驱动力是新兴市场给半导体带来的增量市场,例如1998年—2000年手机的普及和互联网的兴起,2002年—2004年Windows系统带来的电脑需求猛增,以及2013—2014年智能手机需求量的增加等。外在驱动力诱使半导体制造厂商扩大生产(图3-30)。在这样的情况下,半导体行业经历着供给驱动的轮转,往往会重复演绎一场衰退—复苏—扩张—高峰的过程。晶圆产能是这一历史时间驱动周期改变最核心的因素,需求的变化也是一个影响因素,但影响程度远低于供给的变化。

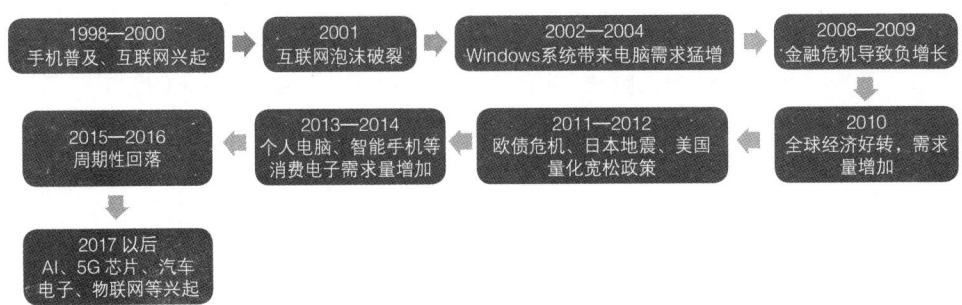

图3-30 历史上半导体行业的波动周期

资料来源：西部证券

半导体可分为设备商、材料商、制造商等细分主体，每个主体的周期性波动规律也存在一定差异，一般设备商的周期要提前于材料商和制造商，而材料商和制造商的周期性基本一致。

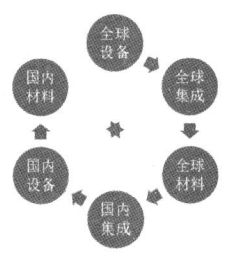

图3-31 半导体投资时钟

数据来源：西南证券

半导体投资时钟分为需求侧和供给侧，从全球的需求侧向国内的供给侧传导。传导过程中受影响的细分领域及龙头企业分别为：需求侧的**全球设备商**（应用材料公司、东京电子、Lam Research、ASML等）、**全球集成商**（京东方、台积电、三安光电、隆基股份等）、**全球材料商**（信越化学、SUMCO、Siltronic、环球晶圆、康宁等）；供给侧的**中国集成商**（京东方、台积电、中芯国际、三安光电、隆基股份等）、**中国设备商**（北方华创、精测电子、长川科技等）和**中国材料商**（江丰电子、雅克科技、江化微、阿石创等）。

3. 复盘上一轮上行周期（2016年Q3—2017年Q4）

2011年—2016年，全球半导体营收规模缓慢增长，年均复合增速仅为2.3%，2017年上半年出现行业景气度上行拐点，全年营收较2016年增长19%；从行业先行周期细分领域半导体设备看，全球半导体设备销售额同样在2016年出现上行拐点，2016年和2017年的销售额同比增长分别为13%和37%。[①]

此轮半导体行业上涨的驱动因素主要有3个：

一是下游需求推动，2016年智能手机、汽车、服务器、矿机四大业务的需求爆发。

二是半导体大宗商品NAND（计算机闪存设备）和DRAM（一种半导体存储器）的价格上涨及逻辑芯片制造的产能利用率提升。

三是存储行业的资本支出稳定增加。资本支出是ASP（均价，Average Selling Price）的先行指标。通常而言，在资本支出到达高点之后的两个季度，存储出货量的同比增长也会到达高点，之后1—1.5个季度存储价格就会趋稳。2018年2季度，DRAM的资本支出达到最高点，相应地，存储出货量同比增长在2018年4季度达到最高点，但到达高点后也就意味着行业进入下行周期。（图3-32）

---

① 数据来源：SEMI。

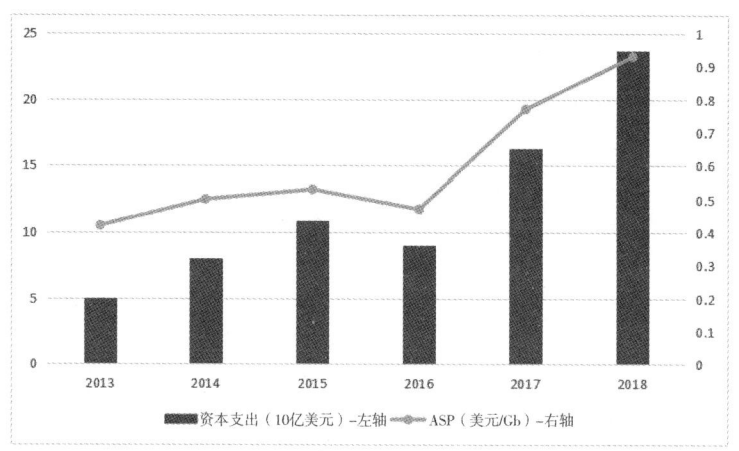

图3-32　2013—2018年DRAM资本支出及销售均价（ASP）

数据来源：WTST、IC Insights

4. 展望下一个繁荣期（2020年）

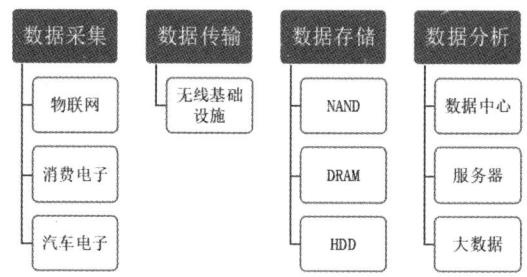

图3-33　半导体行业新一轮繁荣的驱动因素

参照前一轮上涨逻辑，下一轮半导体行业的景气周期也将受益于下游需求驱动，具体包括：汽车自动驾驶市场的商业化，IoT物联网和5G的发展推动芯片产品的应用范围进一步扩大；数据中心、PC服务器和大数据的升级等。（图3-33）

目前汽车自动驾驶市场只有L2级自动驾驶（AD L2）开始商业化，预期未来占据市场的自动驾驶等级将逐渐提高，2025年投放L3级，2030年投放L4/L5级，半导体价值将随自主级升高而实现快速攀升。自动驾驶技术等级的提升主要体现在摄像、传感器、雷达和激光雷达模组升级上，其中雷达、传感器等模组半导体价值占比最大。

5. 芯片设计被美国垄断大部分市场，半导体国产化是一场持久战

半导体产业支撑信息产业的发展，但我国半导体产业的国产化率明显偏低，中美贸易摩擦更是凸显了我国的缺"芯"之痛。半导体不可能长期受制于他人，当然要在短期内完全实现国产化也较为困难，因此我国的半导体国产化将是一场持久战。

过去10年（2009年—2019年），全球半导体增速在放缓，但中国半导体保持高增长。这10年中，我国集成电路进口额增长2.4倍，原油进口额增长1.8倍；过去5年（2014年—2019年）集成电路进口额增长1.4倍，原油进口额增长1.05倍。2019年，中国集成电路进口额3055亿美元，占2019年中国GDP总额的2.2%，高于原油2387亿美元的进口额。如果半导体能够全部实现国产化，不仅能拉动投资，还能贡献约3.2%的GDP增量。①

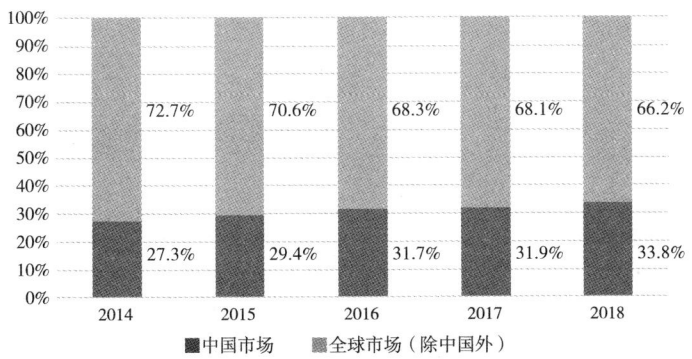

图3-34　2014年—2018年中国集成电路市场在全球的占比

数据来源：WSTS

---

① 数据来源：Wind，国信证券。

从市场需求看，2014以来，中国的半导体市场占比不断提升，至2018年，中国的市场占比已达全球市场的1/3（图3-34），随着越来越多的下游企业需要用到芯片，国内的半导体需求将进一步增加。

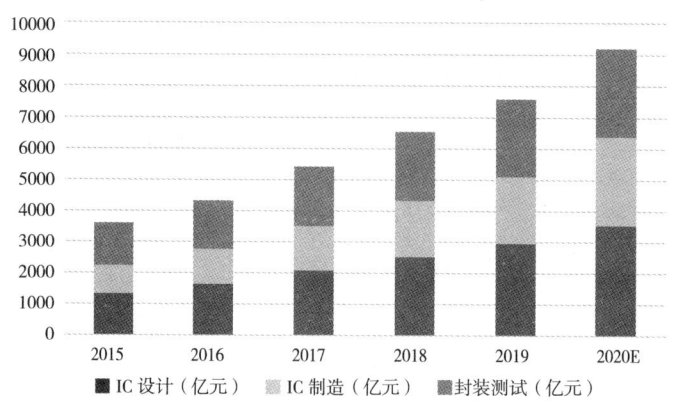

图3-35　2015年—2020年中国集成电路产业规模及预测
数据来源：中商产业研究院

从集成电路的细分领域看，芯片设计的市场规模和成长潜力最大（图3-35）。但从供应看，芯片设计供给明显受制于美国。

目前，半导体制造（代工）是国内半导体发展的最大瓶颈。

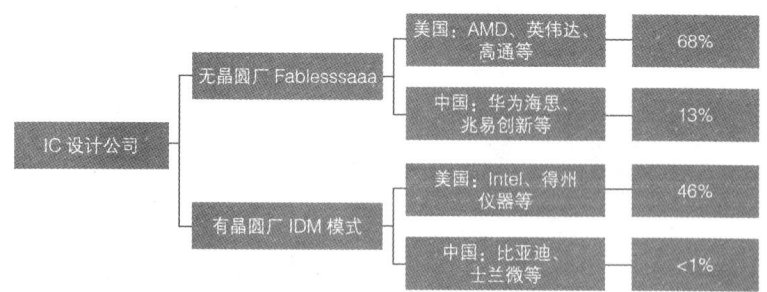

图3-36　IC设计公司的全球分布（2018年）
资料来源：IC Insights

半导体厂商模式分为两种：有设计无制造的Fabless模式和有设计有制造的IDM模式。Fabless、IDM和系统厂商都是代工厂的客户。2019年中国大陆半导体代工市场规模预计在110亿美元左右。2018年美国芯片公司仍然主导整个芯片市场，全球市场份额占比冲过50%。美国无晶圆厂和有晶圆厂芯片公司分别占全球68%、46%的市场份额，而中国大陆的相应占比只有13%和不到1%。（图3-36）

2018年，我国集成电路设计产业收入中只有251亿美元销往国内，而同期中国集成电路进口额为3121亿美元，是国内自给的12.3倍。如果能全部实现国产替代，国内芯片设计公司将有超过10倍的市场空间。[①]

6. 评判半导体代工厂的三大指标

评判半导体代工厂的价值主要依靠以下三大指标：

一是先进制程能达到多少纳米。工艺制程反应半导体制造技术先进性，目前能够量产的最先进工艺是台积电的5nm，国内半导体代工厂最先进的是中芯国际的14nm。此处的14nm、5nm是指芯片内部的晶体管的栅长，通俗讲就是芯片内部的最小线宽。一般情况下，工艺制程越先进，芯片的性能越高。全球40%的半导体代工厂收入来自40nm及以下先进工艺制程。

表3-11　全球主要半导体厂商工艺先进程度（纳米，nm）

	2014	2015	2016	2017	2018	2019	2020	2021（预估）	2022（预估）
台积电	20	16		10	7	5			3
英特尔	14					10			
三星	20	14		10	7		5		
格罗方德	20	14		10					

---

① 数据来源：Wind。

（续表）

	2014	2015	2016	2017	2018	2019	2020	2021（预估）	2022（预估）
联电	28			14					
中芯国际		28				14			
华虹半导体						55			

资料来源：公司公告

二是看晶圆尺寸。截至2018年，全球主要晶圆尺寸是6寸、8寸、12寸（图3-37）。12英寸硅片主要用于NAND和DRAM，8英寸硅片主要用于汽车电子领域，如车载娱乐产品。随着半导体技术的发展和市场需求的变化，大尺寸硅片是未来的发展趋势。

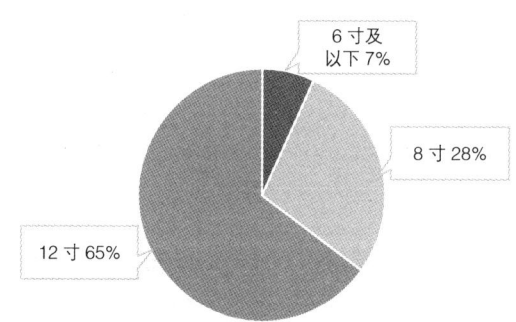

图3-37　2018年全球不同尺寸晶圆占比
资料来源：SEMI

三是看产能。一般情况下，半导体制造厂商不会轻易扩产，产能在1年左右的短期内是稳定的，当半导体景气度高峰来临，产能决定公司的收入。截至2019年第三季度，全球主要半导体代工厂产能排名为台积电、联电、中芯国际、世界先进、华虹半导体。

2. 生物医药行业：方兴未艾，兼具价值和成长

生物医药行业既是需求升级驱动型行业，也是技术创新升级型行业。生物医药行业的成长动力来自内生和外在两大动力推动：内在推动力是人民生活水平的提高促使人们的健康意识增强，医疗卫生的需求不断提高；外在动力来自国家对民生的重点关注，对医疗行业大力扶持和巨额投入。

生物医疗行业可分为化学／生物制药、医疗器械、医药商业和医疗服务，具体细分领域如图3-38：

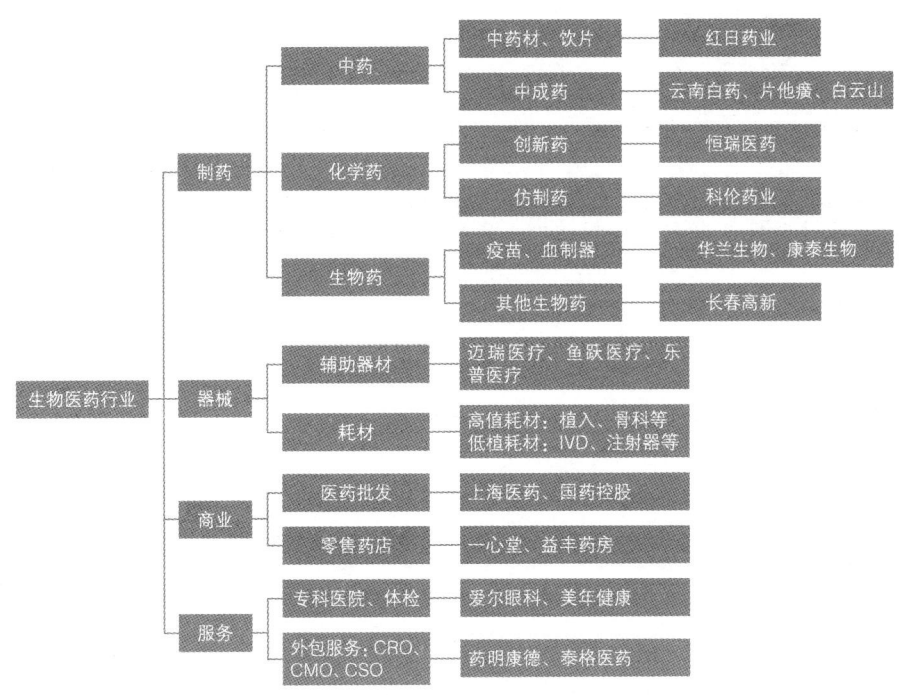

图3-38 生物医药行业及相关公司概览

区别细分领域，定位高成长赛道

生物医药行业中，并不是所有细分领域都是优质成长赛道，也有发展前景一般的，这里我们就要先理清各细分领域的关键影响因素和投资逻辑（表3-12）：

表3-12 生物医药各细分领域成长的关键影响因素

细分领域		关键影响因素评判						
		原料价格	产品价格	研发	医保	销售	品牌	政策	环保
中药	药材饮片	√	√					√	
	中成药	√			√	√	√	√	
化学药	原料药		√						√
	化学制剂（含生物药）	√	√	√	√	√		√	
	器械耗材			√		√	√		
	医疗服务			√				√	
	医药商业							√	

从成长性角度来看，原料价格、医保等政策都是外因，企业只能被动接受，而研发是企业能主动把握的内因，因此创新药和医疗器械就是整个生物医药行业中最具备主动成长潜力、利润弹性最大的赛道。

1. 创新药：许一个20年的愿望

"药物为人类而生产，不为追求利润而制造，但技术只要以治病为目的，利润就会随之而来。"默克公司创始人乔治·默克的这句话非常巧妙地诠释了创新药企业的初心也是其盈利的最终归宿。我国在各个涉及技术的行业领域都强调自主化和"国产替代"，这也使得国内创新药行业的环境得到极大改善。我们可以从宏观（政策环境）、中观（行业）、微观（公司）三个角度分析创新药的投资逻辑。

宏观层面：国家鼓励创新环境的打造

国家为鼓励创新，为包括创新药在内的所有创新行为提供政策支持：首先，鼓励各地创新医药园区的建设，为创新药企业提供减税支持；其次，一级市场在宽松的货币政策带动下活力十足，创投机构的募资渠道多元化，越来越关注一些前期投资较大但同时后期回报也十分丰厚的领域，如创新药行业；再次，药监部门大刀阔斧地进行药品审批改革，一是促进药品审核标准与国际标准接轨，二是提高评审速度，药审改革也进一步吸引了创新药的投资；最后，国家实施人才吸引计划，吸引生物医药高科技人才回国就业。

行业层面：首次成功成行业最大驱动

2015年的药审改革推动中国的医药产业真正实现了从仿制药为主升级到仿创结合的阶段。第一个让创投企业取得丰厚回报的创新药案例推动了创新药投资的热潮。2011年，贝达药业历经8年研发的凯美纳（盐酸埃克替尼片）成为我国首个完全自主知识产权的小分子靶向抗癌新药。2016年，贝达药业成功登陆创业板并成为二级市场的宠儿，让市场对中国能够自主研发创新药充满信心。2014年，中国还上演了一场"替尼"热，当时有40个本土替尼类产品在临床试验阶段，但截至2019年，上市公司中称得上自主研发创新药的并不多，其中有恒瑞医药的阿帕替尼、吡咯替尼，百济神州（美股）的泽布替尼，黄药业（美股）的呋喹替尼，以及正大天晴的安罗替尼。

公司层面：研发成功率是关键

创新药企业对于企业的技术要求很高，衡量该类企业是否有投资价值可以从以下几个层面进行考察：

（1）创始人及研发团队。首先，一个创新型企业的成功与否与创始人息息相关，因为创新企业缺乏可借鉴的商业模式，因此兼备领导能力和专业背景的创始人更可能领导一家企业成功。如果一个创始人具备专业医药背景甚至是医药领域的专家，那么他就可以掌握项目的主动性，主导整个项目的走向以及在团队中更具说服力和领导力。其次，由于研发创新药通常是一个漫长的过程，因此研发团队的专业性和稳定性都十分重要。

（2）研发投入。创新药需要持续不断地投入巨大的资金，因此需要企业有充足的现金流。现金流主要有两个来源：一是公司可以通过其他业务和产品持续创收，支持新项目的研发；二是公司有良好的融资能力，能够从外部获得资金支持。

（3）产品本身。研发的产品本身是决定企业是否有投资价值的最重要的因素。产品的投资价值可从四大方面进行考察：一是产品是否具备市场潜力，是否真正能解决人类健康的关键问题。目前全球最亟待满足的就是肿瘤相关的药物。就中国而言，排名前三的肿瘤疾病是肺癌、胃癌、结直肠癌，如果产品与这三个领域相关，至少说明产品的市场前景广阔；二是产品研发的成功率，这个可以通过跟踪临床数据和临床试验的结果进行推断；三是与市面上已有的类似产品进行横向比较，如果类似产品的市场销售状况良好并且能够取得高利润率，说明这类产品是具备商业价值的；四是专利权期限，对于创新药企业而言，专利权期限至关重要，如果产品受专利保护的时间越长，企业就能获得越多专利保护期间的垄断利润。我国规定创新药上市后总有效专利权期限不超过14年。一旦专利保护到期后，仿制药将迅速加入竞争，原研药的利润空间将被大幅压缩。

为什么创新药企业可以得到很高的估值？我们从国际上新药研发的漫长过程和巨大投入便可窥得一二（图3-39）。新药研发是一个发现新化合物并推进成功上市的过程，新药从开发到上市要经历15—20年的时间，并且动辄投入数十亿元。创新药的成功率也极低，5000—10000个候选化合物中可能仅有一个药物最终上市。

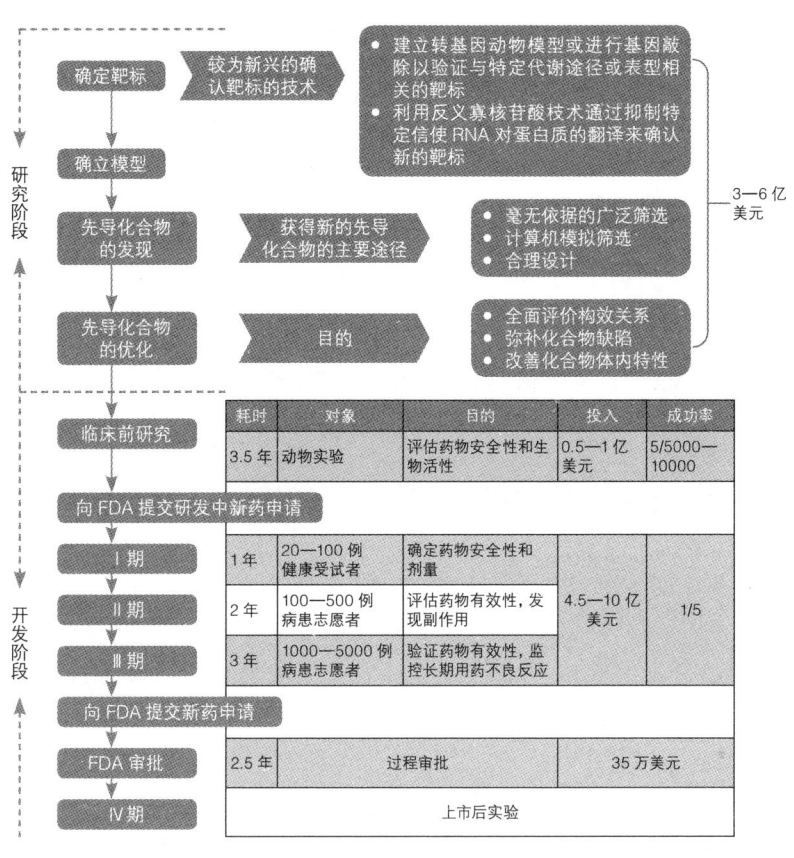

图3-39 新药研发的一般流程
图片来源：中国新药杂志

新药研发分为研究阶段和开发阶段。在初始研究阶段，首先要确定靶标，也就是确定治疗的疾病，从而使药物具有针对性。再通过计算机模拟等方法筛选出候选药物，这个过程投入约3亿—6亿美元。

开发阶段大致可以分为7个阶段：

（1）临床前测试：这个阶段也称为动物试验阶段，该阶段主要是为了评估毒性，成功率非常低，只有0.05%—0.1%，历时大约3—5年。

（2）FDA申报：接下来要向食品药品监督管理局（FDA）填写一份新药研究申请，大概85%的新药研究申请可继续进入人体临床试验阶段。

（3）人体临床试验（I期）：在该阶段20—100例健康志愿者参与试验，目标是获得药物安全性和功效方面的原始数据。安全性是该阶段的首要评估指标，历时约2年，大概有65%的成功率。

（4）人体临床试验（II期）：该阶段在目标疾病的特定患者人群中进行试验，该阶段的目的是为了评估药物的有效性和发现药物的副作用。该阶段需要100例以上的志愿者，历时约2年，成功率约33%。

（5）人体临床试验（III期）：该阶段是在II期的基础上扩大试验人群和延长试验时间，进一步验证药物的功效和安全性，历时约3年，成功率约60%。人力临床试验I—III期约投入4.5亿—10亿美元。

（6）FDA复批：完成三期临床试验后，再次提交FDA审批，耗时约2—3年，通过率约83%。

（7）临床IV期：当新药通过FDA复批后，新药就可以推向市场了。新药上市后申请人自主进行临床试验，全方位考察在广泛使用条件下药物的疗效和不良反应。

可见，新药研发要面临多少错综复杂的数据和流程，每个决定都可能使多年的努力付之东流，尤其是一旦申请被FDA拒绝，多年的前期投入可能就全部白费了，这对公司而言无疑是巨大打击。

2. 医疗器械：国产替代跑步前进

近年来，国产替代是我国高新技术领域的主旋律，其中包括医疗器械行业。随着我国医疗器械企业的技术进步及配套产业链的成熟，国产替代进口等国家政策的推动，我国医疗器械行业将迎来高速发展的黄金十年。医疗器械的成长逻辑可以从以下几方面进行分析：

第一,行业内部研发技术和产业链逐渐成熟,国内医疗设备企业在不断取得技术突破,行业外部有进口替代、医改、扶持国产设备等政策支持,市场也为医疗器械企业提供了良好的投融资渠道和资本支持。

第二,进口替代是未来十年医疗器械行业不变的核心逻辑。目前我国在心血管支架、监护仪、DR以及生化诊断等产品领域均实现了进口替代,国产器械的竞争力包括技术、品牌、性价比、渠道和本土化等。

第三,器械"两票制"和"集采降价"形成一定降价风险,加速行业集中度提升,由于耗材集采的规格参数众多,因此医疗器械企业可以通过产品差异化、提升产品终端服务能力提升竞争力。

我国医疗器械的市场空间和成长潜力

对比全球医疗器械市场,欧美发达国家的行业需求增速逐渐趋于稳定,预计未来5年年均复合增速约5.6%,而我国医疗器械市场规模的增速远高于发达国家,过去10年年均复合增速约23.5%,预计未来10年的年均复合增速仍高于10%,预计到2020年我国医疗器械行业年销售额将超过7000亿元(图3-40)。我国医疗器械的行业发展趋势是产品普及和升级换代需求并存。

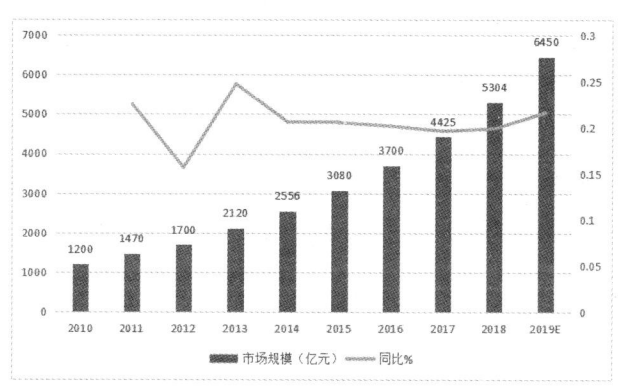

图3-40 中国医疗器械市场规模

数据来源:中国医疗器械蓝皮书(2019年版)

从细分领域来看，我国心血管、骨科、影像诊断分支的市场规模和未来潜力最大。（图3-41）

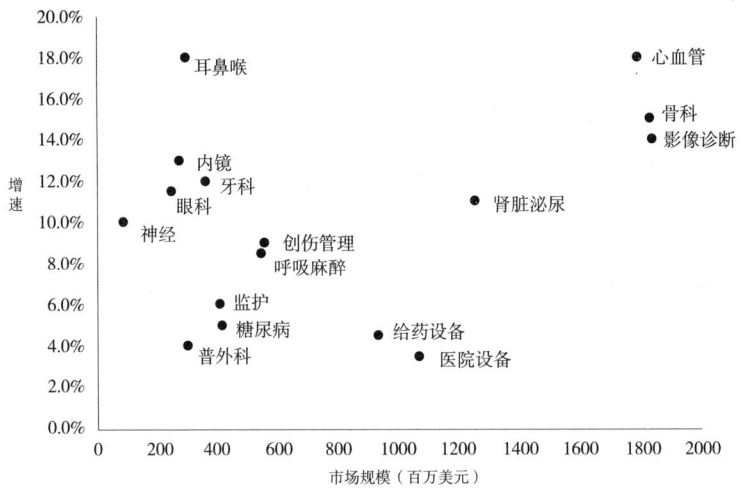

图3-41　中国医疗器械行业细分领域市场规模及未来复合增速（预测至2024年）

数据来源：Evaluate MedTech（2018年版）

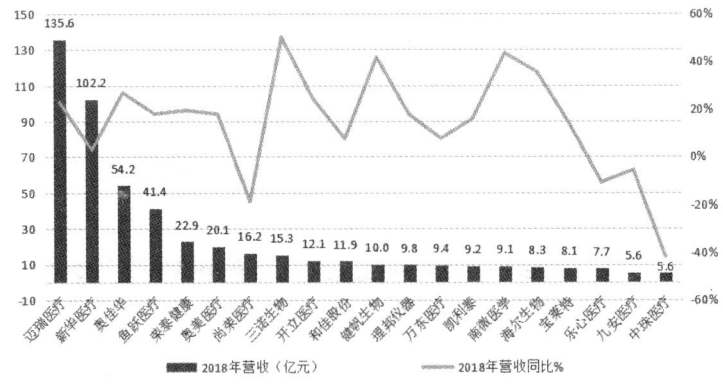

图3-42　中国top20医疗器械企业2018年营收及同比

资料来源：Wind

从市场集中度来看，我国医疗器械行业的集中度较低，2017年我国前20大器械企业市场份额占比约为14.2%，远低于全球54.5%的水平。2018年，我国营收规模前5的医械上市公司为迈瑞医疗、新华医疗、奥佳华、鱼跃医疗和荣泰健康；从同比增长来看，营收规模大于20亿且同比增速高于18%的上市公司只有迈瑞医疗、奥佳华、鱼跃医疗、荣泰健康和奥美医疗5家[①]。（图3-42）

中国医疗器械行业的优势和驱动力分析

医疗器械的主要客户是医院，那么公司的护城河宽不宽就取决于医院偏好。医院在选择医疗器械时，首先考虑产品质量、技术含量和使用期限，在满足质量要求的基础上再考虑性价比。

那么一家医疗器械公司的核心竞争力在哪里？

首先，产品多样化、毛利率和持续创新。一家公司可以通过多样化的产品组合中和低毛利产品的不足，同时毛利率也是衡量公司产品是否具备差异化、独特性和品牌价值的指标。医疗器械企业的研发通常是对就产品的更新换代，而非研发新产品，这样不仅可以强化在某一领域的专业地位，同时也避免了资金和精力分散。

其次，公司需要具备强大的营销能力。医疗器械公司真正盈利的落脚点在于将产品最终推销到医院。对于医疗器械的选择，医生是极具话语权的，如果医械企业的销售代表能够常常与外科医生沟通和分享使用设备仪器的相关经验，让医生对公司的产品不断提高关注度和好奇心，医疗器械的销售环节就成功了一半。并且，一个医生在用惯了一套医疗器械后通常不愿意更换厂家，一是每家的器械使用起来都有细微差别，可能会影响医生的手感和手术效果；二是更换厂家对医

---

① 数据来源：Wind。

院来说成本也很高，同时还要对医生进行重新培训。

再次，外延并购是企业保持持续增长的驱动力之一。国际医疗器械巨头美敦力和罗氏均通过外延并购获得迅速发展：一是横向并购扩充产品线，二是纵向并购深化技术优势、拓展市场份额。以我国医械龙头迈瑞医疗为例，自2008年以来持续进行并购拓展业务线，2008年收购了美国的Datascope公司生命信息监护业务，成为全球该行业第三大品牌；2014年收购上海长岛，获得血栓止血检测试剂。

最后，医疗器械的研发周期明显短于创新药，产品以迭代更新为主，因此成功率也较高。医疗器械所需的研发技术也远低于创新药，主要对流水线、供应链等流程要求较高，中国作为制造业大国，在规模化和标准化生产方面的成本较低、效率较高、经验充足。

如何看公司？

谈到分析公司，我们不妨先从一个众所周知的概念谈起，那就是公司的目标——营利。拿创业企业来说，公司首先要活下来，具备盈利的能力，才能实现更多的价值；而外部投资者（股东）判断是否投资一家公司也一定是以公司的赚钱能力作为衡量标准。因此，分析一家公司是否值得投资就是分析公司通过什么途径、手段赚钱，目前能赚多少钱，未来赚钱的空间能有多大，能不能一直保持较高的赚钱能力，等等。当你被各种故事、热点、新概念忽悠得头脑发热的时候，不妨把目光聚焦于盈利能力这一最核心的事情上。

投资就是要像企业老板一样思考。举个例子：当一只股票大幅下跌，不论是绝对股价或是估值水平都已经处于历史大底，此时你一定会想"再怎么样也要反弹了吧"，但是，在出手之前你应该先问问自己，是否愿意成为这家企业的老板，经营这桩生意。不妨思考一下，当前的"低价"是否意味着其背后的行业可能已经是夕阳行业，未来的盈利能力是否会继续恶化；再看公司的财务报表，分析其内部问题是否比暴露出来的要大得多，作为企业的老板，你想的是赶紧脱手摆脱麻烦（哪怕在离场时遭受一些亏损），还是继续经营。

我们要站在所有者的角度来考虑公司的盈利水平、资产回报率、负债情况、经营情况等等。这样才能够从一个短期的价格投机者，变成一个长期的价值投资者。下面，我们将详细阐述私人投资者如何正确地识别与选择公司。

四个标准寻找优秀的公司

如果将价值投资归纳为一句简单的话,那就是"在对的时机,用便宜的价格,买入优质的公司"。这就是我们选取投资标的的具体标准:好行业、好公司、好价格、好时机。

1. 好行业——选择比努力更重要

永远不要孤立地看一家公司。

两家股票质量和管理层同样优秀的公司,在前景不同的行业也会有不同的发展趋势。当数码相机到来之时,最好的管理层也救不了一家生产胶卷的企业。随着时代的发展、新技术的不断应用,无数行业逐渐被淘汰。因此投资一家公司的第一步是观察其所在行业的情况。从大的行业范畴来讲,大消费行业、大健康行业都是非常有优势的行业,因为这类行业和人的生活息息相关。人们对于吃喝玩乐和健康的需求会不断催生出优质的细分赛道以及优质的龙头公司,因此这里既有优质的成熟股,又有快速成长的黑马股。总而言之,做投资是做大概率的事情,高胜率和低赔率是我们所追求的。选择好的行业,就好像拥有一个富矿,大大降低了挖掘优质公司的难度。前文中我们详细分析了各个行业的投资逻辑。这一章我们主要站在公司的角度来向上看行业。

我们可以从两个方面来判断一个行业的好与差,首先从宏观的角度来看行业处于什么发展时期。从生命周期理论看,一个产业的发展会经历四个阶段:导入期、成长期、成熟期和衰退期(图3-42)。作为二级市场的投资者,我们的投资逻辑是寻找确定性的投资机会,因此我们应该集中在成长期、成熟期的行业寻找标的。比如,提到成长期的行业我们就不得不提科技行业,提到成熟期的行业我们也马上会想到白酒行业，在这样的赛道里选公司，胜率就会大增。

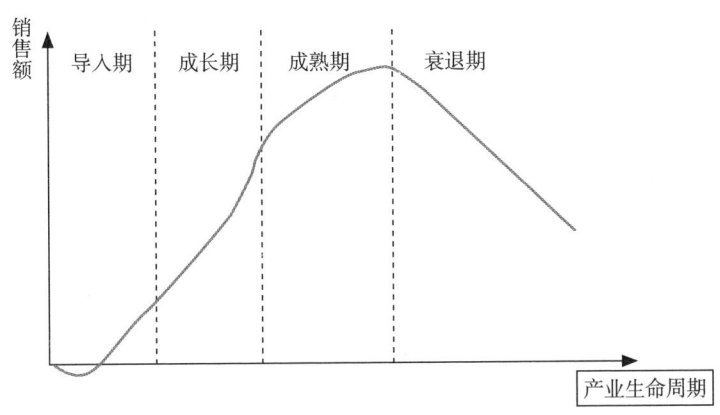

图3-42　产业生命周期图

数据来源：九方金融研究所

除了从产业周期的角度来看发展前景以外，我们还要分析产业的竞争环境，关键是要搞清楚公司的竞争对手和上下游的议价能力。商业管理界公认的"竞争战略之父"迈克尔·波特将产业的竞争情况详细的分成了以下五个类别，称之为波特五力模型。（图3-43）

第一，新进入者的威胁。首先，一个行业为什么会有新进入者？主要有两种原因：要么进入门槛特别低，这个生意谁都能干；要么这个生意利润丰厚，谁都眼红想分一杯羹。这种情况下，作为投资者，我们需要考虑的就是行业内现有的企业是否有足够宽的护城河保护自己不受新进入者的威胁，保护自己已经有的市场份额不被侵占。关于此方面的分析可以从这些角度展开：资本门槛、技术壁垒、先发优势、独特资源禀赋、政策等等。

举两个例子：资本门槛，即意味着做这个生意的企业首先就要有很多钱。整体来看，重资产行业，例如汽车、钢铁、地产等行业，前期需要有大量的资金投入来建厂、买设备、拿地等等，这些行业资本门槛就高（没钱根本干不了）；资源门槛，最典型的特点就是"靠山吃山，靠水吃水"，比如黄山、丽江等地的旅游行业上市公司，还有家里有"矿"的企业，例如紫金矿业、银泰黄金等，这种行业对资源依赖性极大，这一行业门槛直接就将眼红的人拒之门外。

第二，替代品的威胁。互为替代品将对行业内公司的定价产生威胁。这个很好理解，功能相似，满足相近需求的产品就可以互为替代品。例如猪肉价格上涨时，人们短期内就会选择少买猪肉，而选择牛肉或者鸡肉来代替。这主要体现在替代品的用户转换成本上。

第三，供应商的威胁。企业从上游购买材料，加工成产品卖给下游的消费者，获得收入以后，企业继续购买原材料进行加工，循环往复。在这个过程中，如果企业处于产业链中的强势地位，那么就可以用比竞争对手更低的价格拿到货，而成本端的降低就为企业在价格战中赢得更多的空间。

通常情况下，假如上游供货商的客户众多，任何单一客户的订单都不会对供应商的利润产生大的威胁；假如企业的产品的主要原材料依赖某一个供应商，企业对于供应商的议价能力就很弱。反之，企业对上游的议价能力就强。

用我国的造纸行业举例，造纸行业的上游是林木资源，一方面，中国由于林木资源不足而严重依赖进口；另一方面，造纸行业的集中度低，行业分散，同质化严重。综合来看，造纸行业对上游的议价能力弱。

第四，购买者的威胁。也就是客户的议价能力。简单来说，假如企业生产的是同质化的产品，那么企业的议价能力就弱，钢铁、煤炭就是同质化的产品；企业生产差异化的产品，议价能力就强。白酒就是差异化的产品，这就是为什么茅台、五粮液等龙头酒企可以年年提价的原因；再如iPhone，尽管手机是同质化的产品，但是苹果公司因其独有的iOS系统，完善的APP生态塑造了很强的差异性。

第五，现有企业的威胁。行业内的企业本身就存在着竞争，比如处于"跑马圈地"时代的白色家电行业、早年的手机行业，因品牌众多，竞争激烈，天天打价格战，所以企业很难赚到钱。随着行业的发展，小的厂商逐渐淘汰，行业形成寡头垄断或者群雄割据的格局，存活下来的企业尽管仍然存在竞争关系，但是各自都有自己的客户群体，足以得到很好的发展。再比如，就中国的酒店业而言，全国连锁品牌只有首旅酒店、锦江酒店和华住酒店在过去几年不停地跑马圈地，逐渐形成清晰的行业格局。这些连锁品牌各自发展出庞大的会员体系，随着加盟率不断上升，在轻资产模式下，它们的ROE会逐渐抬升。这说明酒店业是个值得期待的好行业。

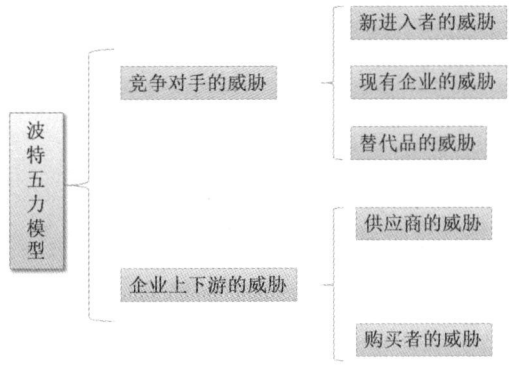

图3-43　波特五力模型

总而言之，我们分析一家公司，首先分析公司所处的行业，然后分析这个行业的发展情况以及竞争格局。在蓝海或者跨越红海之后的行业格局中做选择，选中好公司的概率较大。

2. 好公司——赚钱才是硬道理

股票市场的强弱转化不可避免。从短期看，美国股市有句谚语叫"Sell in May and go away"！其意味着每年的5月前后资本市场将开始转入熊市。其中的原因是5月之后信息披露减少，市场进入相对的平淡期，交投活跃度降低。

从长周期看，A股市场近30年的历史往往是"熊长牛短"——这就导致在弱市选股往往是股民的常态。在这种大环境下，什么样的公司能够帮助投资者将市场大环境的负面影响降低呢？

优秀公司具备的共同特点就是竞争优势，也就是巴菲特在第53封《致股东的信》中反复提到的——"寻找有护城河的企业"。古代护城河是用来保护城池不受外敌入侵的，而投资的护城河是用来保护企业的盈利能力的。也就是说，真正的护城河最终都是可以量化成对企业盈利能力的维持或者促进——要么企业能够提价，要么就是能够降低成本。直观地说，我们需要特别关注"长期保持高毛利"的公司，因为"高毛利"表示这门生意有利可图，而有利可图的生意一定会吸引更多的竞争者参与，竞争者多了，企业的利润就会被其他竞争者侵蚀，因此"长期保持高毛利"就表示这家公司具备某种护城河优势，可以保护自己的盈利水平。

所谓"股票护城河"指的是企业短期内无法被同行业公司模仿和替代的竞争优势。巴菲特老先生认为"对于投资来说，关键不是确定某个产业对社会的影响力有多大，或者这个产业将会增长多少，而是要确定所选择的一家企业的竞争优势（护城河），而且更重要的是确定这种优势的持续性（护城河的变宽/窄）。"这句话的含义即是我们做价值投资应该跟踪关注的不仅仅是每日股价的涨跌，更重要是关注股票背后的护城河的变化。因为短期内公司的盈利水平、公司产品、管理层都没有什么变化，公司还是那个公司，短期内的股价涨跌只是情绪面的波动。如果从长期看，只要公司的护城河够宽够深，股价就会随着公司价值不断上涨。

那么，我们如何确定上市公司股票的护城河，并找出具备护城河的上市公司呢？首先，我们认为上市公司股票的护城河主要来源于以下几个方面（图3-44）：

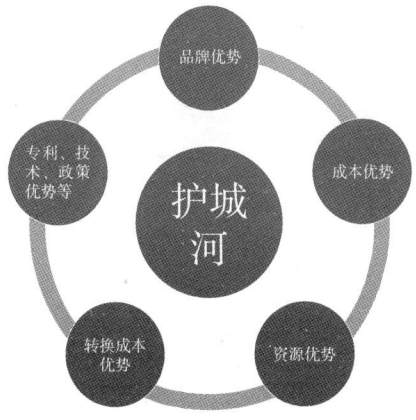

图3-44 上市公司股票护城河的构成

1. 品牌优势

首先，提到品牌我们马上就会想到茅台、五粮液，会想到麦当劳、星巴克、可口可乐，会想到宝马、奔驰，同时也会想到LV、香奈儿，等等。举一个品牌优势的例子：同样都是包，贴上香奈儿的牌子就可以多卖几倍的价钱；同样都是珠宝，装进蒂芙尼的袋子就可以多卖出30%的价格甚至更多。显然，消费者买的不仅是包包，更是包包上面的牌子，这就是品牌的力量——品牌会让产品增值。品牌力是衡量消费品公司优劣的核心观测点，更是消费品公司护城河中最重要的部分一，因为品牌价值是经过日积月累逐渐形成的，是对人们既有认知的改变，也是企业文化的沉淀。

晨星公司在《投资的护城河》中曾经指出，高的品牌认可度并不代表可以转换为定价能力，比如坐飞机时，人们才不会管你是龙头还是小的航空公司，总会选择便宜的票价。但是我们认为，这种情况下，品牌力体现在另一个方面：当人们去购买机票的时候，他首先会关注东航、南航、国航等大型航空公司的机票时间价格是否合适，然后才会再去对比小航空公司机票，甚至有时候在出国旅行中，人们愿意为大型航空公司的飞机票付出更多的钱，因为大家认为它们更加安全。当人们选择出差住酒店时，同样都是经济型酒店，他会优先看看如家、汉庭的房间价格位置是否合适，然后才会去对比其他的经济型酒店。这是因为尽管耳熟能详的品牌产品没有带来强的溢价能力，但却带来了另一种品牌力：被优先选择的能力。

2. 成本优势

沃尔玛的创始人山姆·沃尔顿曾说："你只要买得便宜，就可以卖得便宜"当你的成本比别人低时，同样的价格下，你的利润就比别人高。如果打价格战，同样的降价水平下，你按照成本出售就可以把其他成本高的企业打垮，因为他们只能亏本卖。这就是成本优势。规模经济就是对成本优势的经典利用，简单来说这体现在固定成本的分摊上。例如，你开了一个果汁店，买了一个200元的榨汁机，一年生产了100杯果汁用于售卖，那么榨汁机分摊到每杯果汁的成本就是2元，但如果你生产了1000杯果汁，那么分摊到每杯果汁的成本就是0.2元。此外，除了规模经济下固定成本分摊导致的利润率上升以外，成本优势还体现在流程和工艺的优化，独特的地理位置，等等。

3. 用户沉淀形成的转换成本优势

转换成本优势就是当客户想要购买你的竞争对手的产品时，因为转换的代价很高而多大程度上会选择放弃。我们可以将其总结为以下四点：

会员更多则转换壁垒更高。这也就是我们常说的网络效应，随着越来越多的用户持续地使用某一个产品，逐渐建立起的网络效应会使强者恒强。最典型的例子就是微信。比如，你已经使用微信多年，你的亲朋好友也都是微信的用户，你也经营了一个很好的朋友圈，很多和朋友的回忆、自己的观点都可以不时在朋友圈里查看。此时即便有别的公司开发了一款更好、更便捷的通讯软件，你也会因为网络效应和用户使用习惯而放弃尝试新的软件。2019年，曾有三款通讯软件对微信发起过挑战，最后都以失败告终。

与客户沟通更深则转换壁垒更高。定制产品是这一类型的代表，例如定制家具行业、婚庆行业。比如，当你与婚庆公司签订合同预付定金以后，婚庆公司会和你就婚礼一事进行长达3-6个月的沟通，直到婚礼当天。期间即便你对这家婚庆公司不满意想要更换，也会因为需要与新的婚庆公司重新交流而放弃。

绑定条件越多则转换壁垒更高。典型的行业就是电信运营商。现在用户的手机号码除了接打电话之外，会绑定微信、支付宝、银联、手机游戏等等与生活相关的方方面面，因此用户一旦使用某家运营商的电话号码后，一般不会更换。

政策红利影响下的转换壁垒。例如证券行业。目前对于个人投资者的开户政策是：个人投资者可以在三家券商各开一个股票账户，但是信用账户只能在一家开立。因此投资者会发现，一旦自己具备了开信用账户的资格，证券公司会给他各种福利，邀请他在他们家开设信用账户。因为开设信用账户后，投资者一般也会随即通过该券商进行交易。

4. 资源优势

俗话说："靠山吃山，靠水吃水。"很多旅游景点就是靠着固定的旅游资源发展，再比如"家里有矿"的企业，这些企业都拥有非常常见的资源壁垒护城河。但是,资源优势既是对外的壁垒,也是对内的限制。比如旅游景点的上市公司,黄山、泰山是没有办法复制的,而旅游资源的承载力有限,这就限定了上市公司的天花板,因此大多数以经营自然景点作为主营业务的上市公司都只能在自己的"地盘"上纵向深挖,但不能够横向复制。

除了以上这些比较明显的护城河以外,还有专利与技术保护的护城河,比如一家企业开发的独有技术或者专利产品,这些毫无疑问会成为其护城河。但是这样的护城河是比较"浅"的。比如,随着老技术的不断淘汰,新技术的不断诞生,科技类公司的产品随时面临被新的技术替代的风险。

很明显,一旦一个股票背后的上市公司拥有了某种重要的护城河之后,该上市公司就能够在一定时期内不费吹灰之力地获取超额利润,从而"吊打"市场上的一切竞争对手,其股票的走势也会非常强劲。此外,具备宽且深的护城河企业一般具有以下几个特点:

第一,从"To C"(针对个人客户)的公司中去挑选。

第二,关键性的财务指标如毛利率、成本费用率等非常出众。

第三,符合国家的产业发展政策的行业要优选。

根据这几个条件,能不能选出真正具备护城河优势的个股标的?以及这些个股标的在行情不好的时候他们的走势又是怎样的呢?我们用近几年的大牛股恒瑞医药来举个例子。

恒瑞医药主营业务为化学原料药及片剂、针剂、胶囊、粉针等制剂的开发、制造和销售,已经成长为国内医药创新药的龙头上市公司,由恒瑞医药公司开发的国产抗肿瘤药以及麻醉药在国内具有很高的市场占有率。恒瑞医药每年的研发费用已经高达了20亿元以上,历来保持着高增长,从而造就了该公司核心的产品药物高达90%以上的产品毛利率。加上医药行业是我国重要的政策扶持行业,恒瑞医药很显然就是一家具备核心护城河的好公司。从市场表现来看，有护城河加持的恒瑞医药无疑是一只大牛股，近10年走出了20倍的长牛。

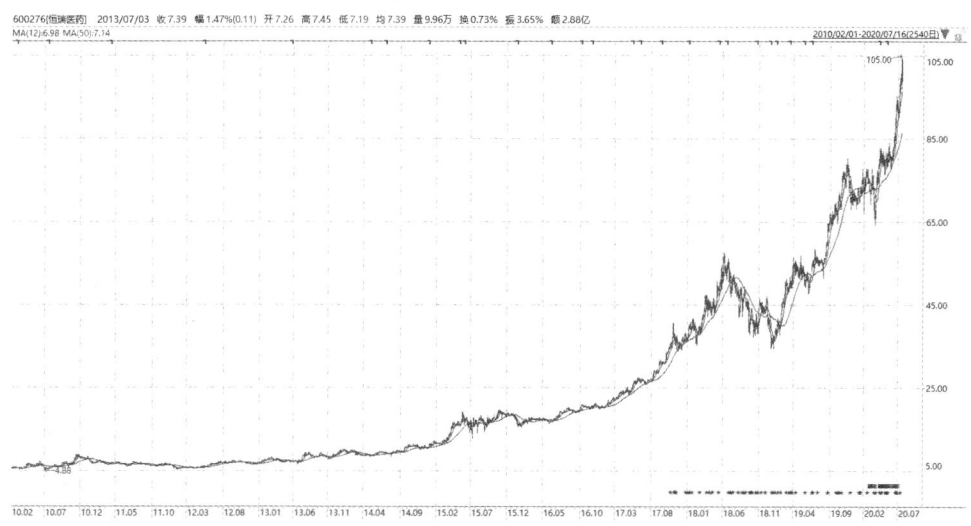

图3-45　恒瑞医药股价走势（2010—2020）

投资的护城河保护的是公司盈利水平。具有宽且深的护城河，公司就可以在长期的发展中战胜一个个竞争对手。而正所谓"一流的企业做标准，二流的企业做品牌，三流的企业做产品"，作为一流企业的一大特征就是具备定价权。白酒行业是最能够直接说明这点的行业。茅台涨价以后，五粮液也会跟着涨，洋河接力，但是它们之间永远有一条价格缓冲带，这就是茅台作为行业龙头老大地位的体现——定价权。

好公司的核心指标——净资产收益率ROE

巴菲特说："如果只用一个指标进行选股，我会选择ROE。"能够为股东带来源源不断的收益的公司才是好公司。ROE是企业净利润与净资产的比值，用来衡量每单位净资产能够创造的利润。

假如我们开了一家奶茶店创业,初始的装修、桌椅、相关的机器设备等等合计投入了20万元,一年扣除成本后赚了5万元,则净资产收益率为25%;若赚10万元,则净资产收益率为50%。由此可见,我们可以粗略认为ROE越高越好,越高的ROE表明该项投资的回报率越高,也表明所投资的项目比其他低ROE的公司更具竞争优势,或有更深的护城河保护。

那么这一指标是否适用于筛选A股的上市公司呢?我们选取已经上市5年以上,ROE在2014至2018年均大于15%的上市公司,可以看到大部分集中在大消费(食品饮料、家用电器、轻工制造、生物医药)和TMT(电信、媒体和科技)行业,其中很多公司均为各行业的龙头企业,也是过去的大牛股,例如贵州茅台、格力电器等。(表3-13)

表3-13　上市5年以上,2014年—2018年ROE均大于15%的上市公司

行业	数量	代表企业
有色金属	1	西藏珠峰
医药生物	18	爱尔眼科、恒瑞药业
银行	2	招商银行
食品饮料	8	贵州茅台、双汇发展、伊利股份、海天味业
轻工制造	4	晨光文具、索菲亚
汽车	4	上汽集团
农林牧渔	1	生物股份
机械设备	3	豪迈科技
计算机	1	航天信息
家用电器	7	美的集团、格力电器
交通运输	1	东莞控股

（续表）

行业	数量	代表企业
建筑建材	4	金螳螂
化工	1	嘉化能源
公用事业	4	涪陵电力
非银金融	1	中国平安
纺织服装	3	海澜之家
房地产	3	万科A、保利地产
电子	7	海康威视
电气设备	4	宏发股份
传媒	2	完美世界

尽管这些优质公司的ROE都在长时间内保持高水准，但是它们的盈利手段是不一样的。分析一家公司的质量不是孤立地看ROE的高低，而是看公司通过什么手段保持如此高的ROE以及未来能否继续保持。分析任何财务或者估值指标，最好的方法就是拆解。我们通过对ROE公式拆解，可以看到决定ROE的核心要素可以分为三个方面（图3-45）：

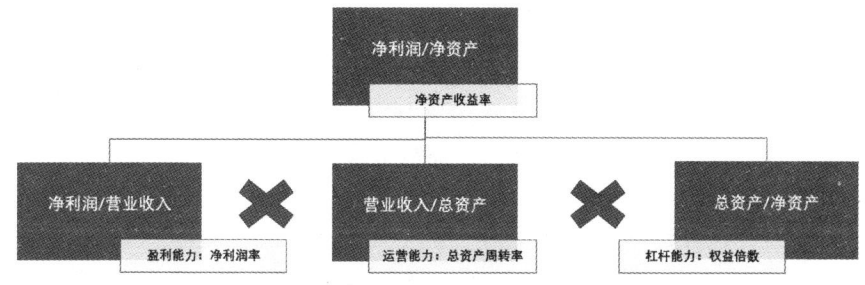

图3-45　影响ROE的核心要素

通过拆解这些要素，我们可以分析出公司到底是靠什么赚钱的。在此，我们先对每个指标进行简单的理解：

- 净利率：简单来说就是指在每一块钱的收入中，有多少能转化为利润。
- 总资产周转率：我们可以把这个概念理解成"钱生钱"的效率，即一单位资产能带来多少营业收入。一年之内，总资产的周转率越高，公司赚钱的效率就越高。
- 权益倍数：这个指标我们可以通过一个例子来理解。假设股东投资50元，借来了50元，总资产100元，那么权益倍数=100/50=2。

这就是著名的杜邦分析。一家企业的盈利能力强，要么是单纯的因为利润率高，即具有定价权的优势企业（例如茅台，价格高、成本低），要么是因为运营领先（例如晨光文具），要么是因为通过杠杆撬动了收益成倍增加（例如房地产、金融行业），如表3-14所示：

表3-14　2014—2018年ROE均大于15%的部分公司

证券简称	行业	权益乘数	销售净利率%	总资产周转率(次)
招商银行	银行	12.4093	32.5155	0.0381
贵州茅台	食品饮料	1.3615	51.3718	0.5244
晨光文具	轻工制造	1.6237	9.465	1.6958
中国平安	非银金融	10.4483	12.3309	0.1433
华夏幸福	房地产	7.488	14.0847	0.2133

以上所列出的公司都是从2014年—2018年ROE均大于15%的代表企业，从中我们可以看到各家企业的盈利方式不同，但是它们最终都成为优秀的公司。

以华夏幸福为例，其主业是房地产开发，但是公司通过工业园区的基建投资、围绕产业新城这种全新的商业模式，加大了经营性的杠杆。而公司所经营的房地产片区，又集中在京津冀范围内。这片区域的房地产增值在过去几年内要远高于国内的其他地区，这就使得公司的杠杆发挥了良好的作用。

最后需要提醒投资者的是，一方面，净资产收益率不适用于不同行业之间企业的横向比较。如某些企业负债畸高，导致净资产收益率偏高；某些企业尽管效益不错，但由于财务结构合理，负债较低，净资产收益率却较低。但这并不意味着前一类企业的投资价值和投资回报就要好于后一类企业。另一方面，投资不仅仅是对企业过往数据的静态分析，更是对企业未来的预判，我们不仅需要分析公司过去具体通过什么盈利，更需要判断未来这种盈利方式是否可行。例如贵州茅台，我们可以认为茅台因其极低的成本（固定成本、三费等）和定价权带来的涨价能力从而保持了较高销售净利率。所以其ROE在未来将有大概率在长时间内维持在较高的水平。

总之，优秀企业首先要在优秀的行业里筛选。其次，优秀企业一定是具备护城河的企业。护城河一方面为企业带来了定价权的能力，另一方面为企业带来了持久的高水平盈利能力，体现在财务上就是长时间保持较高的ROE。

3. 好价格——买得便宜

筛选出优秀的企业后是否就应该直接买入呢？我认为这里需要解决两个问题。

好的企业是否意味着股价一定会上涨？

如果你筛选出的"优秀"企业经过时间验证只是"普通"企业怎么办？

不妨来看一个例子。美国股市20世纪70年代，在经历了60年代的"电子股"炒作之后，"理性"的投资者决定回归价值——于是，"概念退场，蓝筹登台"。50只高成长蓝筹白马股成为华尔街的心肝宝贝，史称"漂亮50"，其中包括IBM、迪士尼、麦当劳、惠普等家喻户晓的超级品牌。到80年代，这批"漂亮

50"的估值均从巅峰跌落，跌幅超过50%。

热门的资产通常伴随着泡沫，泡沫为投资者提供了很多买入和卖出的机会，直到泡沫被戳破，资金离场，徒留一地鸡毛。A股从来不缺这种泡沫，2015年的"互联网+"泡沫就是一个典型的案例。可是投资者们却总是好了伤疤忘了疼，2019年以来科技股大涨，估值高企，"市梦率炒股""看估值你就输在起跑线上"的说法又一次成为炒股的"核心逻辑"，中国平安、万科A这样的白马股却纷纷趴在地上。

20世纪70年代美股的例子告诉我们，好的企业也可能因为估值过高而需要时间甚至是泡沫破裂后的大幅下跌来消化；A股的例子告诉我们，优秀的企业其实很少，更多时候是市场投资者情绪亢奋后产生的过高预期。因此，要减少股市泡沫带来的损失，需要对股价做合理的估值。

简单来说，重视"好价格"就是通过对企业估值锁定被错杀的"便宜货"。其关键就是寻找"预期差"。关于估值的具体方法，我们将在后文用一整节来讨论。我们先来讨论几个"便宜货"的定性特征：

一、基本面有问题。

二、有争议、不合时宜或令人恐惧。

三、被认为不适合作为"正规"投资组合。

四、不被欣赏、不受欢迎和不受追捧。

以上这四点可以理解为"便宜货"的"戴维斯双杀"现象，即估值和盈利的双重下杀带来的股价大幅下跌。比如说2008年奶粉行业的三聚氰胺事件，2012年白酒行业的三公消费管控以及塑化剂事件，2018年光伏行业的降补贴事件和医药行业的带量采购事件等。这些行业性利空消息，导致行业和公司不再被看好和被抛弃。

五、收益不佳的追踪记录。

六、最近有亏损问题，没有资本增益的。

比如，2018年的中兴禁令，被处罚了十几亿美金，导致亏损，使得股价暴跌。原来持股的人大量抛售，连续跌停后出现了绝佳的进场机会，不到三个月时间，股价涨幅接近200%。有不少人依靠这只股票赚了个盆满钵满。

巴菲特说"价格是你付出的，价值是你得到的"，买股票就好像大家平时的消费，再好的产品也要有一个合理的定价，超过了合理定价再买入，就会有风险。但是股票的背后是公司，公司的价值是很难确定的，因为公司的价值是其未来所能创造的全部现金流，而未来是最难以确定的事情。因此我们才需要用各种方法对企业估值。估值存在不确定性，因此需要留出足够的安全边际，这就是所谓的"模糊的正确"。寻找好的价格既为我们留出了足够的安全边际，既便于在我们对公司判断失误（估值出现严重偏差）时留出足够的撤退空间，又为我们创造了足够的盈利空间。

4. 好时机——藏器于身，待时而动

当我们锁定了好的行业、好的公司，并在对公司充分估值后，我们还需要再加一重判断：现在是不是对的买入时机？

很多价值投资者认为不需要择时，甚至对择时嗤之以鼻，认为择时就错过"价值"了。然而，一个看起来很吸引你的"低价"可以持续很长时间不上涨，低的估值水平甚至可能因不被看好而导致股价继续走低，尤其在A股这种"牛短熊长"的市场，买入后可能面临的漫长等待将会使投资者渐渐怀疑买入决策的合理性。不仅股民如此，专业的机构同样如此。因此，择时在投资中是非常重要的一环。然而这也是最难的一环，因为择时是对市场情绪、投机思维的把控。择时

往往是技术分析的范畴，我们在前文曾详细分析过。而从基本面来判断时机，有以下三项指标：

一是宏观指标。

从宏观经济来看，政策底先于市场底先于业绩底，因此我们可以根据领先指标、同步指标作为观测依据，例如货币政策、社会融资数据、PMI指数、发电量、汽车销量等等。

二是估值指标。

长期来看，估值肯定是核心观测指标。当估值严重低估的时候，结合全市场的估值百分位，我们可以为下跌空间做出不同的仓位控制，利用分布加仓的方法降低投资的风险。买得足够便宜，就不怕被套。

三是情绪指标。

此处是指经过市场检验的情绪指标。情绪指标有很多，例如新股发行的频率、新股上市的涨停板数量等都可以作为观测市场情绪的指标。观察历史我们可以发现，公募基金仓位最满、新产品成立最多的时候往往就是股市见顶的时候。因此，当你发现公募基金的仓位接近满仓，明星基金经理频频发布新产品并且总被一抢而空的时候，可能就需要警惕了。

财务分析——读懂企业的语言

经历过2015年的"疯牛"、2016年的"沉寂"、2017年的"白马牛"、2018年的"大熊"、2019年的"震荡慢牛"，投资者已经越来越清晰地认识到基本面对于炒股的重要性。股市里消息繁杂，K线变化万千，过于专注短线确实容易让人陷入迷茫。只有从基本面入手，才能比较准确地把握公司的优劣。

财务分析是通过分析公司基本面进行投资的重中之重，但往往也是业余投资者最难攻克的一个部分。三张报表（资产负债表、利润表、现金流量表）就是企业与外界交流的语言。一方面它们可以作为企业每年的体检表，帮助我们了解企业的经营是否健康；另一方面它们又是企业的账单，体现企业每年花了多少钱，赚了多少钱。

如果你是一个刚刚开始学习财务分析的新手，那么你会被三大报表的数十个科目搞得头晕目眩，抓不住重点。因此在开始学习三大报表之前，我们先要对财务报表进行一个框架的建立。如图3-46所示：

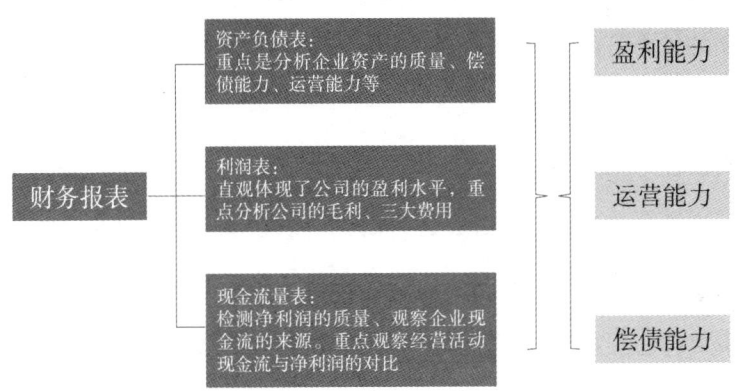

图3-46　财务报表框架图

我们通过资产负债表了解企业的资产质量，通过利润表了解企业通过这些资产能够实现的盈利水平，最后再通过现金流量表对企业的盈利水平进行检验，挖掘企业能够创造的自由现金流质量。我们建议投资者重点分析盈利能力、营运能力和偿债能力。另外，我们将从一些需要重点关注的科目入手，通过实际案例分析。

1. 资产负债表：财报的核心

如果将三张报表的重要性排序的话，资产负债表一定是最重要的。资产负债表是反映公司某一特定日期（月末、年末）全部资产、负债及所有者权益情况的会计报表。比如，我们经常在网上看到关于相亲的话题。男女双方往往会比较关注对方的"硬实力"——有房吗、有车吗、存款多少，以及有没有按揭等等。以上信息正是一个人的资产负债表——存款是资产端的货币，房子车子是资产端的固定资产，买房买车的按揭则是负债端的长期负债。如果这几点令人满意，双方进一步交流的机会可能会大大增加。这个例子告诉我们，资产负债表在三大报表中的基础地位。

资产负债表的基本结构是"资产=负债+所有者权益"。不论公司处于怎样的状态之中，这个会计平衡式永远是恒等的，所以它又叫平衡表。这一会计恒等式左边反映的是公司所拥有的资源，右边反映的是公司的不同权利人对这些资源的要求。通俗地说，左边反映的是钱从哪里来，右边是钱都投去了哪里。债权人对公司的全部资源有要求权，公司以全部资产对不同债权人承担偿付责任，偿付完全部的负债之后，余下的才是所有者权益，即公司的资产净额。

典型的资产负债表各指标多达80多项，纷繁复杂。但是总结其规律，资产端的排列顺序是按照变现的难易程度从上到下排列的，依次是货币资金、应收账款、存货等等。根据"资产=负债+权益"这一恒等式，我们可以将资产负债表总结表3–15，这样一来，我们对于资产负债表的分析就简洁明了了。

表3-15　资产负债表要点

资产负债表	
流动资产	流动负债
非流动资产	非流动负债
	所有者权益

1. 资产端：企业家底都有啥？

这里，我们重点分析流动资产中的应收账款以及非流动资产中的商誉（一般打开常用的股票软件看F10栏目中的财务报表项目即可）。

流动资产

流动资产可以用于分析公司的现金、各种存款、短期投资、各种应收款项、存货等。流动资产比往年提高，说明公司的支付能力与变现能力增强，其中变现能力最强的包括现金、银行存款、短期投资等，对于应收款项、存货等则必须要结合账龄、周转天数等判断其资产质量，以正确认识公司的支付能力。

在流动资产涵盖的项目中，笔者认为需要重点关注应收账款这个项目。因为在企业的经营过程中，必然需要和其所在产业链上下游的企业交易，买卖货物。这其中就会产生三种交易方式——先款后货、钱货两讫、先货后款。这里我们要理解一个原则：在行业中处于强势地位的企业，往往更容易争取先拿货、后付钱或者先收钱后给货。因此，一家可以长期先拿货后给钱，或者先拿钱后给货的企业，很可能是一家十分优秀、在行业中处于强势地位的企业。相对应的，如果一家企业的应收账款突然增多，那很可能是这家企业市场地位、产品竞争力出现了问题，这个时候就需要投资者警惕了。

这里我们以应收账款为例，一家企业如果应收账款越来越多，新增应收账款在当年营业收入中的占比越高，对企业就越不利；应收账款的账龄越长，钱收不回来的概率就越大。我们可以通过以下几个指标来观察应收账款的质量：

◆ **应收账款的绝对值，是否连年增加。**

◆ **应收账款周转率和应收账款周转天数**[①]。

以上这些指标，我们不仅要和公司的历年数据对比，观察其增减情况，更需要将其放在公司所处的行业内对比，观察其与竞争对手的差异，分析是否有异常情况。

◆ **和公司历史相比——以四川长虹为例**

四川长虹是一家知名度很高的公司，业绩最好的时候是在20世纪90年代。1994年的时候，其归母净利润为7亿元，到了1997年归母净利润飙升到28亿元，利润翻了4倍。然而通过观察其历年年报的应收账款，我们发现，其实自1996年以来，四川长虹的应收账款就大幅增长，从1995年的1900万元增长至2003年的50.84亿元，其中87.5%的应收账款均来自美国一家名叫Apex Digital的公司。相对应的，应收账款周转率同样逐年降低，从1996年的59.8%降至2004年的3.2%。巨额+集中的应收账款如一颗定时炸弹一般悬在四川长虹的头上。

表3-16　1996年—2004年四川长虹历年年报应收账款情况

日期	1996	1997	1998	1999	2000	2001	2002	2003	2004
应收账款周转率（%）	59.8	11.6	6.2	3.3	2.9	3.5	3.5	3.1	3.2
应收账款周转天数	6.0	31.2	58.3	107.6	124.7	103.4	101.6	117.2	111.8

四川长虹在2004年出现自上市以来的首次亏损。其在2004年发布的公告称预计计提3.1亿美元的大额坏账准备，消息一出，四川长虹股价暴跌。

---

① 应收账款周转率=营业收入/平均应收款项
　应收账款周转天数=365天/应收张狂周转率

◆ **和同行对比——以蓝田股份为例**

如果你在股市历经多年风雨,一定会对著名的"蓝田造假案"记忆犹新。蓝田股份(已退市)是一家水产养殖企业,其营收账款周转率和周转天数都极低,乍一看这是个加分项,然而其同行业企业的应收账款情况却大不如蓝田股份。这种情况下,投资者就应该产生警惕,分析这家企业是否真的强势,其收入是否真实。最终,蓝田股份因其大幅虚增收入而被终止上市。

表3-17 蓝田股份同行业上市公司年报中应收账款周转率对比:

名称	1999	2000	财务指标
蓝田股份(退市)	40.3566	44.9182	应收账款周转率(%)
ST 昌鱼	5.0300	1.0172	
大湖股份	2.3700	2.6606	

非流动资产

非流动资产,顾名思义,就是那些不能在短期内变现的资产,主要包括固定资产、长期投资和无形资产。由于这些科目不像流动资产那样容易理解,所以我们先对每个科目做个简单的介绍:

固定资产指使用时间超过12月,价值达到一定程度的资产,包括房屋、建筑物、机器、机械、运输工具以及其他与生产经营活动有关的设备、器具、工具等。对于重资产行业来说,固定资产的分析十分重要。此外,固定资产分析是对实物形态资产的分析,其分析要点是"计提折旧",因为折旧、折耗是否合理将直接影响到资产负债表、利润表和其他各种报表的准确性。

长期股权投资。就个人而言,我们赚了钱以后除了满足日常开销和自我升值的学习以外,还会通过理财来增加财富。对于公司来说也是如此。上市公司长期投资是指不准备随时变现，持有时间超过1年的企业对外投资。分析公司一年期以上的投资，如公司控股、实施多元化经营等，长期投资的增加，表明公司对未来的成长前景看好，但是投资者需要特别关注的是投资的最终结果。

无形资产指企业拥有或者控制的没有实物形态的可辨认非货币性资产。分析无形资产时，主要看企业的商标权、著作权、土地使用权、非专利技术、商誉、专利权等。其中商誉是需要重点分析的部分。

据我们通过Wind金融终端统计，2018年共有883家上市公司共计提商誉减值金额高达1667亿元，商誉减值超过10亿元的公司就有54家。而大幅商誉减值不仅造成了公司当年利润下滑（甚至亏损），更将产生深远的蝴蝶效应——资产负债率大幅上升，信用评级下降，市场质疑管理层投资能力等。这都将对未来股价产生极大的影响。根据数据显示，2019年3季度末，上市公司商誉总规模达到1.39万亿元，大体与2018年同期持平，比2018年年底高746亿元，商誉总额占两市上市公司总净资产的比重为3.11%，相较2018年底的3.21%仅下降了0.1个百分点。由此可见，未来"商誉雷"仍然是年报的主要风险之一。投资者一定要对其有所了解。

所谓"不并购，无商誉"，商誉是两家公司发生并购时，交易价格超过净资产公允价值的部分。假设公司A要收购公司B，公司B的净资产公允价值为30亿元。公司B表示："我的产品现在卖得这么好，未来行业空间广阔，随着品牌、渠道等扩张，我们市占率会持续提升，效益会翻倍。而且还有公司C也想要买我，我们的价值绝对不止30亿元！"最后公司A以50亿元的收购价格收购了公司B。那么多出来的20亿元就是商誉，是对公司B未来成长性、盈利能力的认可。商誉本质上看是一种无形资产，与并购标的物能否兑现并购时的业绩预期有关。

理解了商誉之后，我们就很容易理解"商誉减值"——无形资产贬值。回到上面的例子，当年公司A收购公司B的时候，得到了3年盈利翻倍的承诺。结果因为宏观环境不行，行业不景气，经营也发生了问题，公司B利润年年不达预期，成长性受到质疑，重新估值后变为40亿元，那么就需要减值10亿元，这就是商誉减值。商誉减值的影响主要体现在下面几个方面：

第一，当期可能造成巨额亏损。以2018年商誉减值排名第一的天神娱乐为例，其净利润亏损71.51亿元，其中光计提商誉减值就有41亿元。又如汤臣倍健，其2019年的业绩预告显示："2019年公司归母净利润亏损约3.65亿元至3.7亿元，同比下滑约136.43%至136.93%。亏损主要系公司此前收购的LSG在澳洲市场业务未达预期，预计计提商誉减值准备约10亿元至10.5亿元，计提无形资产减值准备5.4亿元至5.9亿元"。

第二，往往造成短期股价下跌。我们统计了2018年商誉减值损失前10的上市公司，在业绩预告后，均发生了短期的下跌。其中天神娱乐业绩预告公布第二天，股价便以跌停板收盘，而商誉减值排名第三的掌趣科技同样以跌停板收盘。

第三，长期来看，资产负债率上升导致融资难。商誉减值会造成净资产的大幅减少，而相应的资产负债率会大幅上升而造成不再符合上市公司融资标准，更会造成信用评级下降，使得未来融资困难，以至于对未来公司的流动性造成影响。此外，如果多项并购标的盈利均不达预期，则可能表明管理层的决策存在问题，或引来监管层的关注。

第四，"财务大洗澡"。如果上市公司当年盈利无望，那干脆一次商誉减值个够，这样来年实现盈利时，会造成企业盈利同比大幅增长，大幅盈利的假象。因此投资者在看到上一年亏损的上市公司在第二年盈利同比大增时，需要留个心眼。

综上所述，假如你所分析的公司存在大量并购活动，那么你就应该重点关注其商誉。一方面关注其所并购的企业作价是否公允；另一方面关注所并购公司的业绩情况，分析是否有减值压力。

2. 负债端：企业的义务

让我们再来看负债端。负债要素的分析包括以下两个层面：流动负债和长期（非流动）负债。负债端的分析应集中在企业的偿债能力上。

流动负债分析

流动负债与流动资产相对应，指公司一年内需要付清的负债，包括应付账款、短期借款等。分析时应注意避免遗漏，所有的负债均应在资产负债表中反映出来，重点关注预提费用的变化，如利息计提是否正常等。此外，还需要通过一定的指标来分析企业短期的偿债风险。①

长期（非流动）负债分析

这里包括的有长期借款、应付债券、长期应付款项等。我们应注意分析、了解公司债权人的情况，关注借款的类型是属于信用、抵押还是担保，抵押资产是否进行了适当披露，是否有逾期未归还的借款等。同样，我们需要对企业的长期负债能力进行评估。

最后，我们应该把这些指标与同行业的公司进行对比，才能够有效判断一家企业的负债是不是真的"低"。

3. 股东权益：企业的权益

股东权益一般包括股本、资本公积、盈余公积和未分配利润4个方面。同

---

① 企业的短期偿债能力：
流动比率=流动资产/流动负债
速动比率=速动资产/流动负债
　　　　=（流动资产-存货）/流动负债
现金比率=（速动资产-应收账款）÷流动负债

样，我们先对这4个科目进行简单的介绍：

股本简单来说，就是公司营业执照上的注册资金。除非增资减资变更登记，否则这个数字就不会变。

资本公积是指投资者或者他人投入企业、所有权归属于投资者，并且投入金额上超过法定资本部分的资本。简单来说，就是新加入的投资者投资的溢价部分。比如一开始由两个股东各出50万元（各占50%股份）注册一家公司，那么股本就是100万元。经营了一段时间后，第三个股东想要加入，此时他也出资50万元，看起来他出资占了1/3，所以应该占有1/3的股份，然而实际上，由于他不是成立时加入，公司经过一段时间的运作已经展现出很好的业绩，其实际价值已经不是起初成立的100万元了。因此第三个股东出的50万元可能只占20%，其中，20万元是实收资本，30万元就是资本公积。

盈余公积是指公司赚了钱，需要留下用于扩大再生产的那一部分。

未分配利润是指企业每年赚的钱，提取盈余公积以后，再分掉一部分给股东后剩下的部分。未分配利润是一个累计账户，是对企业长期经营成果的一个映射。

分析股东权益，主要是为了解股东权益中投入资本的不同形态及股权结构，了解股东权益中各要素的优先清偿顺序等。

总而言之，资产负债表是给企业老板看的，是评估公司财务报告的核心。我们可以利用资产负债表分析公司资产的分布状态、负债及所有者权益的构成情况，并据此评价公司资金营运、财务结构是否正常、合理；分析公司的流动性或变现能力；长、短期债务数量及偿债能力；评价公司承担风险的能力；计算公司的获利能力，评价公司的经营绩效。

对于资产负债表的分析，我们需要把握3个要点：首先，要把各项指标和历史数据做对比，及时警惕突然发生变化的指标；其次，要将相应的分析指标放在行业中，和可比公司进行对比，研究两者造成差距的原因，从中推测出是该企业有护城河保护，市场地位牢固，还是存在财务造假；最后，对于会计政策的临时变更需要格外警惕，例如一家企业突然将折旧方法从以往的年限平均法改为加速折旧法，又或者将存货的计价由先进先出法改为后进先出法，这个时候投资者需要了解企业变更的理由以及其合理性（可以观察同行业公司使用的方法是否与之一致）。如果不合理，那么企业可能存在着财务报表粉饰的嫌疑。

2. 利润表：说千道万，赚钱才是好公司

虽然我们可以从很多角度去观察一家公司到底好不好，但是说一千道一万，只有能持续赚钱的公司才是资本意义上的好公司。也只有这样的公司，才能真正给予投资人回报。因此，利润表是给投资人看的。利润表就是帮助我们判别上市公司赚钱能力的工具。

我们先来看两家比较著名的消费类公司，一家是东阿阿胶股份有限公司，另一家则是漳州片仔癀药业股份有限公司。众所周知，东阿阿胶公司是阿胶系列产品生产企业、非物质文化遗产东阿阿胶制作技艺代表性传承人企业、中医药文化宣传教育基地、健康旅游基地示范企业，也是著名的中华老字号公司。而片仔癀于1999年12月改制创立，其前身是成立于1956年的原漳州制药厂，亦是闻名遐迩的老字号中药类企业，其主打的片仔癀产品源于明宫廷秘方。通过观察两者在二级市场上的走势可以比较清晰地发现，同样是老字号的医药类白马股，东阿阿胶的长期股价走势远不如片仔癀的长期股价走势，而问题的答案就在利润表里。

利润表依据"收入−费用=利润"的原则编制，主要反映一定时期内公司的营业收入减去营业支出之后的净收益。通过利润表，我们一般可以对上市公司的经

营业绩、管理的成功程度做出评估，从而评价投资价值和报酬。

利润表包括两个方面：一方面是反映公司的收入及费用，说明公司在一定时期内的利润或亏损数额，据此分析公司的经济效益及盈利能力，评价公司的管理业绩；另一方面是反映公司财务成果的来源，说明公司的各种利润来源在利润总额中占的比例以及这些来源之间的相互关系。

对于利润表而言，收入、成本、"三费"[①]往往是分析的重点。

首先，收入和成本要联动起来看，我们可以通过这两个公式来理解收入和成本之间的联动关系：主营业务收入–营业成本=毛利润，毛利润÷主营收入=毛利率。对于毛利率的分析特别重要，我们在前文中特别分析过，能够"长期保持高毛利率"的公司需要重点关注，因为其很可能具有某几种护城河优势，是其行业地位高的体现。

其次，在分析"三费"时，我们要注意下面几个要点：

第一，看公司所在的行业类型、发展阶段等。例如对于科技类公司而言，分析管理费用中的研发费科目就非常重要。

第二，与同行业的公司对比。例如，将销售费用率与同行业的其他公司对比。一般来说，销售费用率高的企业竞争优势相对较差，因为需要通过大量营销来推动收入的增长。但是当企业处于扩张期时，高的销售费用率可以有效地增加其市场占有率和定价能力，有助于企业的长期发展，因此需要具体问题具体分析。

第三，与自身的历史对比。如果企业的销售费用率逐年降低，但是收入却没有受到太大的影响，这可能是一个积极的信号，表明企业的市场地位稳固，品牌力和产品力已经帮助企业赢得了足够的客户。

---

① 销售费用、管理费用和财务费用并称为三大期间费用，也就是我们常说的"三费"。

第四，看利润表要着重分析其盈利能力。我们同样可以通过一些分析指标来衡量：

资产净利率=（净利润÷总资产）

权益净利率=（净利润÷股东权益）

销售净利率=（净利润÷销售收入）

成本费用利润率=（利润总额÷成本费用总额）

前三个指标都是对公司盈利能力的分析，同样要和自身的历史以及同行对比才能得出客观的结论；最后的成本费用率越高，则企业的经营效益越高。

我们来对比一下东阿阿胶与片仔癀在2014年—2018年间的利润增长情况。根据两者历年的年报显示，东阿阿胶的净利润增长从2014年的13.7亿元增长到了2018年底的20.8亿元左右，累计增幅在50%左右，而片仔癀的净利润增长则是从2014年底的4.39亿元增长到了2018年底的11.4亿元左右，增长率达到了150%左右，这是东阿阿胶的3倍左右。

接下来，我们对利润表当中的收入项目与费用项目进行分析。其中，就收入项目而言，公司可以通过销售产品、提供劳务取得各项营业收入，也可以将资源提供给他人使用，获取租金与利息等营业外收入。收入的增加意味着公司资产的增加或负债的减少。将两个公司的收入情况做对比可以发现，东阿阿胶2018年底的营业收入总金额为73.4亿元，5年前这一项数据为40.1亿元，增长幅度为80%左右，而片仔癀在2018年底的总收入金额则是47.7亿元，同样，该公司在2014年底的总收入数据为14.5亿元，增长率达到了220%左右。从收入的角度看，片仔癀公司优于东阿阿胶公司。

那么费用项目又应该怎样分析呢？费用是收入的扣除。费用的确认、扣除正确与否直接关系到公司的盈利。所以分析费用项目时，应首先注意费用包含的内容是否适当，确认费用应贯彻权责发生制原则、历史成本原则、划分收益性支出与资本性支出的原则等。其次，要对成本费用的结构与变动趋势进行分析，分析各种费用占营业收入百分比以及费用结构是否合理，对不合理的费用要查明原因。同时对费用的各个项目进行分析，观察各个项目的增减变动趋势，以此判定公司的管理水平和财务状况，预测公司的发展前景。

观察东阿阿胶和片仔癀两家公司整体的费用变化趋势可以发现，前者的总成本费用在2018年底是24亿元左右，而2014年底是11.2亿元，增长了100%，而后者的总成本费用在2018年底是7.3亿元，2014年底是2.68亿元，增长了170%左右。从费用的结构上来看，东阿阿胶的费用主要集中在销售费用，而片仔癀则更倾向于管理费用，这就说明东阿阿胶产品的大卖是建立在加大广告推广的逻辑之下的，而片仔癀的产品热销则是更多依靠产品的优势以及品牌的溢价而取得的，因此，从这个维度上来看，片仔癀公司的竞争力要优于东阿阿胶公司一筹。当然，从两个公司的长期股价来看，片仔癀股价强于东阿阿胶也就再正常不过了。

总的来说，利润表的科目一目了然，从收入往下看，一项项递减，最终得出企业的净利润。但不能简单地基于利润的增长、利润率的上升而认定企业的质量在提高，我们需要分析到底是企业的售价提升、成本下降、费用控制得当，还是企业临时得到了某项福利造成了利润的增长。另外还要重点对企业未来的利润做出预判，并基于此对企业进行估值。当未来股市行情进入扑朔迷离的分化期时，重点要考量的是上市公司的业绩究竟如何，只有业绩过硬的公司才能够走到最后。

3. 现金流量表：盈利要能变成现金才最稳

企业的净利润并不必然等同于企业拿到的现金，因为资产负债表和利润表都是按照权责发生制编制的,而现金流量表的基础是收付实现制。假如产品发货,权责发生转换,就会被确认收入,而此时现金可能并未真正入账,这就是权责发生制。权责发生制下,应收账款会被确认为收入,即便客户一分钱都没有打给企业,利润表上仍然可以记为收入和利润。而只有真实收到的钱才会被记录在现金流量表上,所以通过现金流量表来检验企业的盈利质量非常关键。

因此,从真实现金流入企业的角度来看,我们可以将公司现金流入分为3类:一家企业新增的钱,要么是企业当年赚取的,要么是投资者投的,要么是债权人借的。对于后两者的统计就是筹资活动现金流,而当年赚的钱则被分成了两个部分:通过日常经营所得的就是经营活动现金流,通过当年企业投资赚取的就是投资活动现金流。

经营活动现金流:我们可以通过净利润来反推出经营活动现金流。以净利润的数额为基础,加回没有实际减少但是扣除的(例如折旧摊销、资产减值准备),减去没有实际增加但是虚增的(例如应收账款),以及和经营活动无关的(例如投资收益),就能得出经营活动现金流净额。

投资活动现金流:即公司通过投资赚取或亏损的钱。主要包含购建固定资产、长期投资现金流量和处置长期资产现金流量。

筹资活动现金流:筹资活动是指导致企业资本及债务规模和结构发生变化的活动。

首先,现金流量表中,经营活动现金流净额是最为重要的一项,我们通常将它和净利润的比值作为衡量企业净利润质量的标杆,其公式为:

净利润现金比率=经营现金流量净额÷净利润

该比率大于等于100%时,表示企业盈利质量很高,而小于100%则表示本期净利润中存在尚未实现现金的流入。这一比率越低则表示净利润质量越差,即使盈利也可能因现金流不足而导致流动性危机。

其次，通过现金流量表，我们还可以大致计算出企业的"自由现金流"。自由现金流是衡量企业现金流质量的关键所在。亚马逊CEO贝索斯在谈到财务指标的重要性时表示他最看重的是每股自由现金流。比如，假如你在每月的1号获得收入，并开始消费（吃喝玩乐、衣食住行、学习升值），月末银行卡里还剩的钱就叫自由现金流。套用到企业上来说，就是企业通过经营活动赚取的钱，扣掉投资活动花掉的钱后的结余。因此我们可以将自由现金流通过"经营活动现金流净额–投资活动现金流净额"来计算。

最后，从现金流量表的整体来看，投资者应该特别关注"经营活动现金流净流入、投资活动现金流净流出、筹资活动现金流净流出"的企业。拥有这种特点的企业很有可能是"现金牛"企业，因为企业不但经营有方，盈利质量很高，而且还在不断扩张，与此同时还能够不断回报股东并且归还负债。表3-18、3-19是贵州茅台和海螺水泥的现金流量净额，两家公司都体现出了这一特点。

表3-18　海螺水泥2015年—2018年现金流量净额

项目/年份	2015	2016	2017	2018
经营活动现金流净额（元）	9,908,174,057	13,196,752,191	17,363,026,840	36,058,966,899
投资活动现金流净额（元）	-12,719,266,733	-4,552,247,185	-5,202,647,658	-25,669,697,047
筹资活动现金流净额（元）	-4,431,069,000	-6,145,053,000	-6,804,310,000	-10,423,775,000

表3-19　贵州茅台2015年—2018年现金流量净额

项目/年份	2015	2016	2017	2018
经营活动现金流净额（元）	17,436,340,142	37,451,249,647	22,153,036,084	41,385,234,407
投资活动现金流净额（元）	-2,048,790,265	-1,102,500,804	-1,120,645,215	-1,628,962,705
筹资活动现金流净额（元）	-5,588,019,639	-8,334,512,252	-8,899,177,881	-16,441,093,160

4. 财报全扫描，防雷"四部曲"

2018年以来，A股爆发了业绩爆雷潮。这次爆雷除了数量庞大以外，还有一个最大的特点——白马股也深陷其中。业绩变脸、财务洗澡、商誉虚高……很多散户开始从这次大规模的爆雷中意识到企业的财报的重要性。

那么，如何做好财报扫描来"防雷"呢？我们需要从以下四个方面入手：

1. 业绩要持续增长

需要观察上市公司历史业绩（以年报为主），主要包括主业业务收入、净利润和经营活动现金流。一般而言，公司上市后，如果业绩不能持续增加，那么我们不应该将其纳入中长期投资范围，特别是业绩倒退的公司则要尽量避开。2019年第1季度化工行业的股票涨得比较好，这是不是意味着化工股就可以闭眼投资呢？显然不是这样的。大家来看湖北宜化（现名为*ST宜化），虽然在2019年1季度出现了一定的涨幅，但是纵观该公司的历史业绩指标，我们可以发现湖北宜化集团的经营业绩极不稳，并且在近两年的时间里出现大幅亏损。公司2017年的净利润为-509069.52万元，营业总收入增长率为-21.25%，经营活动现金净流量增长率为-49.77%。有人可能会问：这家企业以后的业绩有没有可能大幅好转呢？

对于大多数人来说，预测某一个行业或者公司的业绩拐点是非常困难的，如果一个公司在过去较长的时间里不能取得稳定的业绩增长，那么自然很难判定其在未来的时间里能取得不错的业绩。

2. **身家要清白**

需要确认上市公司没有造假的历史或者是相关的嫌疑。财务报告的一个重要作用是用来排除企业的，也就是说，如果一家企业曾经被确认为财务造假，那么这家公司最好直接被排除。而财报中还有很多是可能有问题，但又没有盖章定论的，一个典型的例子就是某上市公司声称的生物资产因冷水团影响而绝收，造成了当年的大幅亏损，后来证监会借助科技手段确定该公司存在财务造假行为。这样令人无法接受的解释最好不要去深究到底是不是真的，而是直接一票否决。

3. **主营业务必须清晰明了**

如果一家企业一直以来的主营业务只有一个，可以称为专心致志；如果有两个主营业务，可以称为双轮驱动。这样的企业应该是我们重点关注的企业。如果主营业务过多，我们就需要去思考企业是否三心二意，不务正业。此外，主营业务含糊不清的股票不要碰。如果一个公司的主营业务含糊不清，只有概念和故事的话，那么我们最好远离它，因为在这只股票上的"雷"随时可能爆炸。以前的乐视网就是很好的例子。

4. **小心驶得万年船，仓位管理是底线**

仓位管理。俗话说，"魔高一尺，道高一丈"。虽然造假的公司最终都会浮出水面被市场彻底抛弃，但在这个过程中，最受伤的还是普通投资者。从2019年最新爆出的康美药业和康得新这两个重大财务造假案来看，上市公司造假的手段越来越多。

而面对上市企业处心积虑的造假，绝大部分投资者（不管是散户还是机构）

都极难在出事前就做出预判。但我们至少可以通过仓位管理这个重要的"保命符"最大限度地减少踩雷带来的损失。所谓的仓位管理就是不要重仓押宝式地买入一只股票，而是做分散化的投资组合，一旦踩雷，能够将自己的损失降到可承受的范围内。

5. 看年报，找牛股

每年的3、4月份是上市公司发布年报的窗口期，A股也会借此掀起一波"年报行情"。下面，我们就从上市公司的年度报告入手，教大家阅读上市公司年报的注意事项，并通过公司年报来识别优秀的股票标的。

1. 什么是年报

上市公司年报是上市公司年度报告的简称，是上市公司一年一度对其报告期内的生产经营概况、财务状况等信息进行披露的报告，是上市公司信息披露制度的核心。目前，除金融业等特殊行业的上市公司在年报披露时要按有别于其他上市公司的专门财务披露外，一般而言，上市公司年报披露应包含的基本内容相同，其基本格式也有统一的规定。①

上市公司年报中的要素根据重要性的优先次序依次为公司简介、会计数据和业务数据摘要、股东变动及股东情况、董事会报告、财务报告等几项。

2. 年报的核心要素

公司简介具体内容包括公司名称及缩写、公司法定代表人、公司董事会秘书及其授权代表的姓名及联系方式、公司注册地址和办公地址及联系方式等。

---

① 在我国，上市公司年报编制的依据是《公开发行股票公司信息披露的内容与格式准则第2号〈年度报告的内容与格式〉》（2017年修订稿）及中国证监会和沪深交易所发出的相关通知及规定。

会计数据和业务数据摘要具体内容包括列示公司本年度实现的一系列经营指标；采用数据列表方式提供截至报告期末公司前3年的主要会计数据和财务指标；列示报告期内股东权益变动情况，并逐项说明变化原因。这是阅读公司年报的重中之重。

股东变动及股东情况，即股本变动情况和股东情况介绍，亦是作为我们中小投资者投资决策的重要参考项目。

董事会报告具体说明了公司经营情况、公司财务状况、公司投资情况、公司生产经营环境以及宏观政策法规发生了重大变化的情况、新年度的业务发展计划、董事会日常工作情况、公司管理层及员工情况、利润分配预案或资本公积金转增股本预案及其他报告事项。通过董事会报告可以分析出上市公司在上一年取得经营成果的主要原因以及未来可能的积极变化。

最后的财务报告主要是翔实的数据记录，我们只需要稍微过一遍即可。

3. 年报擒牛术

仔细研读年报，投资者就会有很大概率能捕捉到牛股。

以浙江龙盛这个股票的情况为例：浙江龙盛集团股份有限公司是浙江省绍兴市上虞区的一家从事以染料、助剂为主的纺织用化学品业务和以间苯二胺、间苯二酚为主的中间体业务的上市公司。这家公司在2019年3月30日公布了2018年的年报。从年报中的数据来看，公司的经营稳健，盈利能力突出。

营业收入，净利润，归属于上市公司股东的扣除非经常性损益的净利润等，分别同比增长了26.32%、66.20%、102.64%（表3-20）——显然，从业绩上看，浙江龙盛已经是一个优等生。

表3-20 浙江龙盛会计数据和业务数据

单位：元   币种：人民币

主要会计数据	2018年	2017年	本期比上年同期增减(%)	2016年
营业收入	19,075,780,342.76	15,100,899,901.19	26.32	12,355,532,956.92
归属于上市公司股东的净利润	4,111,364,628.97	2,473,794,817.90	66.20	2,029,011,380.13
归属于上市公司股东的扣除非经常性损益的净利润	3,704,231,924.98	1,827,999,233.56	102.64	1,137,003,547.09
经营活动产生的现金流量净额	1,076,300,530.35	-252,629,796.89	不适用	-6,075,318,360.85
	2018年末	2017年末	本期比上年同期末增减(%)	2016年末
归属于上市公司股东的净资产	19,969,920,522.93	16,943,895,181.29	17.86	15,621,773,761.19
总资产	52,216,259,169.85	46,352,806,669.05	12.65	39,936,427,833.16
期末总股本	3,253,331,860.00	3,253,331,860.00	0.00	3,253,331,860.00

那么，从股东变动及股东情况数据来看，重要的股东们如何看待它呢？前10大流通股东当中的香港中央结算有限公司与国泰君安君得鑫股票资产管理计划集中增持了2000万股左右，这说明机构投资者还是相当认可这家公司的股票的。

最后，再来看该公司的董事会报告："2018年全球经济不确定性增加，尤其是中美贸易摩擦不断升级，增加了世界经济波动的风险和不确定性；国内环保整治持续，部分不达标的小企业永久退出市场，甚至大型上市公司也纷纷公告停产整改，竞争优势进一步向一直重视环保的龙头企业倾斜，环保政策红利充分体现。公司决策层和管理团队积极把握龙头地位优势和市场有利契机，深化实施战略采购，强化落实销售策略，制造业务板块业绩大幅度提升，公司营业收入和利润实现双突破，创出历史新高。"这段话要表达的重点就是行业发生了一定的动荡，但是公司凭借其优秀的竞争能力取得了显著的经营成果，并且收割了整个市场。

以上信息反映到股价上是不是真的有那么好呢？浙江龙盛从这2019年1季度末的11.42元启动连续涨停以来，最高上涨至26.26元，即使我们在2019年3月30日之后介入，依然还是能够取得很大的涨幅。（图3-47）

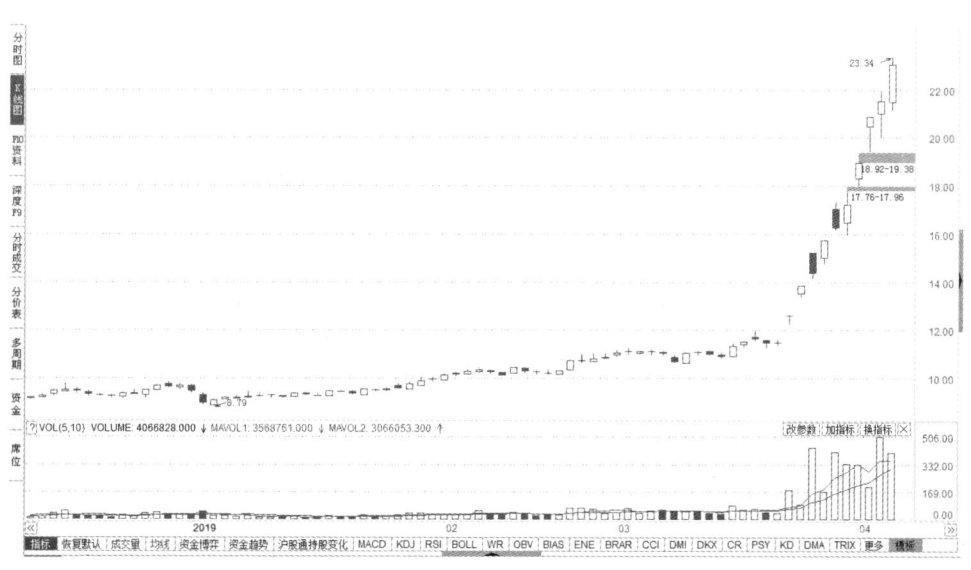

图3-47　浙江龙盛股价走势

估值分析——留出足够的安全边际

读到这里，你已经可以通过定性的公司分析来辨别公司的优劣，以及通过定量的财务分析来判断企业是花架子还是有真材实料。

说到底，我们在A股炒股，最终还是要落在"低买高卖"这个事情上，股市涨跌自有"天数"，这个"天数"就是市场运行的内在逻辑和规律。比如说，在一波下跌行情的中后期，很多股票都会出现显著的强于大盘，先于大盘完成个股的筑底，那么这些个股究竟有哪些特征呢？所谓"牛市看势，熊市重质"。在牛市中，我们关注强势股自不必多言，而熊市下跌时，我们更加应该重视股票的质地以及股价到底是贵还是便宜的问题。好价格的重要性我们已经在前文着重谈过，这里我们直接进入估值方法，帮助投资者通过多个估值手段来判别股票的价值。

1. 相对估值法

估值方法主要分为两种，一种是绝对估值法，也就是贴现率法。该理论最早由艾尔文·费雪（Irving Fisher）在1906年提出，费雪认为资本能够带来一系列的未来收入，所以资本的价值实质上就是未来收入的贴现值。该方法的优点在于理论基础和推导过程完整，而且直接分析企业的核心因素——现金流，并且在分析的过程中，会对企业的成长性、盈利能力、营运能力等做出详细的评估。但是其缺点也是显而易见的，首先未来的股利、现金流、增长率等预测困难且具有很强的主观性，其次模型较为复杂，并不适合一般投资者。因此我们主要通过相对估值方法来进行估值。

相对估值法也就是常说的可比公司法，其理论依据是利用可比公司的价值来衡量目标公司的价值，其优点是简洁明了、直观易用，适合一般投资者，缺点是利用一个指标来衡量大量信息有失偏颇。因此投资者在使用相对估值法时要遵循两个原则：第一，多个估值指标共同衡量；第二，拆解永远是最好的分析估值指标的方法。

2. 市盈率与PEG

股票的估值衡量标准其实有很多种，但是其中最重要的也是大家必须学会的一种是市盈率估值。市盈率也被称为"PE"，是由股价除以每股收益而得出的（市盈率PE=股价÷每股收益）。市盈率这个指标简单明了地告诉大家，在假定公司利润不变的情况下，以当下的交易价格买入，投资股票靠利润回报需要多久可以收回成本。例如，假如PE=5，表示现在的投资5个利润回报周期（一般以"年"计）以后可以收回成本，也就是投资回报率20%。

直观来看，市盈率越低意味着当期投资的股票所收回成本本金的时间越短，这样自然而然这个市场价格就应该是更加接近于"便宜"。反之，若是市盈率越高的话，意味着当期投资的股票收回投资本金的时间将会变长，当然这个市场价格买的股票就会更加昂贵。

使用相对估值法的关键在于两点。

首先是"比"。我们需要将估值数据和同行业的可比公司对比，和成熟市场（比如美国）的可比公司对比，和公司自身的历史PE对比，通过对比得出公司目前的估值是贵了还是便宜。假如某公司A和行业的平均PE对比低了30%，那么我们就可以粗略地认为未来A公司的PE有30%的上升空间。

再比如利用PE和自身的历史数值相比。这里我们引入一个PE百分位的概念，上证综指从2010年2月27日至2020年2月27日，PE最高值为27.86，最低为8.91，2020年2月27日的PE是12.98。那么2020年2月27日所处的百分位，就是（12.98-8.91）÷（27.86-8.91）=21.48%。从这里可以看出，百分位越低则表明估值水平相较于历史水平越低，即"越便宜"。2020年2月27日的PE百分位位于20%多的位置，这意味着上证综指非常便宜。在这10年里面，仅有两个区间段，估值是低于13倍PE的，一次是2013—2014年，一次是2018年底，而后面紧跟着的就是2014年下半年一直持续到2015年年中的大牛市以及2019年1季度的大幅反弹。所以，以2月27日历史百分位低于25%的情况看，A股实在是太便宜，后面上涨的概率和空间都比较大。

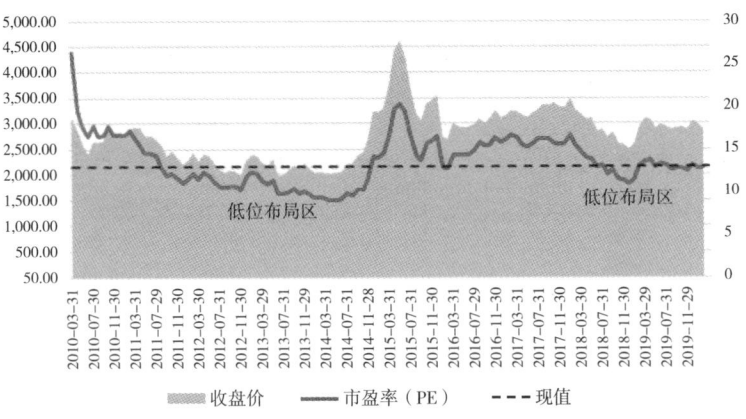

图3-48　2010—2019年上证综指PE历史百分位

其次，我们要观察什么因素会影响PE的变化。一般而言，引起PE变化的决定性因素是公司的增长率。例如经营同样业务的两家公司，当前的PE都是10倍，我们认为公司A未来的净利润增长率是30%，而公司B未来的净利润增长率是10%，那么一年以后，假定股价不变，由于净利润的增长，公司A的PE会变成7.7倍，而公司B的PE会变成9.1倍。显然投资公司A是更赚钱的，因为公司A的投资回报率已经从最开始的10%上升到了13%，而公司B的投资回报率却只上升到了11%，投资A可以更快速地收回成本。因此，我们应该为公司A的快速增长赋予其更高的交易溢价。此时，即便对公司A的估值提升至和公司B一样，我们也可以通过估值的提升而获得股价带来的18%的涨幅。因此，当我们使用PE的时候，需要将其除以公司的净利润增长率，得出的比值就是著名的PEG指标：

PEG=PE÷利润增长率

PEG指标的率先使用者是英国的著名投资大师吉姆·斯莱特，其后被彼得·林奇发扬光大，广泛应用于成长股的选择上。因为我们要买的资产，不仅要价廉（也就是PE低），还要物美（也就是未来成长性不错）。所以综合考虑了"物美价廉"的PEG指标，在成长型的市场中的应用效果更好。一般而言：

PEG < 1，表明股价被低估；

PEG=1，表明股价处于合理的估值水平；

PEG > 1，表明股价被高估。

也就是说，更高的增速匹配更高的估值。等业绩兑现后，公司的利润增长变快，其相应的估值也就不会显得像业绩未兑现时这么高了。这也就回答了为什么2019年以来科技股在估值已经非常高的情况下还能持续暴涨。正如我们在前文中阐述的，当前的股价反映的是投资者对于未来的预期，大家都认为科技龙头业绩好，综合业绩增速考虑，很多科技股龙头的估值就显得不那么高了（注意，这里的前提是要筛选出真正的科技股）。

3. 市净率与ROE

市净率（Price-to-Book Ratio，简称PB）是股票的市值与净资产的比值（或每股价格与每股净资产的比值），反映的是我们用多少倍的价格购买该资产。通常情况下，这一比值越低表明风险越低，购买吸引力越强。例如，假如某只股票的PB=2，此时你购买这只股票相当于用了2倍于净资产的钱。因此，理论上，假如某只股票的PB < 1，即每股市场价格比每股净资产还要低，那么这个时候我们就应该把公司收购了，再以面值清算。

股神巴菲特认为，一家公司的净资产价值大致等于该公司的内在价值。根据这样一个基本的理论，我们可以得出，买股票时越接近于这个股票的每股净资产的价格就越便宜。

因此，有这样的一个经验规律：

1. 当市净率＝1，股价＝每股净资产，此时购入股票其实是按照上市公司的价值进行等价的买卖，基本上买入的价格会比较公道。

2. 当市净率＜1（破净状态时），股价＜每股净资产，说明此时上市公司的股票正在打折，只要该上市公司的资产足够好，那就是绝对便宜的买入机会。

3. 当市净率＞1，即股价＞每股净资产，这种情况下意味着上市公司需要支付溢价才能买到。

尽管PB作为相对估值指标不像PE应用得那么广泛，但是当目标公司属于成熟行业资产依赖性较强、利润增加主要依靠资本再投入的行业，比如银行、建筑、钢铁、房地产等行业时，其效果要好于PE。

正如我们将PE和PEG联合起来观察估值的高低，PB同样要和与之相匹配的指标共同应用，这就是ROE。关于ROE的分析我们前文曾详细地分析过，这里我们直接看PB和ROE是如何联动的。

◆ PB-ROE：专业机构的投资利器

PB和ROE的分母都是净资产，而且将两者相除则可以得到PE这一最常用的估值指标。因此，我们同样可以将PB和ROE理解为对PE的拆解，通过二维的观察来衡量一家企业的估值水平。理论上，ROE高的企业我们应该为其赋予更高的PB，两者应该符合线性关系。以贵州茅台为例，从图3-49可知，2011年至2017年PB与ROE的R2（决定系数）高达0.78（可以直观理解为线性关系很强）。因此，贵州茅台连续15年保持ROE在15%以上，如此优秀的企业，市场也愿意为其赋予更高的估值。

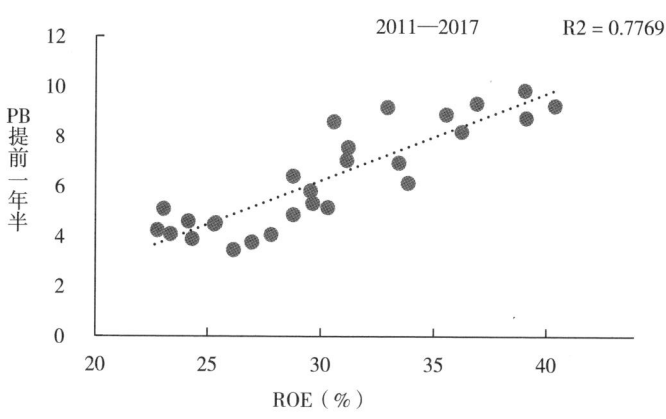

图3-49 贵州茅台PB与ROE拟合情况

图片来源：国盛证券、Wind

其实，我们可以将价值投资粗略地归结为一句话："用便宜的价格购买优质的公司。"而PB-ROE模型刚好符合这一要求：第一，从ROE的角度衡量企业是否优秀；第二，从PB的角度衡量企业是否便宜。

因此，当ROE多年保持高且稳定，而PB却出现向下偏离时，则可能出现该股票的错杀机会，可以选择买入并等待估值修复。由此可见，PB-ROE模型主要用于两种情况：

第一是行业内选股，与同行业公司进行比较，筛选出相对被低估的公司；

第二是对个股进行跟踪，关注长时间保持高ROE的公司，当PB低估时买入，等待PB修复后卖出。

◆ PB-ROE估值法应用：以周期行业为例

每个行业或公司均有其特定的盈利能力（ROE）和估值水平（PB），因此我们可以将所有行业放在一起进行回归分析，位于回归线左上方的可以理解为已经高估的行业，而位于回归线右下方的可以理解为目前受到低估的行业。基于以上方法，我们对中信行业分类的29个行业进行回归分析。从图3-50可以看出，房地产、建筑、建材、银行等周期股处于低估区域。

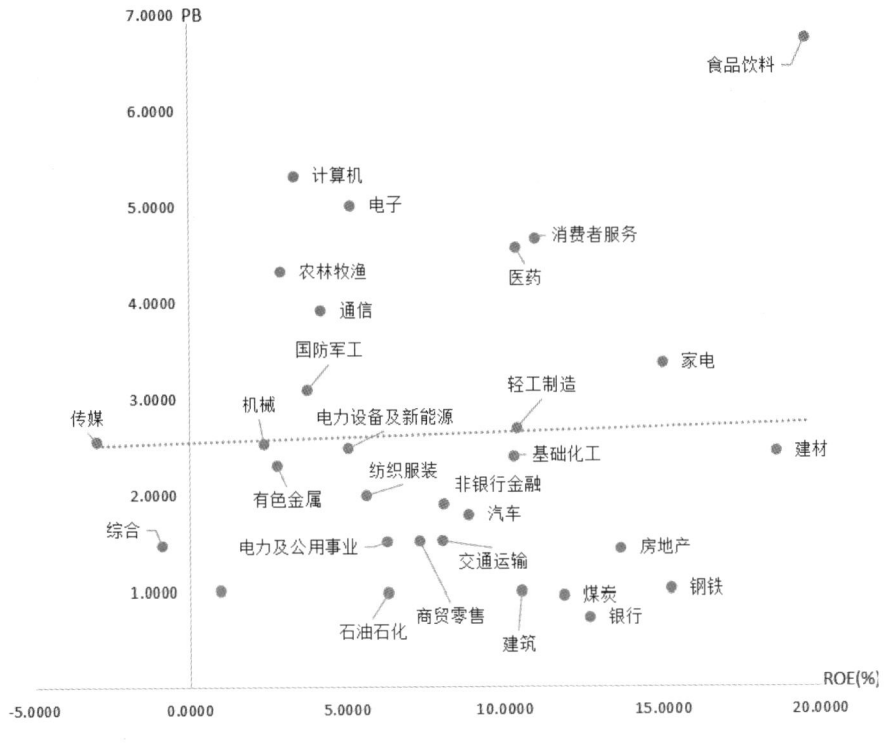

图3-50 中信一级行业PB-ROE回归

数据来源：Wind

结合图3-50，并从市场的实际情况出发，我们知道已经有大量银行股破净，确实被低估。此外周期股（基建、地产等板块）此前的PB均位于历史中位数下方，2020年1季度受到政策的刺激迎来估值修复行情也与这一分析相符合。

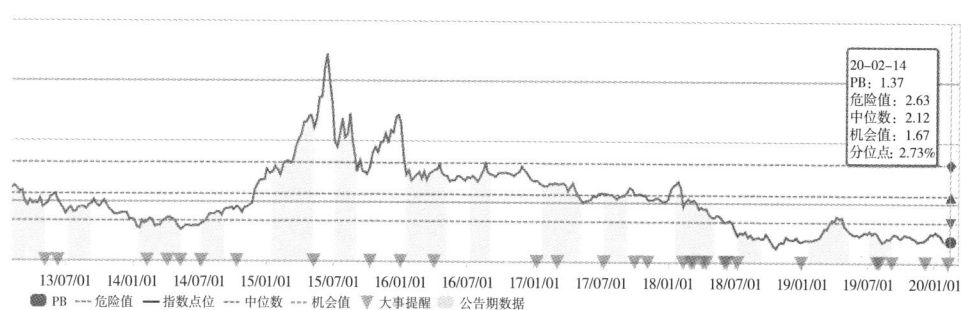

图3-51 地产行业PB处于历史低位,远低于历史中位数
图片来源:Wind

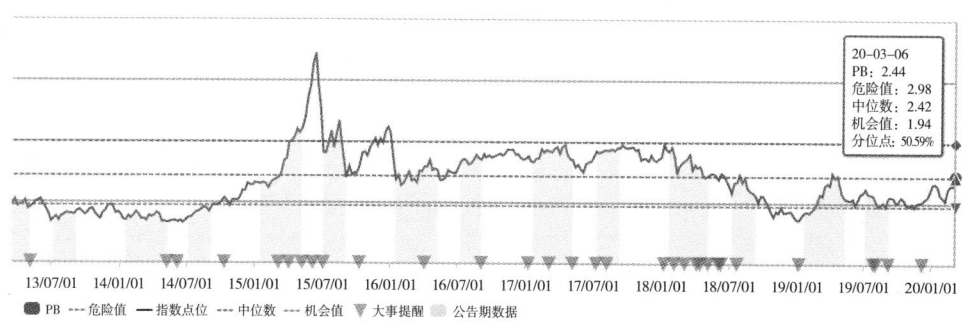

图3-52 建材行业PB处于历史低位,近期估值修复至历史中位数
图片来源:Wind

通过全市场分析选取了被低估的行业以后,我们再对行业内的个股进行筛选,其中ROE为2016年—2018年3年的平均ROE,而PB为2019年1月2日数值。以建材行业为例,对建材行业的标的进行回归分析,选取ROE大于15%,并且位于回归线下方的公司,我们形成了8个标的组成的标的池。(图3-53)

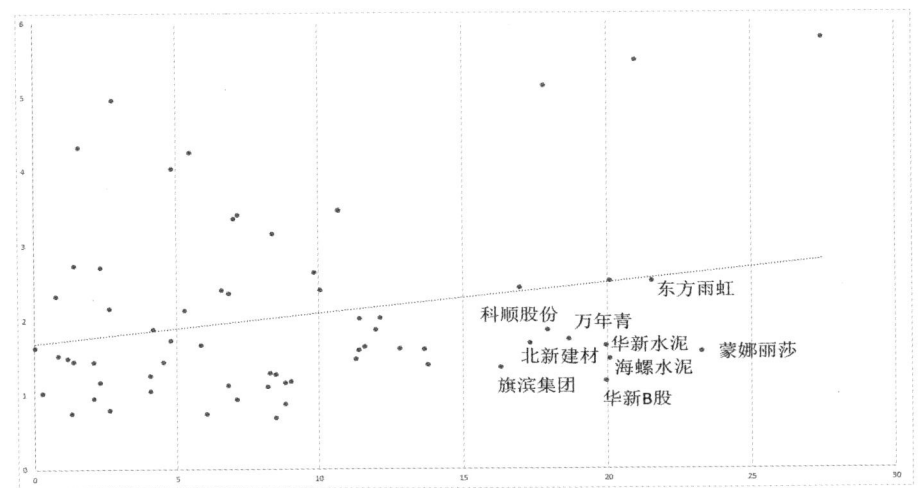

图3-53 建材行业标的PB-ROE 分布

表3-21 基于PB-ROE 选出的低估标的

证券简称	三年平均ROE	市净率PB	区间涨跌幅%
蒙娜丽莎	23.2	1.5	164
东方雨虹	21.5	2.5	154
海螺水泥	20	1.4	107
华新水泥（华新B）	19.9	1.6	127
万年青	18.6	1.7	54
科顺股份	17.9	1.8	86
北新建材	17.3	1.6	114
旗滨集团	16.3	1.3	65

数据来源：Wind

从表3-21可以看出，**如果我们在2019年1月3日选择直接对该股票池建仓，平均买入8个标的，则持有2020年3月的收益为109.25%**。由此可见，PB-ROE选股策略确实可以有效地帮助我们甄别个股，并提高收益战胜市场。

◆ **选股模型再好也需要进一步研究**

到这里，我们已经从全行业入手筛选出了被低估的板块，再从被低估的板块入手选取被低估的个股。**然而需要提醒投资者的是，任何选股方法必须结合公司的基本面深入研究，只有对公司的历史、赛道、竞争优势、管理能力等深入了解后，才可以选择投资。**

换言之，选股模型不能帮助我们直接选取有长期投资价值的标的，但是可以帮助我们做排除法，使我们可以有的放矢。

当我们建立好了股票池后，需要对其中个股深度研究，对研究后确实具备投资价值的公司，进行长期跟踪，等待买点。

以北京东方雨虹防水技术股份有限公司为例，该公司是我国防水业务的龙头公司，防水主业目前市占率10%，并持续提升。随着防水行业格局优化，该公司有望保持高增长。全国生产基地布局基本完善，后续产能扩张主要靠原有基地扩建产能，资本支出将呈现趋势性下滑，增长质量有望提高。其ROE从2014年至2019年维持在15%以上，盈利能力优秀，在2018年底—2019年初，其估值为历史低点，严重偏离历史平均值，符合我们PB-ROE的选股原理——ROE保持高且平稳，PB向下偏离。此时即为很好的投资时点。

图3-54　东方雨虹PB历史走势

图片来源：Wind

通过前文，我们详细介绍了指标的含义和用法，并结合建材行业实例，从全行业分析到股票池建立，再到个股跟踪，并寻找低估时点做出了详细的说明。

最后，投资者还需要注意以下几点：

1. **选股模型需要与个股深度分析结合使用。**

2. **回归分析方法只是辅助手段，具体问题还需要具体分析**，例如近期热门的科技股（计算机、电子、通信），尽管前期涨幅巨大，估值确实已经处于高位，但从长期来看，考虑其未来的成长性，有业绩支撑的个股仍然具备巨大的配置价值。

3. **PB-ROE选股模型更适用于成熟行业（例如消费行业），对成长行业（例如目前的科技股）的选股并不完全匹配。**

纵观2019年—2020年宏观环境，A股的配置价值凸显，在未来政策加大刺激的预期之下，宏观稳增长刺激下的部分高弹性周期、低利率背景下的优质蓝筹都将迎来投资机会。希望PB-ROE估值模型可以助力投资者筛选到有价值的投资标的，战胜市场。

4. 市销率与净利率

市销率（Price-to-sales，简称PS）指的是一家上市公司的总市值除以主营业务收入之后得到的比值（PS =总市值÷主营业务收入）。市销率越低，说明这家公司股票在当前价格水平的投资价值越大。相较于其他相对估值指标而言，市销率的指标主要有3个优点：

第一，市销率不可能出现负数，对于亏损企业它也可以计算出一个有意义的价值指数。 但是我们需要明确一点，只有未来能够产生利润的亏损企业，才有研究的价值，因此我们首先需要评估的是公司的质量，而不是单纯地根据PS的高低来选择。

第二，市销率比较稳定可靠，基本不容易被操纵。

第三，市销率往往会和一家企业的战略发展以及市场拓展呈现较强的相关关系，可以在一家企业的早期很好地评估其潜在价值。

正如我们将PB与ROE关联起来研究估值一样，PS同样可以与净利率关联起来（PE=PS÷净利率）看作是对PE的拆解。我们看一下具体的拆解步骤：

1. PE=市值/净利润（这与上文提到的"PE=股价/每股收益"是一个意思）
2. 净利润=净利率×营收
3. 所以PE=市值/（净利率×营收）=PS/净利率

从销售收入和净利率的角度来看，它衡量的是每一额外单位的销售收入能够产生多少利润。因此，假如我们预期一家公司未来的利润率会上升，那么我们就应该赋予其更高的市销率估值。

众所周知，亚马逊公司已经成长为全球最大的互联网公司之一。但是这家公司在20年前盈利还很困难，尤其是2000年互联网泡沫破灭后，股价一度下跌超过90%。这时，美股市场的投资者果断抛弃了市盈率这一种传统的估值方式，转而采用市销率估值。通过市销率估值法，专业投资人士认为在互联网泡沫之后，亚马逊虽然仍处于亏损状态，但收入增长迅速，市销率处于合理范围。因此，美股投资者并没有放弃快速成长的亚马逊，并最终成就了一段硅谷与华尔街联合的佳话。

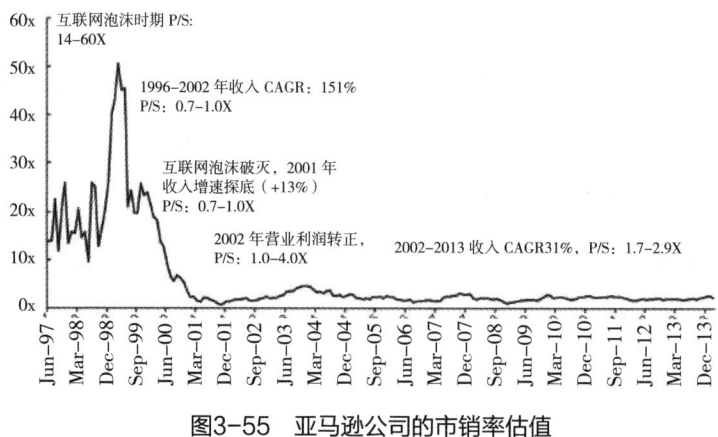

图3-55 亚马逊公司的市销率估值

5. 股息率：患难之时见真情

所谓股息率，指的是上市公司最近一年的总派息额与当前价格的比率。在成熟的资本市场当中，股票投资的收益一般包含两部分，一是股价的买卖价差，二则是上市公司现金分红股利。

◆ **股息率选股**

简单来说，股息率高的股票是帮助我们度过市场黑暗期的重要筹码。那么，什么样的股票或者说行业符合这一类要求呢？

首先，以近期的收盘价计算的股息率必须大于4%。其次，公司的动态市盈率最好要小于25倍。再次，近3年公司的净利润复合增长率要大于3%—8%。最后我们要倾向选择市场当中的主流行业。这主要集中在银行、地产、煤炭、食品加工、零售、交通运输行业。

大家可能会觉得这些行业板块不如高成长板块（例如科技股）股价波动大，赚钱效应差。但是大家可能不清楚分红在A股是多么稀缺。

◆ **A股分红情况一览**

在A股市场,高分红公司是一种稀罕物。根据Choice数据统计显示,在A股近3600家上市公司中:

- 现金分红占募资总额1000%以上的有12家,占比不足1%。
- 现金分红占募资总额超过100%以上的上市公司仅277家,占比不足8%。
- 64%的企业分红募资比小于20%。

也就是说,在A股上市企业中,仅有不到8%的企业现金分红总额大于募资总额,而超过六成的企业现金分红占募资比小于20%。

从行业分布来看,在A股277家现金分红超过募资总额的企业中,排名前3位的行业分别是医药生物、交通运输和食品饮料。此外,虽然277家公司中仅有8家是银行,但从分红金额来看,A股前十大上市公司中有6家银行,分红金额在A股行业中居于前列。(图3-56)

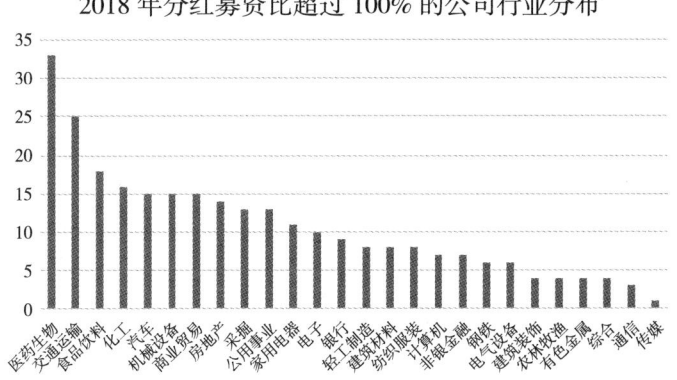

图3-56　2018年分红募资比超过100%的公司行业分布

具体从上市公司来看,江苏宁沪高速公路股份有限公司以近40倍的"分红募资比"冠绝A股。上市以来,沪宁高速的累计募资金额仅6.3亿元,但现金分红总额达到248亿元。正因为如此高额的长期回报，宁沪高速也成为外资青睐的标的。从其十大股股东名单中，我们发现了全球规模最大的资产管理公司贝莱德的身影，同时，澳大利亚联邦银行和摩根大通也位列其中，其他的中资股东也都是大型资产管理公司。

而从分红总额来看，上市以来分红募资比大于10的企业中，分红总额前两名都是银行股。工商银行分红总额逾8000亿元，为募资总额的10.16倍。

表3-22　截至2018年末，上市以来分红募资比大于10的企业

证券名称	上市以来分红总额（亿元）	累计募资金额（亿元）	分红/募资(倍)	所属申万行业
宁沪高速	248	6.3	39.34	交通运输
中国石化	3,476	118.2	29.42	化工
贵州茅台	569	22.4	25.36	食品饮料
福耀玻璃	137	7.1	19.15	汽车
江铃汽车	93	5.6	16.65	汽车
人民同泰	15	1.3	11.67	医药生物
深高速	67	6	11.16	交通运输
兖州煤业	193	17.6	10.97	采掘
山西汾酒	37	3.4	10.94	食品饮料
建设银行	6,480	602.9	10.75	银行
中远海能	88	8.3	10.66	交通运输
工商银行	8,158	803.2	10.16	银行

最后，在以往比较火热的市场环境当中，很多二级市场的参与者们倾向于博取低买高卖的价差收益，但是在比较低迷的市场环境之下，这种投资方式往往就会大打折扣。因此，在这个时候我们应该更多地把目光放在获取上市公司的分红股利收益上来。股息率是这种投资收益率的简化指标，是衡量企业是否具有长期

投资价值的重要标尺之一。

随着中国资本市场的不断开放，海外大规模的机构投资者——如共同基金、主权基金、对冲基金等——可以借助如QFII、陆港通等多种渠道进入中国内地二级市场。在这种背景之下，这些海外大资金的融资成本年息在2%左右。假设这些资金用2%的借来的钱去投资我国资本市场上比较稳定的股息率可以超过4%甚至更高的股票，通过长达一年的时间持有，这些资金大约可以获取2%以上的低风险收益率——这对于投资机构而言也是一笔比较大的绝对收益。

当前，市场上已经存在很多股息率大于4%的优质上市公司股票供这些海外资金来选择——当然，如果未来股价继续下跌，股息率只会更高，从而加速这些大资金的流入，从而封杀个股继续下跌的空间。

04

实战篇：百炼成钢

如何赚趋势的钱？

人类社会随着时代的发展，生产效率不断提升，与此同时通货膨胀率也开始快速上升，我们赚到的货币价值被通货膨胀摊薄了。如果现代人仅仅只靠工资收入而不进行投资与资产配置，就会发现连通胀水平都跑不赢。

央行如何影响资产价格？

央行政策对资产价格影响最直接的手段无疑是对利息的调节。央行是否降息其实取决于整个国家经济发展的周期。下面我们就通过1930—2019年美国GDP同比数据（不变价原则）来了解经济周期的运行规律。（图4-1）

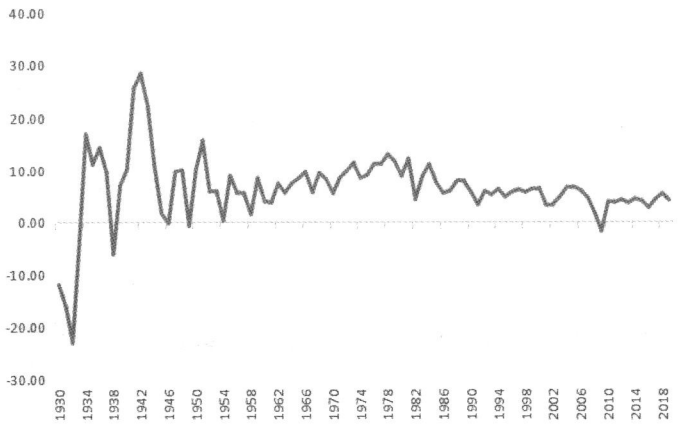

图4-1　1930—2019年美国GDP（不变价）同比变化

数据来源：Wind

我们看到美国经济从1930年到2019年，以10年为单位呈现出萧条—繁荣的循环。克里门特·朱格拉在《法国、英国、美国的商业恐慌与其周期的再现》一书中，通过研究英、法、美等国家工业设备投资的变动情况，发现了9—10年的周期波动。这种经济每隔10年左右就发生一次繁荣与萧条的循环在经济学中被称为中周期循环，也叫朱格拉周期。

朱格拉周期又称为设备投资周期。这种基于投资的周期在工业化高速增长的过程中会表现得非常明显。朱格拉认识到经济危机并不是一些简单的、相互独立的事件，而是经济组织内在不稳定性、周期性重复发作的体现。朱格拉为了说明经济呈周期循环运行，说出了那句至理名言："萧条，唯一原因是繁荣。"

当经济萧条的时候，社会投资萎靡，经济下行，收入减少，央行为了鼓励投资而降息；而在经济过度繁荣时，社会投资活跃，经济繁荣，收入增加，央行为了防止过度繁荣带来巨大的投资泡沫而加息抑制投资。

货币政策宽松推动经济复苏的创导路径主要有以下4种：

1. 利率传递途径：货币供应量上升、实际利率水平下降、投资增加、GDP增加。

2. 信用传递途径：货币供应量上升、贷款供给增加、投资增加、GDP增加。

3. 非货币资产价格传递途径：货币供应量上升、实际利率水平下降、资产（股票）价格上涨、投资增加、GDP增加。

4. 汇率传递途径：货币供应量上升、实际利率水平下降、汇率贬值、净出口增加、GDP增加。

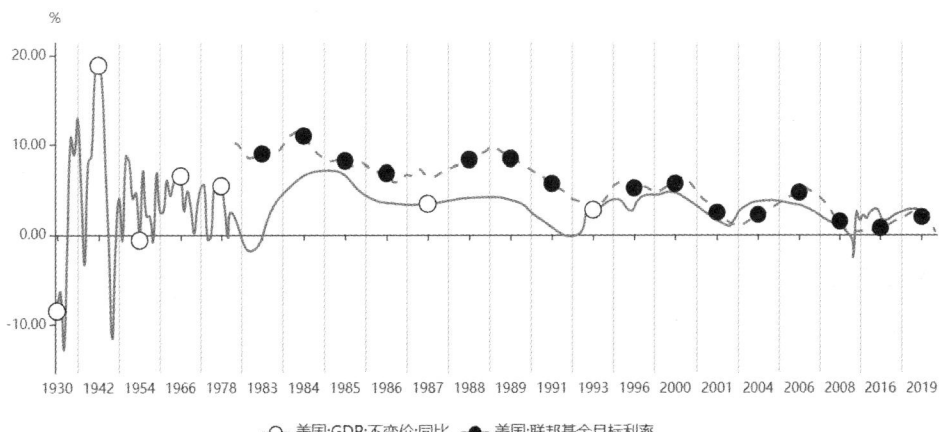

图4-1 美国GDP（不变价）与美联储利率目标的同比变化

数据来源：Wind

通过图4-1对比，我们发现美联储的利率目标实际上正如我们所说的一样，不断地进行了对经济的逆周期调节，GDP数据几乎是与货币政策的利率目标负相关同步变化的。但是知道了这些还不够，因为我们知道利率降低就是央行在送钱，但是如果我们根据GDP数据来跟踪货币政策的话，我们就会发现GDP等经济数据是滞后统计公布的，等到我们知道了GDP数据不好的时候，可能降息已经实施了，那我们就无法赚到央行给我们的钱。基于这样的逻辑，有没有哪些经济数据是领先GDP，可以让我们提前判断的呢？答案是有的。

如何追踪周期变动？

我们知道了朱格拉周期每隔10年左右循环一次，但是这样模糊的循环周期难以指导我们的投资行为，因此我们就需要寻找一些前瞻的精准的经济数据链来帮助我们赚到央行的钱。

周期是由投资驱动的。采购经理指数（Purchasing Manager's Index，简称PMI）就是描述投资的重要先行指标。市场一般都可以用PMI数据来进行前瞻与跟踪。由于描述企业采购等行为的职业经理人指数PMI领先经济数据6个月，因此我们可以用全球综合PMI来跟踪全球的中周期（图4-2）。我们看到全球的PMI从2017年12月开始便持续下行，由此可以预判美联储的宽松周期就要启动了，而事实上也正如我们所预料的，美联储的降息在2019年下半年启动。

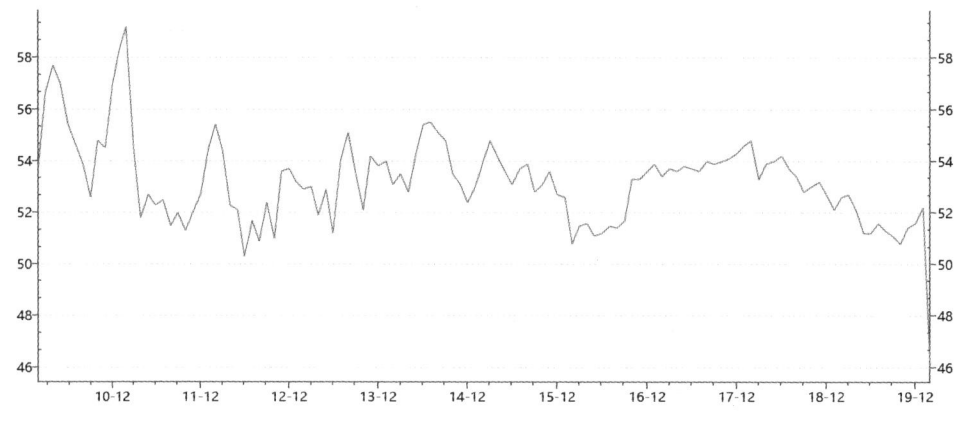

图4-2　摩根大通全球综合PMI

数据来源：Wind

2019年美联储降息时间如下：2019年7月10日，调降25个基点；2019年9月19日，调降25个基点；2019年10月31日，调降25个基点。

在美联储2019年7月10日开启降息后，美股标普指数从2900多点继续向上涨，直到2020年年初的3300点。

到2020年2月，在美联储的降息到0的预期被市场充分反映后，美股就开始见顶了。即使没有新冠肺炎疫情影响，市场在计入美联储的降息空间后也只能先跌，这是因为美联储的利率已经触底。

在国内观测经济周期时，我们也要用到PMI指标，具体包括官方PMI与财新PMI两个PMI指标。官方PMI全称中国采购经理指数月度报告（包括中国制造业采购经理指数、非制造业商务活动指数和综合PMI产出指数月度报告），它是每月最后一天，北京时间早上9：00，由国家统计局在其网站公布。财新PMI全称财新中国通用制造业PMI初值，每月月初公布。它是由财新传媒冠名赞助的Markit财经信息服务公司编制发布的某月中国通用制造业的"采购经理人指数（PMI）"的"预览值"。

官方PMI主要反映大型国企的经济活动，而财新PMI反映的是民营中型企业的经济活动。两者结合，我们就可以有的放矢地抓住经济活动的前瞻指标来预测经济走向。

其他辅助指标

社会经济活动的源头是企业，企业要发展就需要投资，**投资往往需要事先融资来购买原材料与招聘企业员工**。按照这个逻辑，观察经济周期重要的前瞻经济指标主要有描述社会总体投融资状况的货币供应量（M1、M2）和社会融资余额数据。首先，笔者解释一下以上两个概念。

货币供应量是单位和居民个人在银行的各项存款和手持现金之和。我国现行货币统计制度将货币供应量划分为3个层次：

（1）流通中现金（M0），指单位库存现金和居民手持现金之和，其中"单位"指银行体系以外的企业、机关、团体、部队、学校等单位。

（2）狭义货币供应量（M1），指M0加上单位在银行的可开支票进行支付的活期存款。

（3）广义货币供应量（M2），指M1加上单位在银行的定期存款和城乡居民个人在银行的各项储蓄存款以及证券公司的客户保证金。

M2与M1的差额，通常称为准货币。此外，M1与M2同比增速最为重要，一般领先经济数据6个月（图4-3、4-4）：

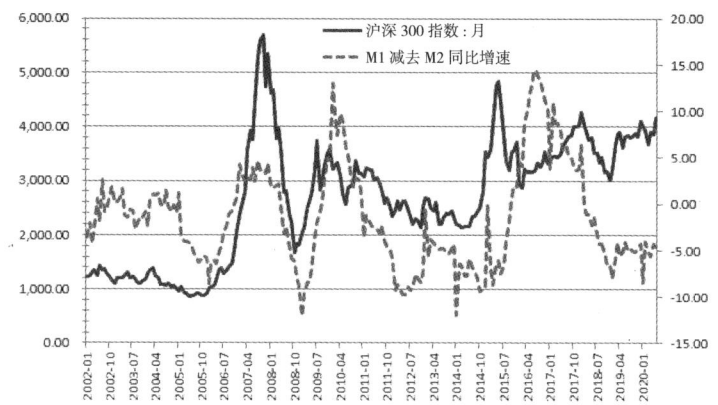

图4-3　沪深300指数与M1减去M2差值

数据来源：Wind，九方金融研究所整理

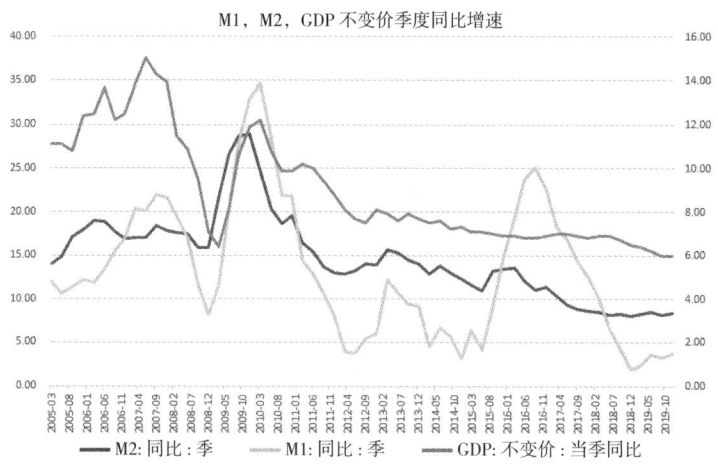

图4-4　M1、M2、GDP季度同比增速

数据来源：Wind，九方金融研究所

社会融资总量是指一定时期内（每月、每季或每年）实体经济从金融体系获得的全部资金总额。它是全面反映金融与经济关系以及金融对实体经济资金支持的总量指标。社会融资总量包括：人民币各项贷款、外币各项贷款、委托贷款、信托贷款、银行承兑汇票、企业债券、非金融企业股票、保险公司赔偿等。

M1、M2、社会融资余额数据由央行在每月月中某一天的北京时间下午4点公布，公布日期一般不指定。

我们在跟踪PMI与金融数据时并不是简单地跟踪一个月的数据，而是长期跟踪数据的中期趋势，印证我们对经济中周期的判断，进而推断未来央行的政策方向。

我们通过观察一系列经济数据，循脉宏观经济周期，把握经济周期的脉络，优化资产配置；做到及时研判的关键在于根据更多的经济数据链印证我们对中周期的判断，这样我们就能享受到央行降息的红利。

用技术分析判定趋势：年线法则

技术分析和基本面分析都不是完美的，世界上也没有完美的分析方法，每一种方式都有其优势与局限性。

基本面分析的优点是逻辑性强，定性判断更准确，在宏观尺度上有较强的解释力和预测性。但缺点在于比较迟钝，对很多实战派人士来说有点"事后诸葛亮"的意味。因为，不论是宏观还是中观的基本面，都具有很强的延续性，一旦形成趋势后，一段时间内都不会改变。因此，如果只看基本面，就容易错过一些边际变化——虽然这些变化很多时候是对我们投资的干扰，但又实实在在影响着行情。

技术分析方法的优点是容易上手，对学习者没有太高的知识门槛，而且实战性强，更多的是讲结果，而不是讲逻辑。其缺点在于准确度不会太高。一般来说，成熟的技术指标分析，准确率在45%~55%之间。而技术分析的意义主要在于帮助我们理解当下的盘面，而不是用来预测。

读到这里，读者可能会有疑问：如果只能解释当下，技术分析对实战还有什么意义呢？我们可以这么来理解。首先，市场趋势是有延续性的；其次，在趋势的头尾阶段，会有比较显著的技术形态。因此，判断现状之后，若没有顶部或底部的迹象，那么趋势继续将是较大概率；若出现顶底的迹象，则意味着有可能走出反转的走势——对于前者，我们可以采取顺势追随的策略；对于后者，则可以密切留意行情的转势或者采用左侧布局的策略。

接下来，我们就来学习如何用简单的技术分析判断趋势。

我们认为，技术分析在大盘上是最准确的。因为大盘最能反映市场的群体行为，受到的个体因素干扰最小。判断大盘趋势，一般可以用简单的均线法则。

我们一般把250日均线或244日均线[①]称作年线。根据2005年以来的市场走势，K线价格由下往上突破年线后往往能带来一波强势行情。反之，K线价格由上而下跌破年线后往往引发持续下跌。因此，我们可以把年线看作一个比较长期的牛熊分界线。

而且，我们发现以年线来衡量股市的牛熊状态，往往又与宏观景气度形成呼应。

比如看牛市：

2005年上穿年线引发的牛市，背后是股权分置改革和加入WTO以后的景气红利。

2009年上穿年线背后是由于4万亿计划带动的危机修复行情。

2014年上穿年线背后是"互联网+"和金融创新带来的流动性宽松。

2016年上穿年线背后是供给侧改革带来的周期行业景气修复。

2019年上穿年线背后是贸易战缓和带来的估值修复。

---

① 这两个参数的区别不大。

在熊市中也一样：

2008年下穿年线背后是由于金融危机。

2010年下穿年线以及之后的几次"假突破"，背后都是因为4万亿刺激之后经济重回不应期。

2015年下穿年线背后是牛市破灭以及对金融市场的强监管。

2018年下穿年线的背后，一方面是由于经济从供给侧改革后的高点回落，另一方面是由于中美贸易战带来的冲击。

2020年下穿年线背后则是新冠疫情带来的衰退冲击。

年线法则用于判断长期趋势是比较准的，尤其是配合基本面周期判断，可以大大提升准确率。但是，均线是有滞后性的，所以年线突破法则是一种右侧交易的趋势判断，不适合用来精准捕捉拐点。

案例：弱周期消费股

哪些行业与公司适合大家赚到央行的钱呢？

其实，我们平时观察到消费类弱周期的公司最容易赚到央行的钱。弱周期性行业是指那些不受宏观经济影响的行业。这些行业往往集中在涉及人类日常消费的行业，如食品、医药、酒类、服装等行业。因为不管经济好与坏，人总会生病，总要吃饭，总要穿衣服，所以这些行业不受宏观经济的影响。弱周期性行业包括：酿酒与食品、高速公路、医药、商业连锁、银行等。经济周期的上升和下降对这些行业经营状况的影响相对比较小。其原因是该类型行业的产品往往是必要的公共服务或是生活必需品，公众对其产品有相对稳定的需求。有些防守型行业甚至在经济衰退时期还会有一定的实际增长。典型代表行业有医疗、食品业和公用事业等。

这里我们用白酒行业的龙头贵州茅台举例。贵州茅台堪称A股市场的一面旗帜。随着贵州茅台股价节节攀升,贵州茅台集团的总市值从2014年的不到1000亿元飙升至2016年底的4125亿元,2018年更是突破了万亿元的大关。正是在贵州茅台的带领下,自2019年以来,沪深股市的蓝筹股、白马股表现抢眼,在市场上形成了强烈的"二八效应"。2019年11月,贵州茅台达到了最高价1241元每股,成为A股市场第一个市值突破万亿的消费股。在全球饮料和酒类巨头领域,贵州茅台堪比百事可乐、可口可乐和啤酒巨头百威英博。从2019年1季度的市值表现看,贵州茅台与可口可乐市值均在1800亿美元左右。这样的成就很不简单。可口可乐1919年上市,至今101年;贵州茅台在2001年上市,至今才19年。

贵州茅台凭借独特的生产工艺、严苛的质量管控、成功的品牌运营与开阔的全球布局,创下了引人注目的营收和净利润增长。从2008年到2019年,贵州茅台的毛利率一直在90%左右窄幅波动,这说明公司在行业内的定价权极强,壁垒极高。(图4-5)

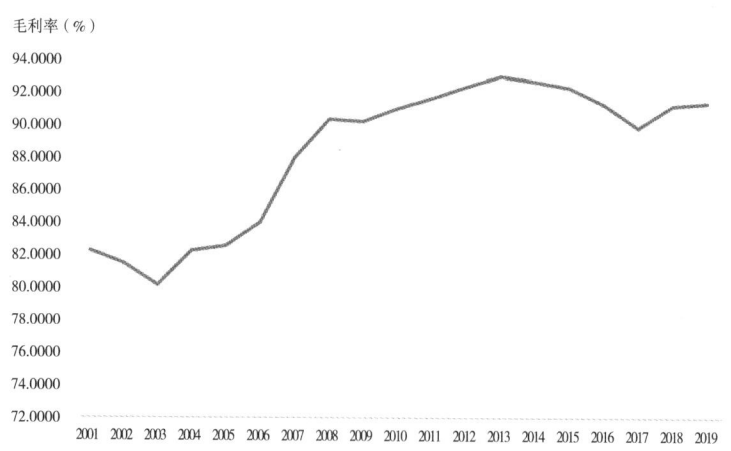

图4-5 2001年—2019年贵州茅台销售毛利率走势

数据来源:Wind

贵州茅台之所以能在20年间不断提价，是因为其将提加权牢牢掌握在自己的手中。20世纪90年代之前，茅台酒价格是国家核定零售价，从最初的7元／瓶，涨到后来的140元／瓶；20世纪90年代引入市场竞争，茅台酒的零售价格在200元／瓶左右，变化也不大，但进入21世纪后，茅台酒价格则变化较大。

2000年茅台酒出厂价为185元，零售价在220元左右；

2001年8月，出厂价提高18%，为218元，零售价在260元左右；

2002年，出厂价未涨，为218元，零售价在280元左右；

2003年10月，出厂价提高23%，为268元，零售价在320元左右；

2004年—2005年，出厂价未涨，为268元，零售价在350元左右；

2006年2月10日，出厂价提高15%，为308元，零售价在400元左右；

2007年3月1日，出厂价提高16%，为358元，零售价在500元左右；

2008年1月12日，出厂价提高22%，为438元，零售价在650元左右；

2009年1月1日，出厂价提高13%，为499元，零售价在650元左右；

2011年1月1日，出厂价提高24%，为619元，当年市场成交价曾达到2000元左右；

2012年1月1日，出厂价提高33%，为819元；

之后至2017年底，茅台出厂价一直保持在819元，但有时市场上即使2000元的价格也一瓶难求。12月28日，飞天茅台出厂价上涨18%至969元，提价时点和幅度均超市场预期。

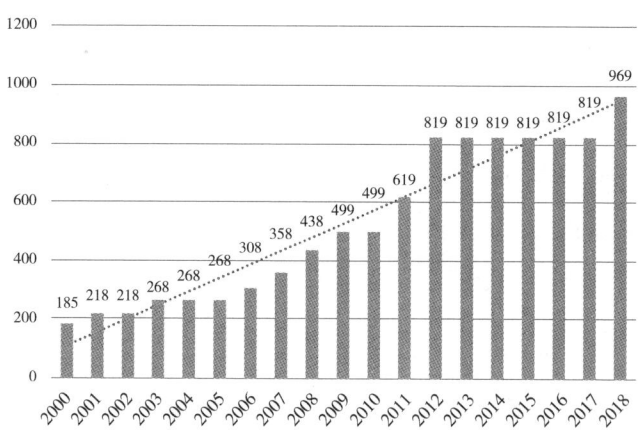

图4-6　2000—2018年中国53度飞天茅台出厂价走势

资料来源：申万宏源研究

而贵州茅台的股价从上市以来至2019年涨幅达到160倍。

贵州茅台是白酒行业绝对的龙头企业，白酒行业在中国属于刚需行业，行业竞争格局为寡头竞争并且非常确定。贵州茅台在上市多年以来，其市盈率波动区间并不是很大，这些都反映出其极强的行业弱周期属性。

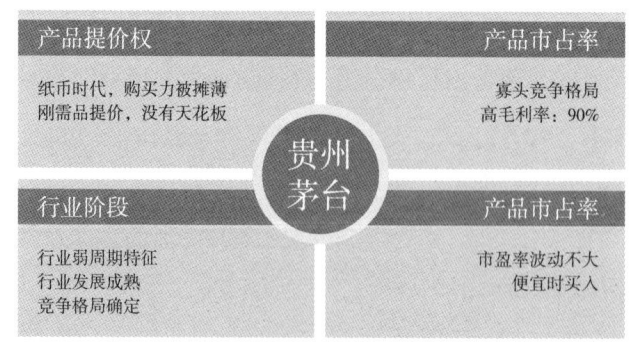

图4-7　贵州茅台公司与行业特征

资料来源：九方研究所整理

对于弱周期行业,我们应该在估值便宜时买入,等待估值贵的时候再卖出。贵州茅台在2014年底时市盈率最便宜,仅为13倍,此时适合买入。到2019年年末,其市盈率已经达到33倍,这对于弱周期消费品行业的公司来说是比较贵的了,此时选择卖出是比较适宜的。

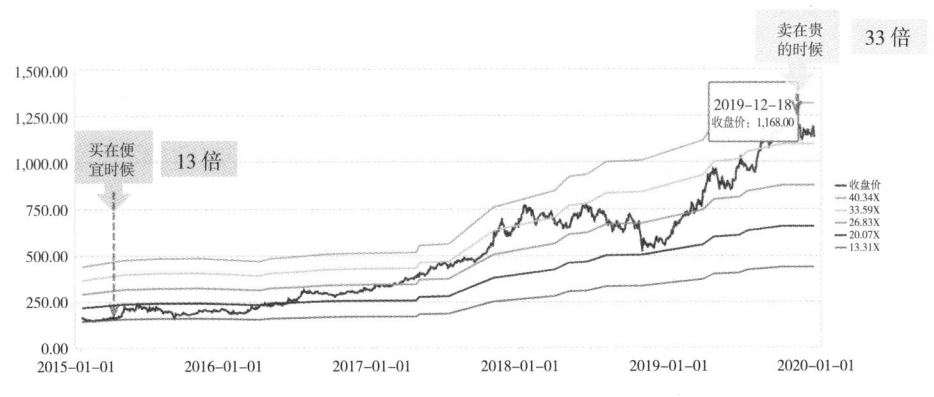

图4-8 2015年—2019年贵州茅台公司股价与PE-BAND

数据来源:Wind

最后我们来总结一下:我们投资弱周期消费品行业龙头,往往可以最大限度赚到央行的钱。投资这类公司股票的原则应该是在市盈率便宜的时候(对应历史市盈率估值的下限)买入,在市盈率贵的时候(对应历史市盈率估值的上限)卖出。处于消费股等弱周期行业的公司的景气度波动性比较小,这类公司的经营业绩波动不大。尤其是在经济萧条的时候,由于他们生产的都是刚需商品,公司业绩不会受到太大影响,分红与分红率波动也不大。按照我们对股票不定息永续债的模式来分析弱周期行业股票,它们就是典型的股息波动不大的永续债。该类公司估值便宜时,分红率较高,是买入的良机,而估值贵的时候分红率较低,是卖出的良机。

读懂市场最淳朴的语言：量价分析

成交量的意义

首先，股票价格与成交量的关系往往呈现出价升量增、价跌量减的规律。这意味着，在股价不断上涨的过程中，成交量也在不断增加；而在股价下跌的过程中，成交量也在逐步减少。

根据这一规律，当股票价格上升而成交量不再增加，意味着价格得不到买方认可，价格的上升趋势就存在改变的可能；反之，当价格下跌时，成交量到一定程度不再萎缩，意味着卖方不再认同价格继续下跌，价格下跌的趋势就存在改变的可能。

在观察成交量时，首先需要关注三个关键位置：

第一，在不断创新低的过程中，成交量极度萎缩后的筑底拉升时期是否放量。

第二，突破关键阻力区是否放量。

第三，高位放量后是否转为阴跌缩量。

例如，2019年1月中旬，信维通信在创下新低后，价格逐步企稳，并于1月25日放量拉升，此后走出价升量升的典型反弹走势，这一轮反弹价量配合很完美。

（图4-9）

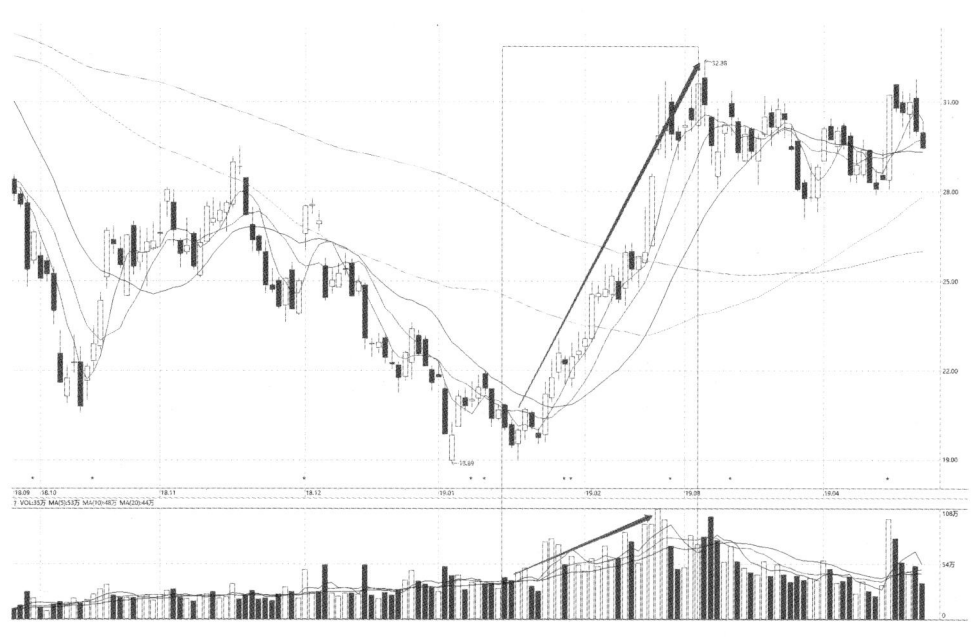

图4-9 信维通信价格走势图

接下来,我们看一个关键区域突破放量的例子。

2018年11月底至1月初,亿纬锂能放量突破长期均线MA200附近的压力,此后价格出现大涨。(图4-10)

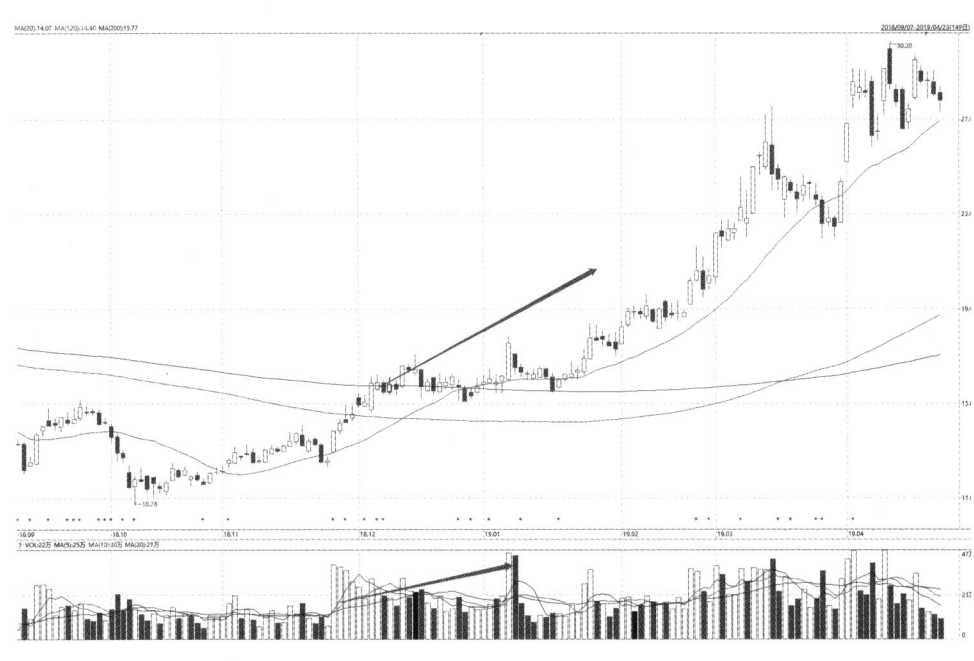

图4-10 亿纬锂能价格走势图

其次,放量未必是真实的,"高位放天量"才可怕。

上涨并不一定需要量。举个极端的例子,无论是牛市还是熊市,都会碰到一字板涨停且无量的走势。这种类型是典型的买方占优市场,因为在上涨过程中,大多数原有股东对未来预期乐观而惜售,因此上涨时只需要很少资金就可以让个股不断上涨。

那么,为什么往往股市成交量要放量呢?答案是为了吸引眼球,吸引更多资金来参与"击鼓传花"的游戏,如果有更多观望资金入场充当多头,那么主力可以利用较少的资金达到拉升股价、最终出货的目的。

成交量的放大,只能表明一个问题,那就是有更多的人在参与买卖,有多少人买,就有多少人卖。基于此,在价格上涨的过程中,放量才可怕,尤其是天量,**这表明卖压越来越高,可能是主力在出货。**

来看一个案例，2019年的牛股中国软件，在3月连续两次放天量，当天价格收阴，此后价格回撤均超过20%，稍有不慎就被"割肉"。（图4-11）

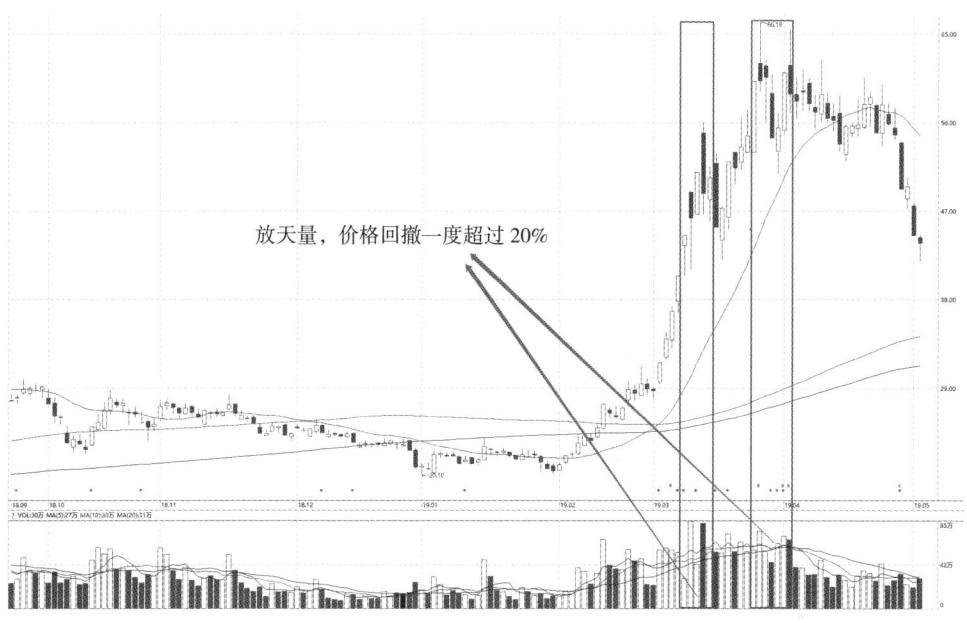

图4-11 中国软件价格走势图

最后，缩量一定是真实，但上涨中回调缩量不可怕。

缩量是真实的，机构很难操纵。如果大涨之后，机构洗盘，一般先通过压盘改变股价运行趋势，此后若价格迅速缩量，价格出现阴跌，但不改变股价长期运行趋势。比如股价依然在长期均线上方，且长期均线仍然持续向上，那么股价仍有上行空间。尤其在股价处于相对底部时，胜算更大。

比如，2017年1月，中兴通讯股价在连续下跌过程中，成交量不断萎缩，并于2017年1月16日触及MA200，此后价格很快回升，并沿着MA200向上发起反攻。（图4-12）

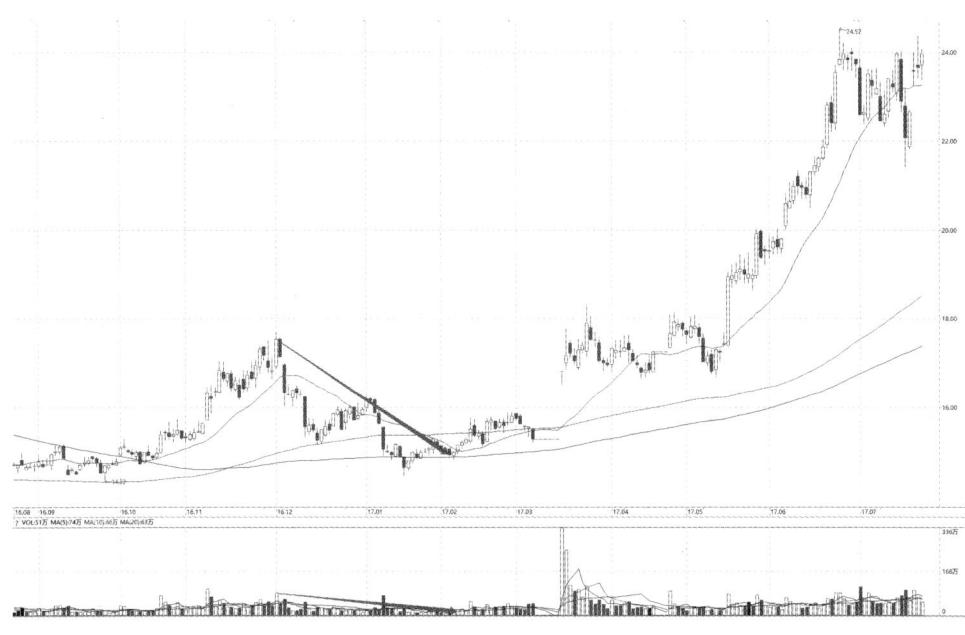

图4-12 中兴通讯价格走势图

主力异动

在分析盘口时,我们应该特别关注大单成交。由于散户没有那么大的资金实力,往往大单都是主力机构所为,因此,对大单进行分析,从中或许可以发现主力的蛛丝马迹。

就大单来说,不同的股票标准不同。比如工商银行,股价6元左右,500手也才30万元资金,普通散户也有实力买入。如果以100万元作为大单的标准来计算,差不多要2000手才能称为大单。投资者可以多关注2000手及以上的成交。而中兴通讯价格在35元左右,那么至少要285手才能算大单,因此可以多关注300手左右及以上的挂单。当然,这是针对成交活跃的大盘股的情况,有些个股成交不活跃,盘中偶尔出现个50万元金额的成交也能算大单了。

我们就以中兴通讯在2019年4月19日的大涨为例,来讲解大单在盘中的意义。

在观察成交明细时,我们首先明确重要的关口。只有在这些关口,主力的介入才会有意义。如前文所述,主力不会毫无计划一通乱买,只会在关键时刻推波助澜。而我们需要揣摩主力的真实意图,才能搭上便车,事半功倍。

观察中兴通讯的日线图(图4-13),很明显4月18日的上影线区域就是19日的主要阻力区域,最重要的阻力在35—35.5附近。收了长上影线,投资者会产生恐慌,想着第二天卖出,而如果主力无所作为的话,跌是顺理成章的事情。

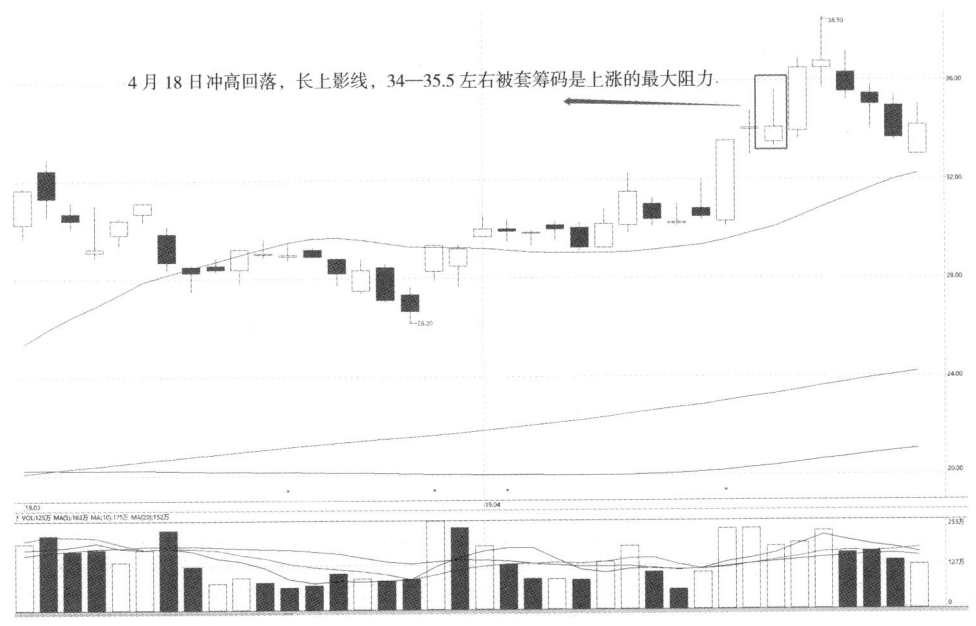

图4-13 中兴通讯价格走势图

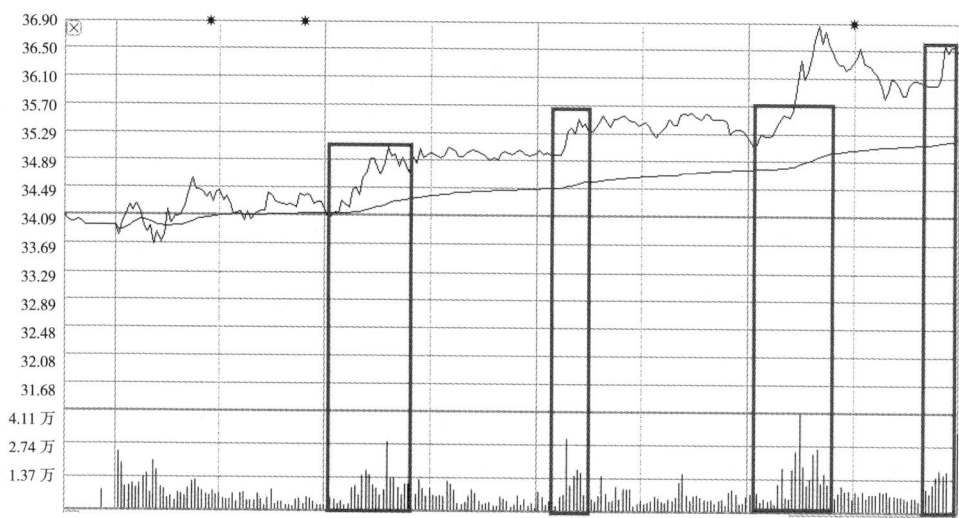

图4-14　中兴通讯4月19日分时图

从分时图（图4-14）我们可以很明显地看到，19日10点30分以后，有资金介入中兴通讯，使股价来到35元左右。而13点08分左右，又有大资金进入，中兴通讯被拉至35.5元左右。到了14点以后，成交又开始活跃，大笔资金再次进入中兴通讯，股价被大幅拉高，最高涨至36.88元。至尾盘，资金成交力度不减。全天涨幅维持在7%左右。

观看全天的走势，很明显主力在34元、35元、35.5元、36.1元左右有比较明显的介入。这些也是我们前面提到过的重要关口。

我们再从成交明细中来看一看当天发生了什么。10：46分以后（图4-15），盘中频繁出现1000、2000、3000甚至是5000手左右的大单，而这些大单大多数都是主动买入。这些大单集中进入的价格基本都在35元附近，其中在35.09元成交了5960手，到此基本可以确定主力想有所作为。

时间	成交价	涨跌	手数	时间	成交价	涨跌	手数	时间	成交价	涨跌	手数
10:45	34.69	▲0.60	140↓	：27	35.00	▲0.91	4716↑	：57	34.96	▲0.87	175↑
10:46	34.70	▲0.61	340↑	：30	35.00	▲0.91	2941	10:49	34.95	▲0.86	705↓
：03	34.71	▲0.62	389↑	：33	35.02	▲0.93	865↑	：03	34.96	▲0.87	551↑
：06	34.78	▲0.61	263↓	：36	35.01	▲0.92	464↓	：06	34.97	▲0.88	1014↑
：09	34.71	▲0.62	348↑	：39	35.02	▲0.93	483↑	：09	34.99	▲0.90	2416↑
：12	34.71	▲0.62	200	：42	35.05	▲0.96	735↑	：12	35.00	▲0.91	443↑
：15	34.72	▲0.63	838↑	：45	35.04	▲0.95	206↓	：15	35.01	▲0.92	641↑
：18	34.75	▲0.66	166↑	：48	35.07	▲0.98	526↑	：18	35.04	▲0.95	219↑
：21	34.75	▲0.66	1175	：51	35.07	▲0.98	458	：21	35.04	▲0.95	274
：24	34.78	▲0.69	224↑	：54	35.08	▲0.99	1445↑	：24	35.05	▲0.96	1330↑
：27	34.75	▲0.66	714↓	：57	35.09	▲1.08	5960↑	：27	35.06	▲0.97	318
：30	34.75	▲0.66	182	10:48	35.10	▲1.01	1913↑	：30	35.06	▲0.97	475
：33	34.75	▲0.66	142	：03	35.11	▲1.02	498↑	：33	35.07	▲0.98	396↑
：36	34.77	▲0.68	136↑	：06	35.08	▲0.99	2726↓	：36	35.08	▲0.99	414↑
：39	34.75	▲0.66	435↓	：09	34.94	▲0.85	1782↓	：39	35.08	▲0.99	358
：42	34.75	▲0.66	279	：12	34.94	▲0.85	885	：42	35.07	▲0.98	378↓
：45	34.81	▲0.72	1364↑	：15	35.00	▲0.91	410↑	：45	35.06	▲0.97	1078↓
：48	34.83	▲0.74	197↑	：18	34.94	▲0.85	436↓	：48	35.00	▲0.91	991↓
：51	34.82	▲0.73	103↓	：21	34.95	▲0.86	238↑	：51	34.99	▲0.90	604↓
：54	34.86	▲0.77	842↑	：24	34.95	▲0.86	348	：54	34.99	▲0.90	691
：57	34.86	▲0.77	451	：27	34.94	▲0.85	252↓	：57	34.99	▲0.90	389
10:47	34.90	▲0.81	1452↑	：30	34.95	▲0.86	265↑	10:50	34.99	▲0.98	1407
：03	34.93	▲0.84	368↑	：33	34.95	▲0.86	276	：03	34.93	▲0.84	1220↓
：06	34.94	▲0.85	673↑	：36	34.95	▲0.86	405	：06	34.97	▲0.88	758↑
：09	34.98	▲0.89	431↑	：39	34.96	▲0.86	766↑	：09	34.95	▲0.86	453↓
：12	34.96	▲0.87	788↓	：42	34.97	▲0.87	558↑	：12	34.95	▲0.86	148
：15	34.98	▲0.89	1003↑	：45	34.95	▲0.88	515↓	：15	34.93	▲0.84	644↓
：18	34.99	▲0.90	1110↑	：48	34.94	▲0.86	384↓	：18	34.93	▲0.84	616
：21	34.99	▲0.90	2456	：51	34.97	▲0.85	633↑	：21	34.98	▲0.81	261↓
：24	34.99	▲0.90	1962	：54	34.95	▲0.88	185↓	：24	34.99	▲0.80	721↓

图4-15　中兴通讯4 月19 日成交明细

主力大单进入后，价格被拉到35块附近，一直稳定到下午开盘。下午刚开盘（图4-16），主力就主动买入4800手来吸引目光，不过此后也有部分大单卖出来打压。

时间	成交价	涨跌	手数	时间	成交价	涨跌	手数	时间	成交价	涨跌	手数	时间	成交价	涨跌	手数
11:29	35.00	▲0.91	74	：15	35.04	▲0.95	357↓	：45	35.03	▲0.94	27↑	：15	34.97	▲0.88	402
：48	35.00	▲0.91	38	：18	35.05	▲0.96	55↑	：48	35.03	▲0.94	1158	：18	34.97	▲0.88	143
：51	34.99	▲0.90	27↓	：21	35.05	▲0.96	63	：51	35.01	▲0.92	14↓	：21	34.96	▲0.87	16↓
：54	35.00	▲0.91	72↑	：24	35.04	▲0.95	80↓	：54	35.02	▲0.93	8↑	：24	34.95	▲0.86	76↓
：57	35.02	▲0.93	101↑	：27	35.03	▲0.94	101↓	：57	35.02	▲0.93	41	：27	35.00	▲0.91	418↑
11:30	35.01	▲0.92	64↓	：30	35.04	▲0.95	121↑	13:03	35.02	▲0.93	150	：30	34.96	▲0.87	14↓
13:00	35.06	▲0.97	4801↑	：33	35.05	▲0.96	90↑	：03	35.00	▲0.91	779↓	：33	34.95	▲0.86	51↓
：06	35.03	▲0.94	495↓	：36	35.03	▲0.94	38↓	：06	35.01	▲0.92	17↑	：36	35.00	▲0.91	2091↑
：09	35.03	▲0.94	422	：39	35.04	▲0.95	1151↑	：09	35.01	▲0.92	10	：39	34.96	▲0.87	81↓
：12	35.03	▲0.94	95	：42	35.03	▲0.94	30↓	：12	35.01	▲0.92	51	：42	35.00	▲0.91	48↑
：15	35.08	▲0.99	308↑	：45	35.04	▲0.95	124↑	：15	35.01	▲0.92	364	：45	34.95	▲0.86	46↓
：18	35.06	▲0.97	18↓	：48	35.03	▲0.94	29↓	：18	35.00	▲0.91	53↓	：48	34.96	▲0.87	93↑
：21	35.04	▲0.95	28↓	：51	35.03	▲0.94	142	：21	35.00	▲0.91	194	：51	34.96	▲0.87	17
：24	35.05	▲0.96	19↑	：54	34.99	▲0.90	2820↓	：24	35.00	▲0.91	25	：54	35.00	▲0.91	154↑
：27	35.05	▲0.96	73	：57	34.98	▲0.89	200↓	：27	35.00	▲0.91	13	：57	34.98	▲0.89	29↓
：30	35.05	▲0.96	106	13:02	34.99	▲0.90	36↑	：30	35.00	▲0.91	57	13:05	34.98	▲0.89	5
：33	35.05	▲0.96	500	：03	34.99	▲0.90	34	：33	34.99	▲0.90	24↓	：03	34.99	▲0.90	36↑
：36	35.05	▲0.96	171	：06	34.98	▲0.89	47↓	：36	34.99	▲0.90	57	：06	34.97	▲0.88	9↓
：39	35.05	▲0.96	46	：09	34.99	▲0.90	38↑	：39	34.99	▲0.90	32	：09	34.99	▲0.90	67↑
：42	35.05	▲0.96	48	：12	34.99	▲0.90	48	：42	34.99	▲0.90	342	：12	34.99	▲0.90	3
：45	35.04	▲0.95	122↓	：15	34.99	▲0.90	162	：45	35.00	▲0.91	548↑	：15	34.98	▲0.89	252↓
：48	35.05	▲0.96	138↑	：18	35.00	▲0.91	103↑	：48	34.99	▲0.91	12	：18	34.98	▲0.89	37
：51	35.05	▲0.96	32	：21	35.00	▲0.91	384	：51	34.99	▲0.90	1334↓	：21	34.99	▲0.90	32↑
：54	35.04	▲0.95	62↓	：24	35.00	▲0.91	37	：54	34.99	▲0.90	80	：24	34.99	▲0.90	232
：57	35.05	▲0.96	85↑	：27	35.00	▲0.91	62	：57	34.99	▲0.90	59	：27	34.97	▲0.88	6↓
13:01	35.05	▲0.96	150	：30	35.00	▲0.91	232	13:04	34.99	▲0.90	653	：30	34.97	▲0.88	873
：03	35.05	▲0.96	46	：33	35.00	▲0.91	58	：03	34.98	▲0.89	2↓	：33	34.99	▲0.90	169↑
：06	35.05	▲0.96	140	：36	34.99	▲0.90	46↓	：06	34.98	▲0.89	8	：36	35.00	▲0.91	91↑
：09	35.05	▲0.96	49	：39	35.00	▲0.91	54↑	：09	34.98	▲0.89	12	：39	35.00	▲0.91	27
：12	35.05	▲0.96	118	：42	35.01	▲0.92	26↑	：12	34.97	▲0.88	57↓	：42	35.00	▲0.91	43

图4-16　中兴通讯4 月19 日成交明细

13:08分左右（图4-17），盘中突然涌现一排大单成交，导致价格拉升至35.3元左右，此后盘中不断涌现大单买入。高潮时刻出现在13点11分57秒，一笔8541手的大单将价格拉至35.5元。这个位置很重要，正是前一日的高点，此处有很明显的压力，从分时图我们可以看到价格一度再次回到35.1元附近。

时间	成交价	涨跌	手数	时间	成交价	涨跌	手数	时间	成交价	涨跌	手数	时间	成交价	涨跌	手数
13:08	35.08	▲0.99	178	:39	35.32	▲1.23	182↑	:09	35.36	▲1.27	89↓	:39	35.41	▲1.32	139↓
:12	35.08	▲0.98	84	:42	35.33	▲1.24	97↑	:12	35.38	▲1.29	43↑	:42	35.41	▲1.32	144
:15	35.09	▲1.00	2250↑	:45	35.33	▲1.24	348	:15	35.39	▲1.30	198↓	:45	35.41	▲1.32	127↓
:18	35.10	▲1.01	652↑	:48	35.35	▲1.26	494↑	:18	35.38	▲1.29	246↓	:48	35.40	▲1.31	410↓
:21	35.11	▲1.02	4445↑	:51	35.36	▲1.27	224↑	:21	35.39	▲1.30	497↓	:51	35.39	▲1.30	290↓
:24	35.13	▲1.04	2547↑	:54	35.36	▲1.27	626	:24	35.40	▲1.31	832↑	:54	35.36	▲1.27	60↓
:27	35.17	▲1.08	2366↑	:57	35.38	▲1.29	594↑	:27	35.39	▲1.30	1055↓	:57	35.39	▲1.30	242↑
:30	35.20	▲1.11	3407↑	13:10	35.39	▲1.30	351↓	:30	35.41	▲1.32	1101↑	13:13	35.40	▲1.31	574↑
:33	35.25	▲1.16	3614↑	:03	35.39	▲1.30	402	:33	35.43	▲1.34	138↑	:03	35.37	▲1.28	65↓
:36	35.28	▲1.19	691↑	:06	35.40	▲1.31	1895↑	:36	35.43	▲1.34	304	:06	35.39	▲1.30	221↑
:39	35.20	▲1.11	2062↑	:09	35.40	▲1.31	349	:39	35.45	▲1.36	79↑	:09	35.39	▲1.30	106
:42	35.30	▲1.21	369↑	:12	35.45	▲1.36	1262↑	:42	35.47	▲1.38	1297↑	:12	35.39	▲1.30	320
:45	35.30	▲1.21	503	:15	35.46	▲1.37	423↑	:45	35.48	▲1.39	414↑	:15	35.36	▲1.27	532↓
:48	35.30	▲1.21	2735	:18	35.45	▲1.36	654↓	:48	35.48	▲1.39	701	:18	35.36	▲1.27	110
:51	35.35	▲1.26	320↑	:21	35.44	▲1.35	968↓	:51	35.48	▲1.39	720	:21	35.37	▲1.28	370↑
:54	35.36	▲1.27	886↑	:24	35.43	▲1.34	429↓	:54	35.48	▲1.39	471	:24	35.37	▲1.28	91↓
:57	35.33	▲1.24	2083↑	:27	35.41	▲1.32	1776↓	:57	35.50	▲1.41	8541↑	:27	35.39	▲1.30	389↑
13:09	35.31	▲1.22	586↓	:30	35.40	▲1.31	551↓	13:12	35.50	▲1.41	1103	:30	35.37	▲1.28	114↓
:03	35.26	▲1.17	815↓	:33	35.40	▲1.31	826↓	:03	35.49	▲1.40	2017↓	:33	35.39	▲1.30	250↑
:06	35.30	▲1.21	963↑	:36	35.30	▲1.21	2628↓	:06	35.50	▲1.41	1592↓	:36	35.39	▲1.30	282
:09	35.29	▲1.20	217↓	:39	35.28	▲1.19	140↓	:09	35.50	▲1.41	1481	:39	35.40	▲1.31	2156↑
:12	35.23	▲1.14	253↓	:42	35.30	▲1.21	783↑	:12	35.50	▲1.41	1117	:42	35.41	▲1.32	57↑
:15	35.26	▲1.17	81↑	:45	35.28	▲1.19	66↓	:15	35.50	▲1.41	1527	:45	35.40	▲1.31	413↓
:18	35.30	▲1.21	896↑	:48	35.28	▲1.19	160	:18	35.51	▲1.42	802↑	:48	35.45	▲1.36	120↑
:21	35.26	▲1.17	83↑	:51	35.28	▲1.19	706↑	:21	35.50	▲1.41	804↓	:51	35.43	▲1.34	210↑
:24	35.25	▲1.16	499↓	:54	35.30	▲1.21	152↓	:24	35.50	▲1.41	774	:54	35.42	▲1.33	163↓
:27	35.30	▲1.21	418↑	:57	35.30	▲1.21	428	:27	35.48	▲1.39	1130↓	:57	35.44	▲1.36	385↑
:30	35.31	▲1.22	1900↑	13:11	35.30	▲1.21	177	:30	35.47	▲1.38	966↓	13:14	35.43	▲1.34	300↑
:33	35.29	▲1.20	1374↓	:03	35.31	▲1.22	262↑	:33	35.45	▲1.36	976↓	:03	35.45	▲1.36	180↑
:36	35.30	▲1.21	151↑	:06	35.38	▲1.29	218↑	:36	35.44	▲1.35	441↓	:06	35.43	▲1.34	173↓

图4-17 中兴通讯4月19日成交明细

最精彩时刻出现在14点08分（图4-18），一笔5110手的主买从天而降，此后不断有几千手的大单进入，价格不断拉升。14点14分，一笔18717手的主买单出现，将价格拉至36.01元，此后不断有大主买单介入，价格一度被拉至36.88元。这就是当天的成交明细。

时间	成交价	涨跌	手数	时间	成交价	涨跌	手数	时间	成交价	涨跌	手数	时间	成交价	涨跌	手数
14:08	35.48	▲1.39	1303↑	:12	35.60	▲1.51	131	:42	35.52	▲1.43	116↓	:12	35.72	▲1.63	498↓
:45	35.47	▲1.38	43↓	:15	35.60	▲1.51	427	:45	35.52	▲1.43	77	:15	35.80	▲1.71	4201↑
:48	35.46	▲1.37	130↓	:18	35.60	▲1.51	278	:48	35.52	▲1.43	161	:18	35.84	▲1.75	1741↑
:51	35.48	▲1.39	5118↑	:21	35.58	▲1.49	208↓	:51	35.52	▲1.43	169	:21	35.85	▲1.76	408↑
:54	35.48	▲1.39	107	:24	35.58	▲1.49	340	:54	35.52	▲1.43	232	:24	35.86	▲1.77	669↑
:57	35.48	▲1.39	1870	:27	35.59	▲1.50	173↑	:57	35.52	▲1.43	268↑	:27	35.87	▲1.78	717↑
14:09	35.50	▲1.41	386↑	:30	35.57	▲1.48	75↓	14:12	35.52	▲1.43	305↓	:30	35.88	▲1.79	982↑
:03	35.52	▲1.43	122↑	:33	35.59	▲1.50	295↑	:03	35.51	▲1.42	281↓	:33	35.89	▲1.80	1586↑
:06	35.52	▲1.43	89	:36	35.58	▲1.49	248↓	:06	35.52	▲1.43	85↑	:36	35.89	▲1.80	805
:09	35.53	▲1.44	345↑	:39	35.59	▲1.50	132↓	:09	35.52	▲1.43	52↓	:39	35.90	▲1.81	816↑
:12	35.55	▲1.46	1390↑	:42	35.58	▲1.49	208↓	:12	35.52	▲1.43	56	:42	35.90	▲1.81	987
:15	35.53	▲1.44	45↓	:45	35.58	▲1.49	160	:15	35.51	▲1.42	155↓	:45	35.93	▲1.84	439↑
:18	35.54	▲1.45	1030↑	:48	35.59	▲1.50	390↑	:18	35.52	▲1.43	301↑	:48	35.93	▲1.84	312
:21	35.55	▲1.46	449↑	:51	35.55	▲1.46	497↓	:21	35.53	▲1.44	427↑	:51	35.95	▲1.86	838↑
:24	35.54	▲1.45	159	:54	35.58	▲1.49	616↑	:24	35.54	▲1.45	2138↑	:54	35.98	▲1.89	2830↑
:27	35.58	▲1.49	1733↑	:57	35.55	▲1.46	280↓	:27	35.55	▲1.46	568↑	:57	35.96	▲1.87	792↓
:30	35.57	▲1.48	122↓	14:11	35.54	▲1.45	124↓	:30	35.55	▲1.46	496	14:14	36.01	▲1.92	18717↑
:33	35.59	▲1.50	283↑	:03	35.55	▲1.46	127↑	:33	35.55	▲1.46	260↓	:03	36.00	▲1.91	432↓
:36	35.59	▲1.50	110	:06	35.52	▲1.43	86↓	:36	35.55	▲1.46	195↓	:06	36.02	▲1.93	859↑
:39	35.60	▲1.51	3698↑	:09	35.53	▲1.44	236↑	:39	35.55	▲1.46	191	:09	36.03	▲1.94	661↑
:42	35.60	▲1.51	3278	:12	35.54	▲1.45	77↓	:42	35.58	▲1.49	375↑	:12	36.06	▲1.97	1529↑
:45	35.60	▲1.51	1681	:15	35.53	▲1.44	67↓	:45	35.60	▲1.51	846↑	:15	36.08	▲1.99	2271↑
:48	35.61	▲1.52	171↑	:18	35.52	▲1.43	2081↑	:48	35.60	▲1.51	3847	:18	36.10	▲2.01	671↓
:51	35.60	▲1.51	1039↓	:21	35.55	▲1.46	457↑	:51	35.60	▲1.51	946	:21	36.10	▲2.01	825
:54	35.60	▲1.51	1314	:24	35.51	▲1.42	151↓	:54	35.66	▲1.57	4764↑	:24	36.12	▲2.03	1258↑
:57	35.58	▲1.49	528↓	:27	35.52	▲1.43	159↑	:57	35.63	▲1.54	1264↓	:27	36.11	▲2.02	1859↑
14:10	35.60	▲1.51	467↑	:30	35.51	▲1.42	334↑	14:13	35.69	▲1.60	3621↑	:30	36.17	▲2.08	1984↑
:03	35.60	▲1.51	484	:33	35.55	▲1.46	250↑	:03	35.70	▲1.61	1398↑	:33	36.16	▲2.07	580↓
:06	35.60	▲1.51	293	:36	35.52	▲1.43	261	:06	35.71	▲1.62	749↑	:36	36.20	▲2.11	2165↑
:09	35.60	▲1.51	399	:39	35.55	▲1.46	95↑	:09	35.76	▲1.67	756↑	:39	36.20	▲2.11	924

图4-18　中兴通讯4月19日成交明细

总之，在观察盘口时，我们首先要了解重要关口，然后再观察这些重要关口有没有主力异动，如果关键关口出现主力异动，那么该股票当天就有可能表现比较好。但要注意的是，如果大买单出现后股价反而出现大跳水，那么可能是主力对倒，吸引散户买入，以达到出货的目的。

识别真假成交量

前文中，我们提到过成交量是可以操纵的，主力通过不同账户对倒所形成的成交量就是虚假成交量。那么这种把戏能否识别呢？

某只个股的成交量被放大后，通常都会引起股民的高度关注。因此当主力想让人关注所操作的股票时，通常都会通过一些手法使该股形成放量的效果。不过，有时放量是主力在吸筹，而有时放量是主力想引起跟风盘，以达到出货的目的。主力吸筹时的放量是真实的成交量，当主力手中有足够的筹码，而又想做出放量的技术图形时，基本上都是通过对敲的手法进行操作。

所谓对敲，是指主力在多家营业部同时开户，利用多个账号同时买进以及卖出操作，人为地将股价抬高或者压低，并导致成交量放大的现象。当成交栏中连续出现较大成交盘，且买卖队列中没有此价位挂单或者成交量远大于买卖队列中的挂单量时，则十有八九是主力刻意对敲所为。此时如果股价在顶部，则多是为了掩护出货；若此时股价在底部，则多是为了激活股性。通俗地讲，对敲就是自买自卖，左手出右手进，筹码在主力控制的账号之间发生转移，主力仅仅需要支付少量费用，便能达到吸引跟风盘的目的。

如何发现主力对敲行为？

有两种方法，一是看成交量柱是不是孤立的放量柱，如果头一天成交量放大，第二天就大幅缩量并且下跌，那么可以确定头一天是主力对敲所致。二是看成交明细，如果发现盘中有大量主动性买单，但是过后价格又迅速回落，且买一至买五没有拖单，则可以认为是主力对敲。

我们先来讲孤立放量柱的例子（图4-19）。2019年4月8日，中曼石油在前一日涨停之后，吸引不少买盘介入，当天成交量几乎是前一日的两倍。不过，4月9日这只股票就迅速缩量，此后成交量持续萎缩，价格一度跌回大阳线起始位置下方，跌幅超过15%。

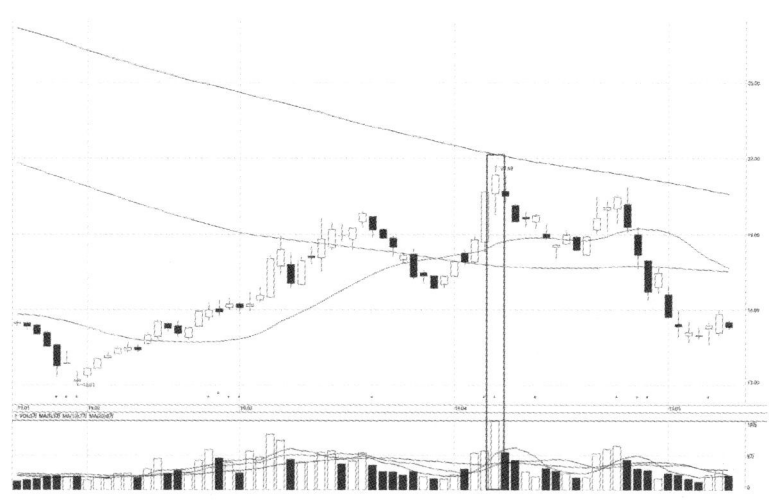

图4-19 中曼石油价格走势图

再看一个孤立放量柱的例子(图4-20)。2018年6月8日,中恒电气股价大幅上涨,且成交量大幅放量,不过次一交易日,成交量即大幅萎缩,不及当日成交量的1/3,此后股价出现大幅下跌。

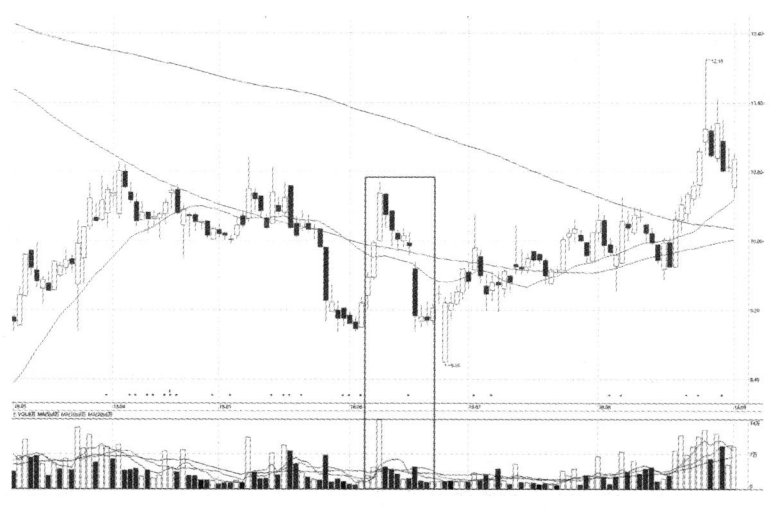

图4-20 中恒电气价格走势图

对于主力的对倒行为，需要观察成交明细来做判断。我们仍然以一个实例（图4-21）来讲解。2019年4月22日，西藏城投开盘后成交活跃，从分时图上看，当天成交量几乎都是早盘产生。

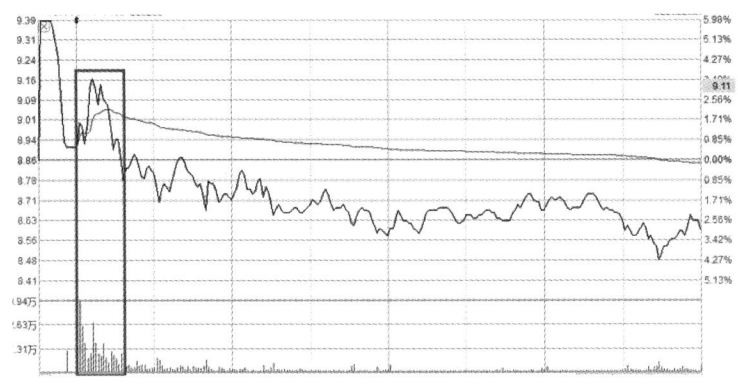

图4-21　西藏城投4月22日分时图

而从成交明细（图4-22）上看，我们可以发现早盘大单成交非常活跃，而早盘过后，盘中几乎没有什么大单，而价格一路阴跌，可以看出并没有托单，可以判断早盘冲高是主力对倒所致。

时间	成交价	涨跌	手数	时间	成交价	涨跌	手数	时间	成交价	涨跌	手数
:56	8.91	▲0.05	-	:23	9.00	▲0.14	2867↑	:53	8.93	▲0.07	996↓
:59	8.93	▲0.07	-	:26	8.98	▲0.12	1073↓	:56	8.91	▲0.05	1410↓
9:25	8.91	▲0.05	12357↓	:29	8.98	▲0.12	1509	:59	8.92	▲0.06	1140↓
9:30	8.95	▲0.09	8570↑	:32	9.00	▲0.14	1174↑	9:33	8.94	▲0.08	326↓
:05	8.91	▲0.05	5443↓	:35	9.00	▲0.14	701	:05	8.94	▲0.08	573
:08	8.98	▲0.12	4695↑	:38	8.98	▲0.12	1035↓	:08	8.92	▲0.06	370↓
:11	8.99	▲0.13	1485↑	:41	9.01	▲0.15	886↑	:11	8.94	▲0.08	691↑
:14	8.93	▲0.07	2199↓	:44	8.98	▲0.12	1528↓	:14	8.93	▲0.07	219↓
:17	8.99	▲0.13	318↑	:47	9.02	▲0.16	1054↑	:17	8.94	▲0.08	376↓
:20	8.99	▲0.13	1068	:50	9.00	▲0.14	861↓	:20	8.94	▲0.08	342
:23	9.05	▲0.19	580↑	:53	8.98	▲0.12	934↓	:23	8.94	▲0.08	521
:26	8.99	▲0.13	1304↓	:56	9.00	▲0.14	1026↑	:26	8.94	▲0.08	272
:29	8.99	▲0.13	373	:59	8.99	▲0.13	875↓	:29	8.96	▲0.10	356↑
:32	9.04	▲0.18	608↑	9:32	8.96	▲0.10	477↓	:32	8.95	▲0.09	1047↓
:35	9.01	▲0.15	333↓	:05	8.99	▲0.13	803↑	:35	8.98	▲0.12	207↑
:38	9.05	▲0.19	836↑	:08	8.95	▲0.09	359↓	:38	8.96	▲0.10	521↓
:41	9.05	▲0.19	1472	:11	8.98	▲0.13	588↑	:41	8.96	▲0.10	107
:44	9.02	▲0.16	1022↓	:14	8.91	▲0.05	699↓	:44	8.98	▲0.12	597↑
:47	9.01	▲0.15	869↓	:17	8.95	▲0.09	314↑	:47	8.96	▲0.10	257↓
:50	9.01	▲0.15	1825	:20	8.98	▲0.12	611↑	:50	8.98	▲0.12	510↓
:53	9.04	▲0.18	2102↑	:23	8.99	▲0.13	347	:53	8.99	▲0.13	202↑
:56	9.01	▲0.15	2015↓	:26	8.95	▲0.09	573↓	:56	8.99	▲0.13	331
:59	9.00	▲0.14	2311↓	:29	8.98	▲0.12	887↑	:59	9.00	▲0.14	274↑
9:31	8.99	▲0.13	1654↓	:32	8.93	▲0.07	1392↓	9:33	9.00	▲0.14	335
:05	9.00	▲0.14	4142↑	:35	8.95	▲0.09	2137↑	:05	8.99	▲0.13	189↓
:08	8.97	▲0.11	1075↓	:38	8.95	▲0.09	196	:08	9.00	▲0.14	426↑
:11	9.02	▲0.16	817↑	:41	8.95	▲0.09	1209	:11	9.01	▲0.15	1373↑
:14	8.99	▲0.13	994↓	:44	8.95	▲0.09	1468↑	:14	9.01	▲0.15	530
:17	8.99	▲0.13	1169	:47	8.94	▲0.08	187↓	:17	9.01	▲0.15	590
:20	8.98	▲0.12	769↓	:50	8.95	▲0.09	550↑	:20	9.02	▲0.16	217↑

图4-22 西藏城投4月22日成交明细

神奇的 N 结构

前文我们介绍了主力对倒制造成交量放量的假象趁机出货的情况。下面我们将着重讲解股价触底时的成交量特征。

股价的绝对底部成交量基本都很小，成交不活跃，而股价在上涨的过程中必然会放量，股价触底反弹时，成交量必然放大，因此识别股价底部就有迹可循了。在这里，我们介绍一个N结构。

所谓N结构，就是成交量和股价呈现N字形态的走势。N结构是这样一种状态：在股价长期下跌后，出现反弹走势，此时的成交量也相对前期逐步放量，但此后股价再次下跌，成交量也迅速萎缩，不过此时股价不会再次跌破前期产生的低点。在股价走出一个较前期低点略高的新低后，股价逐步走高，而成交量再次放大，不过此时的成交量较N字结构的左边有明显放量。

在N字结构出现后，股价上涨的概率非常大，一般N字结构出现时，股价会顺势突破长期均线的压制，而短期均线可能早已经呈现多头走势了。**那么在熊市末期，如果多找一找类似的N结构，就可以较早地介入即将大幅上涨的股票了。**

我们来看一个案例（图4-23）。2018年10月下旬，东华科技股价在长期下跌后，出现加速下跌的走势，但很快就出现一个低点，此后股价逐步反弹，成交量也逐渐放大，此后的走势以及成交量的表现，正如我们介绍的N结构一样，股价顺势突破长期均线压制。

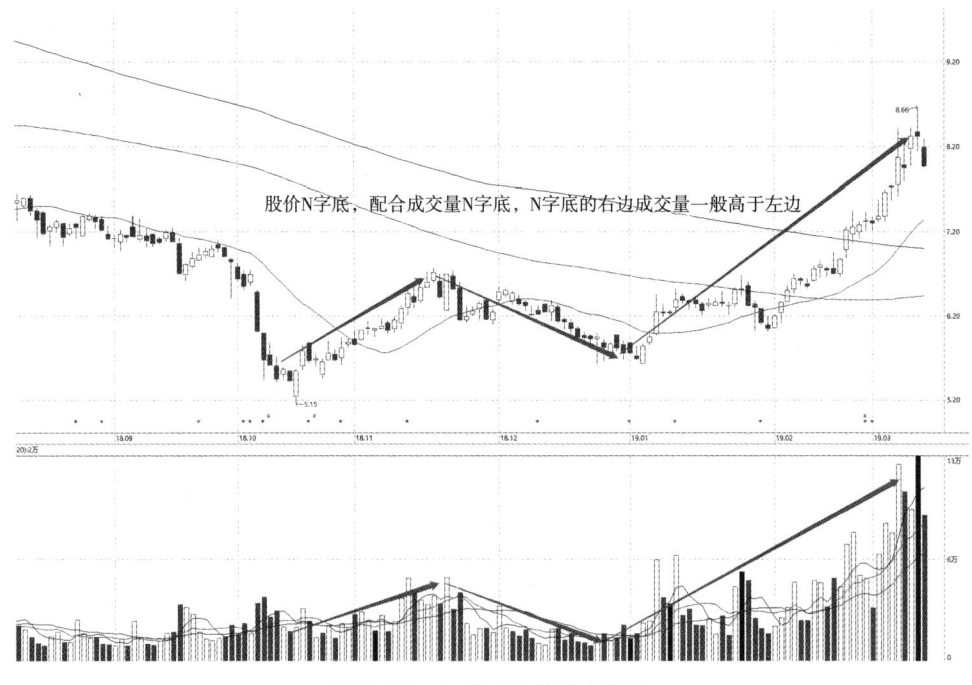

图4-23　东华科技价格走势图

再来看一个比较复杂的N结构（图4-24）。2018年10月中旬，亚星客车的股价在长期下跌后，再次加速下跌，创出新低，此后股价逐渐反弹，成交量也开始变得活跃，很快股价又开始下跌，成交量也顺势萎缩。2019年1月，股价再次小幅拉升，成交量快速放大。此后股价出现二次探底，成交量顺势萎缩。直到2月，股价和成交量再次双双反弹，这一次成交量明显比前面两波反弹更高，走出一个复杂的N字结构，此后股价强势突破长期均线压制，大幅上涨。

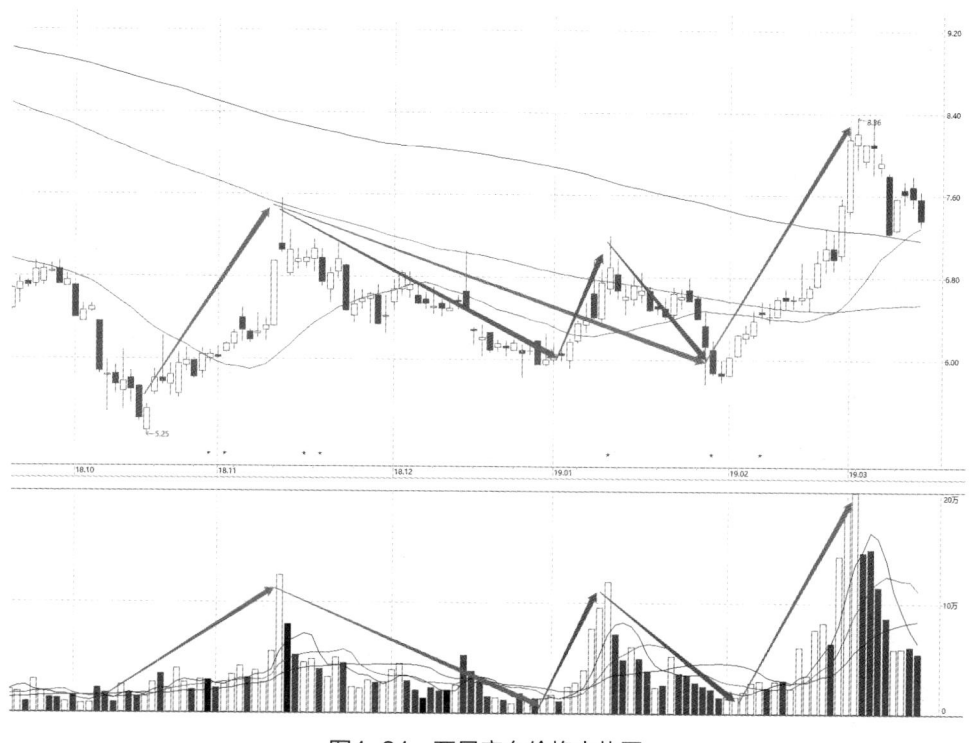

图4-24 亚星客车价格走势图

所以说,N结构右边成交量放大,和长期均线压制有关,如果股价能强势突破长期均线,一般都会放量。因此在N结构出现时,股价能成功站上长期均线,那么成功上涨的概率会更高。

超越散户（一）：构建合理的投资组合

散户投资与专业化投资的一大区别，就在于是否进行组合投资。随着我们的投资技能和经验的不断增加，我们会逐渐意识到构建投资组合的重要性：捕捉更多的行业机会、更广泛地分享市场红利以及最重要的——分散风险。

那么，普通投资者是否需要构建投资组合？如果是的话怎么做？

首先，投资者要先问自己几个问题：自己的目标收益率是多少？做投资的目的是迫切地想要改善生活还是只为赚点零花钱？自己是高收益高风险型的投资者还是规避风险的稳健型投资者？明确了自己的目标和定位后，再考虑投资组合的配置问题。

投资：集中还是分散？

美国经济学家马科维茨在1952年提出的"不要把鸡蛋放在一个篮子里"的理论，至今仍被奉为经典投资理念。但分散投资是减少了风险还是增加了风险，需要根据不同的资金规模和投资能力来做判断。比如，基金经理管理的资金可能是普通投资者的百倍千倍之多，他们配置10只股票可能只动用了20%的资金；但对于普通投资者而言，10只股票就太多了。一是资金可能没那么多，10只股票可能占了8成仓位，一旦选错了2—3只股票，或是整个市场都开始遇冷，所有股票都被套了，此时手头的资金还不够补仓1只股票。二是大部分个人投资者没有那么多精力和能力去应对10只股票。费雪在《怎样选择成长股》一书中说："不要过度强调分散投资。把蛋放到太多的篮子中，一定会有很多蛋没有放到好的篮子，而且我们不可能在蛋放进去之后，时时盯着所有的篮子。"

真正好的投资机会太少了，所以集中投资也是没办法的选择。虽然中国股市有3000多家企业，但真正有成长潜力的有多少呢？在我们能力圈内的好公司有多少呢？即便遇到了能力圈内的好公司，是否到了好买点呢？同时满足"优秀的商业模式""良好的发展前景""宽阔的护城河""优秀的管理层和企业文化""在我们能力圈理解范围内""价格合适甚至划算"等一系列条件的优秀投资机会凤毛麟角。

那么，个人投资者投资几只股票合适呢？

我们建议，如果资金在50万元以下，同时持仓的股票不要超过2—3只；资金在50万—200万元，持仓的股票不要超过3—4只；资金在200万元以上，可以考虑持仓4-6只股票。

确定性和弹性

在选择具体的投资标的时，我们最好选择同时满足"确定性"和"弹性"的企业。如果两者很难同时满足，那么就以确定性为先，大仓位给确定性和稳定性，小仓位去博弈弹性和风险收益。

符合确定性条件的公司就是指那些过去保持稳定增长、商业模式已经被时间验证具备可持续性、竞争壁垒已经形成的成熟优秀公司。优秀虽然不能保证未来绝对优秀，但持续优秀的可能性比较大。如果让一个不会看财务报表、不懂技术分析、不懂买卖点的投资小白去买股票，是否意味着他一定选不到好公司？当然不是。因为他用生活常识也应该知道贵州茅台、格力电器、美的集团这些是好公司。等三五年以后回头看，他的收益可能远高于那些懂投资的人。因为我们有很大把握三年以后贵州茅台依然是最优秀的白酒公司，格力电器、美的集团依然是全国销量数一数二的家电公司，这就是确定性。选择确定性高的公司好处是风险比较小，缺点是当大多数人都知道是好公司的时候，这些公司的股价就不太可能低了。

弹性就指企业还在发展初期，过去还没有足够的时间去验证这门生意是否可行，未来有足够的想象空间。一个直观的例子就是现在与5G、芯片等相关的科技股。新兴技术过去还没有被大规模地应用，应用后究竟能创造多大的价值都不确定，但一旦被验证，那么越早介入的投资者将收获越多。如果投资者真的对某个新兴领域足够了解，对一个新商业模式未来的盈利十分有把握，那么可以去博弈这些高弹性领域。除了科技股，高弹性领域还包括需要10多年研发时间的创新药领域，需求具有想象空间的新能源领域。

结合经济周期进行配置

在选择具体的行业时，应当结合宏观经济和行业景气周期。我们先来看一张经典的资产配置图——美林投资时钟。（图4-25）

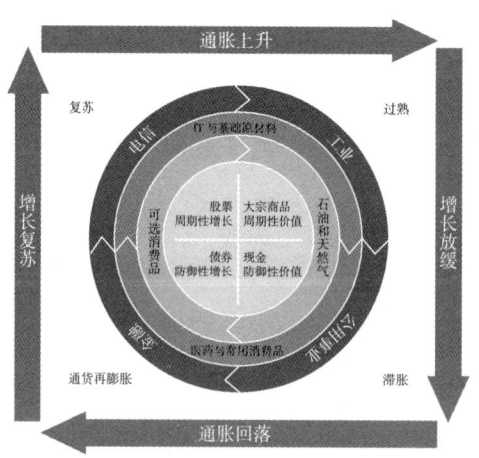

图4-25　美林投资时钟

经济周期分为过热、滞胀、衰退、复苏四个阶段。

经济过热时往往伴随着通货膨胀，此时大宗商品是收益最高的资产，债券和货币贬值，适合投资工业、能源行业等周期性行业。

随后经济增速放缓，通胀仍在继续，就到了滞胀期。此阶段中，经济危机出现，股价可能开始暴跌。一般这种时候，大部分资产价格都面临缩水的风险，因此货币成为最佳的避险选择。此时在选择行业时应当尽量选择防御型行业，也就是受经济下滑冲击不大的行业，比如公共事业、医疗保健、必选消费、农林牧渔等，但此时股票投资的风险还是挺大的。

到了经济衰退期，商品价格暴跌，政府开始降息，股票也差不多到了最低点。此时应当配置防御型增长行业，比如在低点的金融股会最先受益于降息政策，也可以继续配置必选消费和医药股。

到了经济复苏期，就是股票投资的黄金期，此时在经济高速发展下高新技术企业快速发展，可选消费需求旺盛，此时货币贬值，捂着钱不投资就等于亏钱了。

结合A股的特性，我们用一张图（图4-26）来总结每个时期适合投资的具体行业：

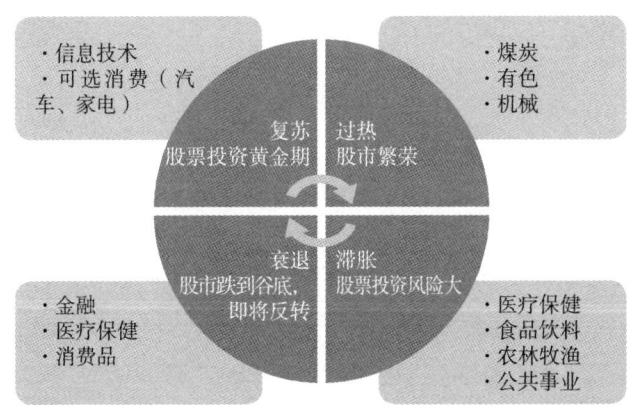

图4-26　A股经济周期与代表性投资行业

按照经济周期进行行业配置的安全性和确定性都较高,因为每一个经济发展阶段都会持续一段较长的时间,因此最重要的就是判断出现在处于经济发展的哪个阶段。

当前,各国政府频频降息降准,股市几乎跌入冰点,即将迎来反转,是最佳的股票介入时期。如前文所言,投资者可以选择配置处于低位的金融股,也可以配置需求随着经济反弹最先复苏的消费品板块。

超越散户（二）：指数化投资

中国股市从1990年才开始发展，因为有美国股市长期发展历史做借鉴，以及接下来正好处于信息通信技术高速发展的时代，所以中国股市的发展进度要远超美国股市的发展速度，股市的投资模式更新迭代速度也更快。尤其是近几年来，中国股市的有效性正在快速地提升，投资模式也在不断演进。

A 股走向指数投资？

A股未来的第一个发展趋势是走向指数化投资。简言之，未来越来越多的投资者会选择买指数而不是买个股，这是投资者趋于理性、股市走向成熟的标志之一。出现该趋势的背后主要有三大驱动力：

第一，随着监管政策趋严，媒体舆论的渠道多元化，市场信息越来越透明，操纵股价、内幕交易、老鼠仓交易等行为越来越难。2020年新施行的《中华人民共和国证券法》中要求进一步强化信息披露，同时显著提高上市公司违规违法行为的处罚力度。造假成本大增意味着未来的投资主流将越来越趋于反映公司的真实价值，而不是炒作垃圾股。

第二，自2010年中国推出股指期货后，主动管理型基金占比不断下降，量化投资在国内得到快速的发展。量化投资需要大量的数据和模型支持，对公司股价和基本面的变化进行长期跟踪和分析。游资炒作与量化选股完全背道而驰，不经分析、无脑追热点的投机行为将逐渐被市场边缘化。

第三，市场上国内基金、社保等机构投资者、外资的占比持续增加。这类投资者普遍都是长线投资者，偏好的投资标的均是业绩发展稳定、成长性强的优质公司，投资决策都经过严格筛选和理性分析，促使股价的成长与公司的成长相匹配。而纳入指数的公司大都基本面优秀，投资者直接购买指数大大降低了自己分析选股的难度，相当于"躺赢"，必然促使投资者逐渐从个股投资转向指数投资。

巴菲特曾不止一次在致股东的信中提出，通过定期投资指数基金，一个什么都不懂的业余投资者往往能够战胜大部分专业投资者[①]。

相对于构建常规的投资组合，指数化投资的"野心更大"，它会建立一个更大的股票篮子，会覆盖更多的细分行业和更多的个股。我们在实践中尝试构建了三个指数，分别是大周期龙头指数、大消费指数和科技龙头指数。

周期龙头策略：穿越轮回，重剑无锋

提到强周期板块，大家可能会有一种抗拒感。一提到周期股，投资者脑子里最先冒出来的通常就是煤炭、钢铁、水泥这些"傻大黑粗"的板块，而且这些产业在国内属于严重的产能过剩，乍一想毫无什么前景可言，投资这类资产不是"博傻"吗？

然而，事实真是如此吗？

宏观经济的周期性波动自上而下影响着参与其中的主体。在所有一级行业中，位于制造产业链上游，以生产提供制造业原料与必要资源为主的行业可以被定义为"周期行业"。综合行业本身的历史发展表现以及各行业在宏观经济运行中的联动情况来看，共有14个行业具备明显的周期特征，涵盖超过2000家上市公

---

① 出自沃伦·巴菲特写在1993年的"致股东的信"。

司，也就是说，A股的半壁江山其实都是周期属性强的公司。

因此，周期股是我们无法回避的投资领域。

那么，周期股的表现真的和我们想的一样不堪吗？

我们从上市公司总营收平均增速、归母净利润平均增速、ROE、估值等客观数据入手，加上对行业的定性研究，找出了50家具有龙头属性的周期股，并等权编制了九方周期龙头指数，结果如图4-27。

图4-27　九方周期龙头指数回测

图片来源：九方金融研究所

自2012年以来，周期龙头指数从1000点的基点上涨至4400点上方，8年回报率达340%，而同期的沪深300指数回报率只有不到80%。

2015年高点之后，市场一直处于宽幅震荡的状态，3600点成为2016年熔断以来市场的最高点。但是我们的周期龙头指数却在2017年的复苏周期突破了2015年的高点：2012年1月—2015年6月，周期指数从1000点涨至3000点；2015年6月—2016年1月，周期指数跌至1800点附近；2016年1月—2018年1月，周期指数从1800点附近涨至3500点；2018年1月—2018年10月，周期指数跌至2500点左右；

2018年10月—2020年3月,周期指数涨至4400点左右。

在我们看来,周期龙头指数的起伏能够真实地展现出中国股市对经济的周期性反应。

那么,周期龙头指数又是如何组成的呢?

前文提到,周期性行业共有14个,因此我们的指数对这14个行业进行了全覆盖,并根据上市公司的数量和市值进行了调整。这是非常必要的——如果仅按照市值排列的话,大家会发现一大批的"银保证"(银行、保险、证券三大行业)公司排在前列;如果仅按照行业公司数量比例排列的话,"银保证"加起来可能又只有一两家——不论哪种单一方法都无法如实反映周期股的整体面貌。

最终,我们筛选出的周期龙头指数成分公司分布如下。(表4-1)

表4-1 九方周期龙头指数行业分布

一级行业	公司数量	总市值（亿元）	近5年ROE均值（%）	近5年总营收平均增速（%）	近5年平均扣非归净增速（%）
采掘	2	3,106	15	9	22
电气设备	5	4,683	21	59	392
房地产	3	5,880	18	16	28
非银金融	2	16,862	14	25	29
钢铁	2	1,282	21	7	156
化工	7	3,526	16	25	78
机械设备	8	3,484	11	35	233
建筑材料	3	3,510	21	23	33
建筑装饰	3	1,407	11	18	24
农林牧渔	3	1,465	8	10	104
汽车	5	2,897	16	25	306
轻工制造	3	803	18	18	29

（续表）

一级行业	公司数量	总市值（亿元）	近5年ROE均值（%）	近5年总营收平均增速（%）	近5年平均扣非归净增速（%）
银行	2	8,789	15	17	9
有色金属	2	1,466	15	31	147
总计（均值）	50	59,162	15	26	146

数据截至2020年3月5日，来源：Wind，九方金融研究所

根据回测结果，涨幅前10的公司，回报率全部超过400%。（表4-2）

表4-2 九方周期龙头指数中回报率前10的公司

排名	证券代码	证券名称	本期回报	回报贡献
1	600486.SH	扬农化工	1047.09%	7.51%
2	002271.SZ	东方雨虹	985.19%	4.17%
3	601100.SH	恒立液压	943.94%	6.61%
4	600309.SH	万华化学	633.70%	4.81%
5	600176.SH	中国巨石	578.90%	2.17%
6	600438.SH	通威股份	569.43%	1.32%
7	002372.SZ	伟星新材	553.55%	2.72%
8	000002.SZ	万科A	535.29%	2.03%
9	300124.SZ	汇川技术	454.77%	4.08%
10	600984.SH	建设机械	402.40%	1.09%

在回报倒数榜中，有4只录得负回报。其中，采掘业是重灾区。（表4-3）

表4-3 九方周期龙头指数中回报率末10位的公司

排名	证券代码	证券名称	本期回报	回报贡献
50	603619.SH	中曼石油	-65.72%	-2.25%
49	601717.SH	郑煤机	-48.93%	-0.46%
48	601128.SH	常熟银行	-31.20%	-0.31%
47	601899.SH	紫金矿业	-24.27%	-0.10%
46	002747.SZ	埃斯顿	1.68%	0.28%
45	002601.SZ	龙蟒佰利	25.12%	-0.44%
44	300699.SZ	光威复材	27.09%	1.16%
43	600019.SH	宝钢股份	32.81%	0.11%
42	300450.SZ	先导智能	42.18%	1.49%
41	600737.SH	中粮糖业	49.09%	0.10%

过去几年，大众关注最多的往往是消费股，或者大放异彩的科技股，而忽略了一个巨大的宝库——周期股。虽然一些周期行业（比如汽车、农牧、采掘、钢铁）近几年景气度不佳，但其中的优质公司依然具备极高的投资价值。

大消费龙头策略：攻守兼备，穿越牛熊

A股诞生30年以来，大牛股倍出，但其中很多如流星一般转瞬即逝。而有一类股票，在A股的漫漫征途中从小树苗长成了参天大树，并成为全世界资本垂涎的金矿，这就是消费股。

回望全球各国的证券历史，消费行业一直都是牛股的集中营。以美国为例，1957年—2003年美国年化收益率最高的前20只大牛股中，有11只来自消费品行业，其年化收益率均高达13%以上。此外，反观进入衰退后的日本，前20只大牛

股中8只来自消费品行业,在25年的历史稳步上涨。[①]

长期来看,消费是拉动中国经济的三驾马车之一。根据国家统计局的数据,2018年消费对GDP增长贡献率高达76%,已然成为拉动中国经济增长最重要的一环。然而在成熟的国外资本市场上,消费股往往能够占到40%的份额,而目前中国消费行业的A股市值占比仅为24%左右,未来仍然有极大的发展空间。未来随着人民收入持续提升,中产阶级不断壮大,消费升级需求旺盛——中国毫无疑问是消费股的天堂。

根据申万行业分类,"大消费"概念涵盖10大一级行业,覆盖超过1000家上市公司。我们根据2013年—2018年的营收、利润、资产回报等角度,精选50家"大消费"龙头股,对10个领域以及行业做到全覆盖。其中,医药和食品领域占比50%,其他8个行业(汽车、轻工制造、农林牧渔、家用电器、休闲娱乐、传媒、纺织服装、商业贸易)瓜分另外半壁江山。

在精选其中优质标的的基础上,我们根据上市公司的数量和市值进行了调整,最终筛选出的消费龙头指数成分公司分布如下(表4-4):

表4-4 九方消费龙头指数行业分布

一级行业	公司数量	总市值（亿元）	近5年ROE均值（%）	近5年总营收平均增速（%）	近5年平均扣非归净增速（%）
生物医药	10	13770	17.20	26.10	43.89
传媒	4	3012	13.91	11.70	72.57
纺织服装	2	424	22.70	14.12	17.84
家用电器	5	8313	27.17	17.04	21.63

---

① 数据来源:Wind

（续表）

一级行业	公司数量	总市值（亿元）	近5年ROE均值（%）	近5年总营收平均增速（%）	近5年平均扣非归净增速（%）
农林牧渔	6	2182	11.53	19.13	15.17
汽车	3	4862	12.86	21.04	-30.46
轻工制造	3	888	22.34	25.30	33.50
商业贸易	1	1002	9	18.24	17.07
食品饮料	13	28738	19.54	12.19	19.97
休闲服务	3	1523	13.34	45.07	59.63
总计	50	64714	16.96（均值）	21.00（均值）	27.01（均值）

数据截至2020年3月5日，来源：Wind，九方金融研究所

策略回溯的结果确实不负众望。

2016年以来，消费龙头策略获得了超过200%的回报率。（图4-28）

图4-28 九方周期龙头指数回测

图片来源：九方金融研究所

根据回测数据，2016年1月至2020年5月，涨幅榜前10上涨均超过300%。（表4-5）

表4-5 九方消费龙头指数涨幅前10的公司

排名	证券代码	证券名称	本期回报	回报贡献
1	600519.SH	贵州茅台	574.51%	4.12%
2	000858.SZ	五粮液	521.76%	4.63%
3	603605.SH	珀莱雅	447.43%	4.61%
4	002607.SZ	中公教育	415.86%	5.13%
5	300015.SZ	爱尔眼科	398.69%	3.45%
6	600276.SH	恒瑞医药	369.08%	3.17%
7	603345.SH	安井食品	346.39%	4.10%
8	603288.SH	海天味业	330.36%	3.02%
9	000876.SZ	新希望	304.68%	4.09%
10	002507.SZ	涪陵榨菜	300.06%	2.87%

同期，回报最差的10只股票中，有4只是亏损的。服饰、汽车和农业行业亏损最大。

表4-6 九方消费龙头涨幅末10的公司

排名	证券代码	证券名称	本期回报	回报贡献
50	002563.SZ	森马服饰	-30.49%	-0.60%
49	601238.SH	广汽集团	-24.83%	-0.46%
48	000998.SZ	隆平高科	-21.12%	-0.28%
47	600258.SH	首旅酒店	-5.12%	-0.26%
46	603566.SH	普莱柯	-0.59%	0.77%
45	002594.SZ	比亚迪	0.73%	0.26%

（续表）

排名	证券代码	证券名称	本期回报	回报贡献
44	300146.SZ	汤臣倍健	16.40%	0.55%
43	300144.SZ	宋城演艺	16.42%	0.47%
42	600104.SH	上汽集团	20.84%	0.13%
41	002422.SZ	科伦药业	26.29%	0.24%

大科技龙头策略：冲劲十足，大开大合

中国经济总量成为全球第二后，经济质量提升和产业结构优化成为未来中国发展追求的重要目标，总量时代将逐步走下历史舞台。

同时，随着2018年中美贸易摩擦的影响，2019年新基建的提出，2020年新冠疫情的冲击，中国经济对科学技术自主可控的战略性要求，彻底点燃了A股的科技浪潮。在此背景下，各家机构纷纷推出各自的半导体基金或5G基金。我们也制作了大科技龙头指数。

由于大科技概念宽泛，并不仅限于通常所说的TMT领域，因此，我们在广泛研究A股的泛科技概念的基础上，筛选了50家公司。它们的行业分布如下（表4-7）：

表4-7 九方科技龙头50指数的行业分布

一级行业	公司数	指数占比
电气设备	5	10%
电子	17	34%
国防军工	1	2%
化工	1	2%

（续表）

一级行业	公司数	指数占比
机械设备	3	6%
计算机	17	34%
汽车	1	2%
通信	3	6%
医药生物	1	2%
有色金属	1	2%

经过策略回溯，从2019年到2020年初不到一年半的时间内，科技龙头策略最高回报率超过200%。但是我们从净值曲线中也可以看到，科技股的弹性远超周期股和消费股。（图4-29）

图4-29　2019年—2020年初九方科技龙头总回报率

科技龙头策略的回报前10的回报率非常可观。（表4-8）

表4-8　九方科技龙头策略回报率前10公司

排名	证券代码	证券名称	本期回报	回报贡献
1	603501.SH	韦尔股份	617.94%	5.38%
2	300661.SZ	圣邦股份	598.79%	6.00%
3	600745.SH	闻泰科技	431.77%	4.55%
4	300223.SZ	北京君正	426.88%	4.93%
5	603986.SH	兆易创新	405.32%	4.36%
6	002371.SZ	北方华创	310.65%	3.41%
7	600536.SH	中国软件	304.49%	3.00%
8	002916.SZ	深南电路	288.57%	3.32%
9	600584.SH	长电科技	256.01%	2.84%
10	600183.SH	生益科技	232.69%	2.73%

由于市场情绪的加持，在测试期内，策略成分股全部录得正收益，没有亏损。（表4-9）

表4-9　九方科技龙头策略回报率末10公司

排名	证券代码	证券名称	本期回报	回报贡献
50	600406.SH	国电南瑞	12.31%	0.19%
49	002594.SZ	比亚迪	17.08%	0.46%
48	300747.SZ	锐科激光	17.49%	0.23%
47	002415.SZ	海康威视	21.36%	0.29%
46	000725.SZ	京东方A	23.75%	0.15%
45	000970.SZ	中科三环	24.11%	0.17%
44	002153.SZ	石基信息	25.93%	0.20%
43	002230.SZ	科大讯飞	34.67%	0.41%

（续表）

排名	证券代码	证券名称	本期回报	回报贡献
42	002179.SZ	中航光电	35.98%	0.42%
41	300036.SZ	超图软件	42.23%	1.15%

指数化投资要诀

通过我们模拟的三大指数，聪明的投资者应该已经有所发现。

首先，从回报来看，时间越长的指数回报越高。在周期龙头策略下，8年时间回报率超过300%；在消费龙头策略下，4年时间回报率超过200%；在科技龙头策略下，不到2年时间回报率超过150%。

这里显示出了时间的力量，也表明长期投资可以带来可观回报。

其次，在指数化投资中，行业覆盖的广度很重要。我们不要回避不景气的行业以及可能带来的亏损。在周期龙头策略中，行业的覆盖面就十分广泛，虽然周期策略中很多标的乍一看上去没有吸引力，但是最终的回报率却十分可观。只要大部分行业龙头带来可观回报，就能完全摊薄部分亏损带来的风险。

最后，指数化策略的关键在于龙头股配置。我们在测试中，尽量挑选各行业的优质龙头。从结果来看，各策略的成分股中都有表现非常惊艳的股票。例如扬农化工的10倍回报，贵州茅台的5倍回报，韦尔股份的6倍回报。这也使得指数化投资在最大限度分散风险的情况下，最大限度地聚集了龙头股的溢价。

根据我们的研究，龙头股的指数化配置，优于市面上的大部分主动管理基金，不论是私募还是公募。

唯一的问题就是，指数化配置操作起来比较烦琐。但与回报比起来，这些动作又非常值得。

第一，我们要挑选行业龙头。A股有28个一级行业，我们可以先确定看好的几个行业，在每个行业中挑选1—2个公司组成股池。

第二，将我们的资金平均分配到股池中。对于大部分散户而言，这一块是难点。如果资金量不够的话，很难做到较全面的行业覆盖。如果有300万元以上的资金，就可以比较好地进行指数化配置。如果是千万级别的资金量，就非常适合指数化配置。

第三，一般来说指数化投资基本不讲究择时。一旦确定了股票池，只要不在牛市的高点进场，见效一般不需要太长时间。而且，指数化配置一旦完成后，基本就不用花太多心思去关注成分个股了，剩下的只需交给时间。

第四，因为资产配置足够分散，所以即便个股暴雷，权重的影响也比较有限。如果你配置了20只股票，就算其中一个成分股损失殆尽，整体影响也不超过5%。所以只需要每个季度或者每半年甚至一年梳理一遍成分股，看一下有没有需要调整的。在将有问题的股票剔除之后，选择相应行业的后补公司调入即可。

第五，投资者可以遵循强制重置权重的策略思路，即每年对指数化投资的个股进行强制平权。比如，你配置了50只股票，一开始每个的权重是2%。一年以后，有的公司大涨，权重可能变成了4%，有的可能跌到了1.5%。这时你将所有资金重新部署，权重不足的，补到2%，超过的降至2%。这其实是一个抄底和强制落袋的动作。其中隐含的逻辑是，好公司再好，其股价也不会一直上涨；好公司跌多了总会反弹。因此，这个重置的动作是符合"均值回归"这个铁律的。

后记：未来投资的三个建议

本书用四个章节分别从投资理念、认识A股、行业与公司分析、实战策略四个方面阐述了我们对投资的认知。如果读者朋友们在阅读之后能有所收获，那就是对我们工作的最好回报了。

其实，炒股最大的难点不是和市场对抗，也不是和其他交易者博弈，而是和自己的斗争。所以我们在第一章花了很多篇幅讲投资行为学和投资的重要原则，就是想让读者朋友们明白，树立正确的观念对投资生涯而言是事半功倍的事情。

对于未来的A股投资，我们最后还有三个建议。

首先，相信中国。

改革开放以来，中国经历了四轮成功的产业升级换挡，一步一步成为全球第二大经济体和最大的工业产出国。产业结构也经历着从"落后重工业+农业"向"现代农业+现代制造业+现代服务业"的变革。

当前，第四次工业革命处于爆发前夜。300年以来，中国这个古老的国度终于第一次有能力与西方争夺全球产业的制高点。这一阶段也是大国崛起的时间窗口。如果中国能够在新一轮技术周期取得优势，将超越美国，成为新的核心主导国。

作为中国人，我们亲身经历了这段人类史上最波澜壮阔的经济变革；作为中国投资人，我们没有理由不相信自己的国家。

其次，一定要坚定长期投资的理念。

经济有周期，股市有"牛熊"，这是人类活动的客观规律。基于对祖国的信任和信念，投资者只有确立长期投资的原则方能穿越"牛熊"。在这一点上，巴菲特无疑完美践行了自己的原则，充分使用"复利"和"时间"的力量成为一代宗师。

短期而言，市场是随机的。股价的短期波动呈现随机漫步，正如遛狗时狗在人身边一会儿向左跑，一会儿向右跑，它的跑动轨迹是难以预测的。但长期来看，市场终会跟随价值的增长而向上，这就是长期的必然性。

着眼当前，新冠疫情叠加国际格局的巨变，将我们所有人裹挟其中。如果我们只关注短期波动，就会掉入"悲观陷阱"，被现实的波动击垮。但如果着眼长期趋势，基于对客观规律的认识和对祖国的信念，我们就能撑过这一轮低潮，突出重围。就像巴菲特在过去几十年历史中那样，"不浪费每一次危机"。

最后，要保持谦卑乐观的心态。

2020年的金融市场见证了太多的历史。从美股史诗级别的崩溃速度到令人咋舌的负油价，再到"股神"巴菲特遭遇巨额亏损，都让我们对"敬畏市场"四个字有了更深的感悟和认识。股市是认知变现的场所，是集体意识的体现，它的动向并不以个人意志为转移。投资者必须对市场怀有谦卑之心。我们身在其中，就必须尊重其规律，接受其"无常"。经过2020年的洗礼，投资者要勇于突破原有的认识边界，开始思考更多以前没有想过（甚至也不敢想象）的场景。

但是，对市场的敬畏不能成为我们前进的桎梏。当我们充分认识市场风险的同时，也要对未来保持乐观。我们常说，悲观者越来越聪明，但只有乐观者才会越来越成功。

走过70年华诞的中国正在向着"两个一百年"的战略目标稳步前进。而刚好"三十而立"的A股也在加速成熟的步伐。我们一定要与祖国和市场同步前进，加强自身的修炼，当一名能够持续进化的投资者。

最后的最后，作为九方金融研究所出版的第一本书，《散户不散》一定有诸多的不尽完善之处。这一点还请读者朋友们多多海涵。在未来，我们希望能为中国的股民贡献更多有价值的研究和成果，如果您有任何的意见或者建议，请务必告诉我们！

图书在版编目（CIP）数据

散户不散 / 九方金融研究所著. -- 北京：中国友谊出版公司，2020.10（2022.12 重印）

ISBN 978-7-5057-5002-9

Ⅰ. ①散… Ⅱ. ①九… Ⅲ. ①股票投资－基本知识 Ⅳ. ① F830.91

中国版本图书馆 CIP 数据核字（2020）第 176252 号

书名 散户不散
作者 九方金融研究所
出版 中国友谊出版公司
制版 杭州真凯图文设计有限公司
印刷 杭州钱江彩色印务有限公司
规格 710×1000 毫米　16 开
　　　 20.5 印张　143 千字
版次 2020 年 10 月第 1 版
印次 2022 年 12 月第 7 次印刷
书号 ISBN 978-7-5057-5002-9
定价 98.00 元
地址 北京市朝阳区西坝河南里 17 号楼
邮编 100028
电话 （010）64678009